國家社會科學基金重點項目（批準號：14AZJ007）優秀結項成果（證書號：20210954）

東南亞華人信俗碑銘輯録

一

黄海德 編著

海峽出版發行集團
THE STRAITS PUBLISHING & DISTRIBUTING GROUP
福建教育出版社

圖書在版編目(CIP)數據

東南亞華人信俗碑銘輯録：全五册/黄海德編著.
福州：福建教育出版社，2025.9.—ISBN 978-7-5758-0426-4

Ⅰ.K883.307.442

中國國家版本館 CIP 數據核字第 2025EN1617 號

策劃編輯：楊桂麗
責任編輯：駱一峰　楊桂麗　陳岑
裝幀設計：李凱閩

東南亞華人信俗碑銘輯録(全五册)

黄海德　編著

出版發行　福建教育出版社
(福州市夢山路 27 號　郵編：350025　網址：www.fep.com.cn
編輯部電話：0591-83786915　83779650
發行部電話：0591-83721876　87115073　010-62024258)

出版人　江金輝

印刷　福州印團網印刷有限公司
(福州市倉山區建新鎮十字亭路 4 號)

開本　787 毫米×1092 毫米　1/16

印張　147.5

字數　2082 千字

插頁　26

版次　2025 年 9 月第 1 版　2025 年 9 月第 1 次印刷

書號　ISBN 978-7-5758-0426-4

定價　900.00 元(全五册)

作者簡介

黃海德，祖籍江西吉水，籍貫湖北宜昌，一九五三年重陽節生於四川成都。畢業於西華師範大學歷史系中國思想史專業，曾任四川省社會科學院哲學研究所副所長，研究員、研究生部教授。二〇〇一年調至華僑大學工作，先後任人文學院副院長、哲學與社會發展學院副院長、宗教文化研究所所長，二級教授、博士生導師。社會兼職有國際中國哲學會會員、中國宗教學會理事、四川大學道教與宗教文化研究所客座教授、中國人民大學佛教與宗教學理論研究所客座教授等。

曾參加任繼愈先生主編的《中國道教史》（修訂版）與《宗教大辭典》的撰寫工作，主編《巴蜀道教碑文集成》《道教研究》《宗教與文化》《道學文化叢書》等，著有《中國文化與中國社會》《道教神仙譜系》《老子道德經經解》《中華道教寶典》《道家思想史綱》（合著）等。先後在《世界宗教研究》《世界宗教文化》《宗教學研究》《孔子研究》《學術月刊》《東南學術》《社會科學研究》《諸子學刊》等學術刊物發表《中國西部古代道教石刻造像研究》《道家、道教與道學》《海外華人道教的歷史與現狀》《〈道藏〉〈道藏輯要〉與道教碑刻文獻研究》《饒宗頤先生〈星馬華文碑刻係年（紀略）〉之學術價值管窺》《道教碑文之史料價值初探——以明〈道藏〉爲例》《論〈莊子・天下篇〉與〈漢書・藝文志〉之學術分野》《東南亞華人道教與民間信仰的在地化》等學術論文八十余篇。曾應日本東京大學、德國洪堡大學及我國香港大學、香港中文大學、臺灣輔仁大學、中國人民大學、北京師範大學、浙江大學、山東大學、四川大學、厦門大學等海内外學術機構與高校的邀請多次舉行學術講座與參加學術交流。

曾主持教育部人文社會科學研究重點基地中國人民大學佛教與宗教學理論研究所重大項目「高延《中國宗教體系》的翻譯與研究」、國家社會科學基金年度項目「中國民間信仰與海外華人道教」、國家社會科學基金重點項目「東南亞華文宗教碑銘的搜集、整理與研究」（結項為優秀等級）等各級科研項目十余項，其學術成果先後獲國家古籍優秀圖書獎二等獎、省部級哲學社會科學優秀成果獎等九項。

致　謝

「東南亞華文宗教碑銘的搜集、整理與研究」項目自十年前規劃申報與考察實施，至今編校出版，多承中國社會科學院世界宗教研究所、華僑大學、福建教育出版社領導的大力支持與專業指導；在東南亞各個國家和地區的考察過程之中，有緣時獲海外華僑華人與社會各界朋友的鼎力支持與熱心幫助，多方助力，銘感難忘，值此出版之際，衷心感恩，誠致謝意！

首先，誠摯感謝學術界老前輩世界宗教研究所創所所長、國家圖書館原館長任繼愈先生，任先生對華僑大學宗教文化研究所的建立以及開展海外華僑華人宗教研究給予了方向性的悉心指導與大力支持！

中國社會科學院世界宗教研究所的歷任領導與學者朋友長期以來鼎力支持華僑大學宗教文化研究所的學術研究工作與筆者的海外華人宗教研究，在此衷心感謝中國社會科學院世界宗教研究所原所長吴雲貴研究員，中國社會科學院學部委員、世界宗教研究所原所長、中國宗教學會原會長卓新平研究員，中國宗教學會會長、中國社會科學院世界宗教研究所所長鄭筱筠研究員，中國社會科學院世界宗教研究所名譽學部委員馬西沙研究員，中國社會科學院世界宗教研究所原黨委書記曹中建研究員，中國社會科學院世界宗教研究所原副所長、電腦網絡中心主任張新鷹研究員，中國社會科學院世界宗教研究所原副所長金澤研究員，中國社會科學院世界宗教研究所黄夏年研究員，中國社會科學院世界宗教研究所儒教研究室主任盧國龍研究員，中國社會科學院世界宗教研究所李建欣研究員，中國社會科學院世界宗教研究所周廣榮研究員，中國社會科學院世界宗教研究所道教與民間宗教研究室原主任汪桂平研究員，中國社會科學院世界宗教研究所道教與民間宗教研究室主任李志鴻研究員，中國社會科學院世界宗教研究所科研處霍群英處長。

筆者的研究工作與項目的學術考察自始至終得到了華僑大學領導和哲學與社會發展學院領導的大力支持，特此衷心感謝華僑大學原校長吴承業教授，華僑大學黨委書記徐西鵬教授，華僑大學原黨委副書記吴永年研究員，華僑大學原副校長張禹東教授，華僑大學人文學院原院長曾亞雄教授，華僑大學哲學與社會發展學院原院長莊錫福教授，華僑大學哲學與社會發展學院原副院長陳少牧教授，華僑大學哲學與社會發展學院院長許斗斗教授，華僑大學哲學與社會發展學院副院長常旭旻教授，華僑大學社科處原處長陳鴻儒教授，華僑大學社科處處長薛秀軍教授，華僑大學社科處原副處長陳巧玲研究員，華僑大學外事處原處長、校友工作辦公室項士敏主任，華僑大學文學院原副院長徐華教授，以及我多年的同事朋友王四達教授、李天錫教授、王愛平教授、張雲江教授、范正義教授、鍾大榮教授、劉守政副教授、胡萍副教授、張晶盈副教授。

筆者開展海外華人宗教碑刻銘文的研究工作還得到了國内學術界諸多朋友的友情指導與幫助，特別感謝中國道教文化研究所研究員、四川大學兼職教授朱越利教授，上海社會科學院宗教研究所原所長陳耀庭研究員，中國人民大學佛教與宗教理論研究所所長張風雷教授，四川大學杰出教授、老子研究院院長詹石窗教授，北京大學特聘教授、山東大學講席教授龔鵬程教授，四川大學道教與宗教文化研究所原所長李剛教授，浙江大學敦和講席教授蓋建民教授，四川大學道教與宗教文化研究所副所長李裴教授，北京師範大學哲學學院强昱教授，中央民族大學哲學與宗教學院院長尹志華教授，中央民族大學哲學與宗教學院陳進國教授，雲南省社會科學院宗教研究所原所長、雲南省宗教學會會長蕭霽虹研究員，山東大學饒宗頤與中國文化研究所執行所長郭武教授，山東大學儒學高等研究院趙衛東教授，西南大學宗教研究所原所長楊玉輝教授，暨南大學華僑華人研究院石滄金教授，四川音樂學院音樂學系原主任甘紹成教授，四川大學道教與宗教文化研究所朱展炎教授，四川大學道教與宗教文化研究所張崇富教授，福建師範大學社會歷史學院林國平教授，福建社會科學院研究員、閩臺緣博物館原館長楊彦杰教授，復旦大學歷史系劉平教授，厦門大學道學與中國文化研究中心主任黄永鋒教授，汕頭大學文學院陳景熙教授，泉州市博物館原館長陳建中研究館員，泉州市文物保護中心原主任陳鵬鵬研究館員，泉州市文物保護中心副主任、文廟管委會主任何振良研究館員，中華媽祖文化交流協會常務副秘書長周金琰研究館員。

本項目在東南亞新加坡、馬來西亞、泰國、越南、柬埔寨、菲律賓、印度尼西亞、老撾等國的實地考察過程之中，得到上述國家的學術界、道教界、華僑大學校友會以及社會各界熱心人士的諸多幫助和支持，特此銘感新加坡道教總會陳添來會長，新加坡南洋學會林瑋毅博士，馬來西亞道教學院董事會主席、馬來西亞道理書院院長王琛發教授，馬來西亞馬來亞大學蘇慶華教授，馬來西亞拉曼大學中華研究院院長黄文斌教授，馬來西亞南方大學陳秋平教授，馬來西亞馬六甲三忠宫陳寶華道長，泰國普吉孔子學院院長羅建平教授，老撾萬象中華理事會李燕金理事長，柬埔寨金邊華英國際學校高文勝主任，柬埔寨華僑大學校友會陳冠龍會長，柬埔寨福建會館民生學校林麗丹校長，越南同塔大學院福才博士，菲律賓九八凌霄寶殿陳樺榕道長，馬來西亞瑪拉理工大學曾衍盛講師，菲律賓華僑大學校友會周宗儀先生。

感謝我的研究生孫琥瑭教授、周麗英副研究館員、郭瑞科副教授、王静副教授、陳瓊博士、張行津博士、江鈺林館員、周麗妃館員、李記博士協助科研考察并參與部分碑銘録文。

最後，誠摯感謝筆者的内人鄭水生女士與女兒黄昱博士，她們在家庭之中傾心全力長期支持我的學術研究工作，使我免除了衆多後顧之憂，纔得以完成這項重要的學術考察與研究工作。

新加坡淡濱尼聯合宮

新加坡鳳山寺廣澤尊王殿

新加坡韮菜芭城隍廟

參訪新加坡道教三清宮

新加坡天福宫

新加坡天后宫

新加坡蓮山雙林寺

新加坡粵海清廟

馬來西亞檳城青雲岩（蛇廟）

馬來西亞馬六甲青雲亭

馬來西亞檳城廣福宮

考察馬來西亞百足山天公廟

馬來西亞北海斗母宮

馬來西亞檳城極樂寺

馬來西亞馬六甲三忠宮

馬來西亞海南會館天后宮

馬來西亞吉隆坡天后宮

馬來西亞檳城海珠嶼大伯公廟

馬來西亞柔佛古廟

馬來西亞馬六甲三寶山

菲律賓馬尼拉九霄大道觀

菲律賓馬尼拉大千寺

菲律賓宿務定光寶殿大殿

菲律賓大道玄壇

菲律賓馬尼拉寶泉庵
“保生大帝”匾

菲律賓華僑義山華僑抗日烈士紀念碑

菲律賓馬尼拉鎮海宮

柬埔寨金邊潮州會館協天大帝廟

拜訪柬埔寨福建會館民生中學林校長

柬埔寨客屬會館天后宫

柬埔寨金邊海南同鄉會聖母宮

老撾萬象福德廟

老撾華人義山

老撾萬象伏波廟

老撾萬象永珍善堂

印度尼西亞雅加達金德院

印度尼西亞雅加達鳳山廟

印度尼西亞雅加達玄壇宮山門

印度尼西亞雅加達惠澤廟

印度尼西亞雅加達地藏王廟

印度尼西亞清元真君廟

印度尼西亞雅加達大史公廟

泰國曼谷水尾聖娘廟門神

泰國曼谷水尾聖娘神像

泰國代天宫“五府千歲”牌匾

泰國曼谷龍蓮寺

緬甸仰光慶福宫

緬甸果敢大廟

越南河内真武觀

越南河内文廟

越南河内道教城東亭

越南河内福建會館

越南河内玉山祠

越南胡志明市惠城會館（天后廟）

前言

《東南亞華人信俗碑銘輯録》是對東南亞地區新加坡、馬來西亞、泰國、越南、印度尼西亞、老撾、緬甸、柬埔寨、菲律賓等國家有關華僑華人宗教信仰的華文碑刻銘文進行實地考察和全面搜集、整理與研究。其中「華文」的含義包括古代漢語和現代漢語，「華僑華人宗教」主要指與中國傳統文化一脉相承的道教、佛教、民間宗教與民間信仰。申報立項和開展考察研究的目的在於通過廣爲搜集東南亞地區華文宗教碑銘，考察其碑文數量、刻置類型、宗教内容、外在形制、傳承歷史與保存現狀，爲海外華僑華人社會文化、宗教信仰、倫理道德、經濟活動和政治趨向等研究提供珍貴的第一手資料，既可爲華僑華人宗教文化的研究提供豐富内容，又可爲華僑華人歷史與現狀的深入研究奠定堅實的基礎，同時還可爲探討和研究中華優秀傳統文化在海外的傳播和弘揚積累重要的歷史資料。

東南亞華文宗教碑銘既是記載華僑華人宗教信仰的珍貴史料，又是該地區華僑華人歷史文化與社會生活的歷史見證與現實寫照。海外五千多萬的華僑華人既是中華民族大家庭的重要組成部分，又是中華文化在世界上的傳播者與發展者；其中，居住在東南亞十一個國家的華僑華人占全球華僑華人總數的百分之七十以上，約有三千五百萬人。在宗教信仰方面，東南亞的華僑華人大部分信仰道教、佛教、儒教（海外華人以儒家文化爲載體的一種信仰）與民間信仰，并同華人社會的會館、宗祠、義山、神廟等多種社會機構和社會活動密切相聯，具有祖先崇拜、多神信仰、民俗糅合等多種宗教特徵與地域聯誼、宗親凝聚、排難解紛、族群管理與生活娛樂等多種社會功能，既是海外華人遠離故土的精神寄托，又是對民族傳統文化的認同和歸向，長期以來對華僑華人的社會生活、文化教育、倫理道德、文學藝術、風俗習慣乃至經濟活動和政治活動都產生了十分深刻和久遠的影響。因此，若要深入瞭解海外數千萬華僑華人的實際生活和預測未來的社會走向，就必須瞭解華僑華人文化；而要瞭解海外華僑華人文化，就必須瞭解其宗教信仰的歷史與現狀。廣泛分布於東南亞各國的華文宗教碑銘既是該地區華僑華人宗教信仰的實物資料，又是東南亞華僑華人宗教信仰的歷史見證與現實寫照。

開展此項考察任務和研究工作的學術價值和社會意義，首先在於華文宗教碑銘是研究華僑華人宗教文化的第一手資料，對其進行系統搜集、整理和研究，對於華僑華人宗教研究、華僑華人移民史研究、華僑華人社團研究、華文教育研究，乃至華僑華人經濟、政治活動與中華文化的海外傳播研究都具有重要的學術價值。饒宗頤先生在《星馬華文碑刻繫年（紀略）》中曾言：「有可據之史料，爾後有翔實之史書。碑刻者，史料之最足徵信者也。」故饒先生當年用華文碑銘以考察華人歷史，德國漢學家傅吾康教授用之以分析華人村落，日本學者今堀誠二教授用之以探討華人社會，當代諸多學者用之以研究華人民間信仰以及中華傳統文化與海外華人文化的傳承與關係，做出了諸多學術成就。因此，華文宗教碑刻的搜集和整理是研究華人社會和文化的不可或缺的寶貴史料，更是研究中華傳統宗教文化向海外傳播衍變而形成新形態的特殊途徑，具有不可替代的重要學術價值。

開展此項學術研究亦可拓展中國宗教學的學科外延，爲華僑華人宗教研究填補一項學術空白。按照原有學界的學科設置，宗教學下面通常包含佛教、道教、基督教、宗教學理論等分支學科，但却没有華僑華人宗教的條目。既然華僑華人文化是中華民族文化的重要組成部分，那么華僑華人宗教理應成爲中華民族宗教文化的有機組成部分。因此，開展華僑華人宗教文化的學術研究，既能增强海外華僑華人的文化認同，又能拓寬我國宗教學科的學術外延。因此，若能在海內外學界的支持下組成專業學術團隊開展東南亞各國華文宗教碑銘的系統考察、整理和研究，這樣既能填補華僑華人宗教研究的學術空白，又將爲中國宗教學科的拓展做出有益的貢獻。

因此，開展東南亞華文宗教碑刻銘文的考察和研究工作刻不容緩，這既是宗教學科拓展的一件重要學術研究工作，又是一項海外中華文化的重點搶救工程。華文宗教碑刻是海外華人族群宗教文化的珍貴史料，同時也是華僑華人在海外的生存歷史與社會生活的實際記録，傅吾康教授曾説：「銘刻資料是研究華人移民史以及華人在東南亞活動的一個重要資料來源。」但自二十世紀以來由於多種原因毀損十分嚴重：有因東南亞地區的戰爭和社會動亂而毁損，有因多個國家的城市化建設加速而拆毁，有因自然的風化侵蝕而損害，近來還有因華人後裔對華人文化遺産的關心逐漸減弱而導致的損失；當今海内外華人中的有識之士都在關心華僑華人文化生態之時，這些華文碑刻的命運却令人十分擔憂。因此，對該地區華文宗教碑刻的保護和保存是華夏子孫應盡的責任，而進行全面的細緻考察、搜集、整理和研究則是我國學術界義不容辭的工作，倘若多年以後因各種原因造成這批珍貴史料的損毁消失，將是華僑華人宗教研究乃至中國宗教文化研究永遠不可挽回的損失。

一、東南亞華文宗教碑銘研究的學術回顧

關於東南亞華文碑刻資料的考察和研究，從二十世紀六十年代到九十年代，較著者有國學名家饒宗頤先生、德國漢學家傅吾康教授、香港大學中國文化研究所所長陳荆和教授、新加坡學者陳育崧先生、馬來亞大學陳鐵凡教授、新加坡華人學者莊欽永博士、新加坡國立大學丁荷生教授與許源泰研究員等人，兹將其有關學術成就分述

如下。

在二十世紀上半期，由於各種客觀原因，有關海外華僑華人宗教信仰的系統考察和研究并未受到社會與學界的重視，僅有散篇文章有所述及。直至六十年代，饒宗頤先生秉承王國維先生將地下文物與紙上文獻相互印證的人文學術傳統，認爲研究東南亞華僑社會與歷史，「碑刻者，史料之最足徵信者」，故在新馬地區（主要爲檳城與馬六甲）搜集華文碑刻資料一百餘件，遂録碑文，并記其存佚時地概況，撰成《星馬華文碑刻繫年（紀略）》，首開東南亞華文碑刻史料研究之先河。① 而當時香港大學的陳荆和教授邀約新加坡學者陳育崧先生制定規劃，擬在新、馬地區開展有關華文碑刻銘文的大規模考察和整理工作，後因馬來西亞五一三事件的發生而擱置，遂將原在新加坡地區搜集的一百一十九件碑文加以整理，題爲《新加坡華文碑銘集録》，於一九七〇年由香港中文大學出版。② 上述二書，饒先生《星馬華文碑刻繫年（紀略）》有全部録文，附少量圖片，自明天啓二年（一六二二）至清宣統二年（一九一〇）按年代排列，未作分類。二陳先生之《新加坡華文碑銘集録》僅有録文，將自清道光十年（一八三〇）至一九四五年的一百一十九件碑文予以分類整理，計有廟宇、會館、公冢、宗祠、書院、墓志銘、教會及紀念碑共九類，篳路藍縷，開拓新徑，於學術研究頗有意義。

二十世紀七十年代以後，在此方面做出衆多學術貢獻的首推德國漢學家傅吾康教授。傅先生於一九七七年自德國漢堡大學漢學系退休後即應馬來亞大學的邀請來到東南亞從事華僑華人歷史與文化的研究工作，其所從事的華文碑銘的考察和研究主要有三部分：其一，與新馬華人學者陳鐵凡教授合作，在七十年代至八十年代對馬來西亞東、西部地區的華文碑刻進行了全面的考察、整理與研究，計收各類銘刻約一千三百件，整理爲《馬來西亞華

① 饒宗頤：《星馬華文碑刻繫年（紀略）》，《新加坡大學中文學會學報》一九六九年第十期。
② 陳荆和、陳育崧編著：《新加坡華文碑銘集録》，香港中文大學出版部一九七〇年。

文銘刻萃編》三卷，分别於一九八二年至一九八七年由馬來亞大學出版。① 馬來亞大學蘇慶華教授認爲：「此書之出版，不僅爲保存史料方面做出了積極的貢獻，間接地也帶動了研究和撰寫更充實、可靠的當地華族史的新潮流。」其二，在蘇爾夢、蕭國健等多位助手的協助下，對印度尼西亞的華文碑刻進行了全面的考察，整理成《印度尼西亞華文銘刻彙編》三卷，由新加坡南洋學會分别於一九八八年、一九九七年出版。② 其三，是對泰國華文碑刻銘文的考察和整理，其成果編爲《泰國華文銘刻萃編》，一九九八年由中國臺灣新文豐出版公司出版。③ 傅吾康教授的東南亞華文碑銘考察與研究具有以下特徵：（一）首次對東南亞的馬來西亞、印度尼西亞、泰國等三國的華文碑刻進行了系統的田野考察和整理；（二）考察過的全部碑文均實地拍成照片印製出版；（三）碑文内容均逐録全文加以標點；（四）所考察的三國華文碑文均按國别和地區分編；（五）全部考察碑文均按其形制予以初步分類，如石碑、木牌或木版、銅版或銅牌、墓碑、紀念碑塔、銅鐘或鐵鐘、雲版、香爐、石獅、神主或牌位等。上述三書内容豐富，記述詳實，傅吾康教授的學術成就實爲東南亞華文碑刻銘文研究的重要里程碑。

除此之外，日本學者日比野丈夫教授曾對馬六甲的華人廟宇和碑文進行了初步考察和拓印，其考察資料曾爲今堀誠二教授在《馬來西亞華人社會》中加以引用。新加坡國立大學的丁荷生教授與許源泰教授合作編撰有《新加坡華文銘刻彙編：一八一九—一九一一》。④ 馬來西亞學者莊欽永博士曾投入多年精力搜集華人墓碑，撰有《麻

① 傅吾康、陳鐵凡合編：《馬來西亞華文銘刻萃編》三卷，馬來亞大學出版社一九八二、一九八五、一九八七年版。
② 傅吾康主編：《印度尼西亞華文銘刻彙編》三卷，新加坡南洋學會、法國遠東學院，一九八八、一九九七年版。
③ 傅吾康主編：《泰國華文銘刻萃編》，中国臺灣新文豐出版公司一九九八年版。
④ 丁荷生、許源泰編：《新加坡華文銘刻彙編（一八一九—一九一一）》，廣西師範大學出版社二〇一七年版。

六甲、新加坡華文碑文輯録》等文，曾爲我國臺灣「中央研究院」《民族學研究所資料彙編》所收録。①

綜上所述，雖然前代學者在此方面做了大量成就顯著的學術貢獻，但仍然還有許多艱苦細緻的考察整理工作和有待深入的學術研究空間，需要我們在前人所取得的成就之上繼續努力和專志開拓，以期爲海外華僑華人文化的研究做出更多的有益貢獻。

其一，東南亞共有十一個國家，上述學者的考察主要涉及新加坡、馬來西亞、泰國、印度尼西亞等四國，僅占東南亞諸國全部地域約三分之一；尚有越南、緬甸、柬埔寨、菲律賓、老撾、文萊、東帝汶等七個國家約三分之二的華文碑文没有涉足，有待考察。

其二，此前學者所做的大量工作固然具有極爲重要的學術價值與社會意義，但他們的田野調查和研究是對華僑華人碑刻銘文所開展的整體學術工作，其所搜集彙編的内容相當廣泛龐雜，於碑銘之外尚包括大量的匾額、墓志、鐘爐、旗杆、牌位等。從内容上看，固於保存資料開展華僑華人文化的整體研究十分有益，但均非宗教學領域的專業考察和研究；而宗教信仰在華僑華人文化之中無疑占有核心地位，因此極有必要從宗教學的視閾開展東南亞華文宗教碑銘的實地考察和整理研究，以爲開展海外華侨華人文化的深入研究奠定更爲堅實的基礎，這是本項目申報和立項的初衷和本意。

其三，現今距傅先生考察東南亞的七十年代已過去了將近半個世紀，不僅舊有宗祠廟宇因年代久遠進行了多次修葺，并且隨着東南亞華人社會的發展又新建了不少宗教廟觀，如新加坡的多所聯合宫均是在二十世紀七十年代以後修建的，這些舊祠的重修和新廟的建造均産生了大量的新的碑刻銘文需要進行搜集和整理，本項目的資料

① 莊欽永：《麻六甲、新加坡華文碑文輯録》，載《民族學研究所資料彙編》第十二期，臺灣「中央研究院」民族學研究所，一九九八年。莊欽永：《新加坡華文銘刻集録初編》，載《人文與社會科學論文集》，一九八四年第四期。

搜集截止日期爲二〇一八年，從學術史的視角來看，即可視爲整理舊篇，增加新編。

其四，即如上述四國的華文碑銘考察尚有若干遺漏之處，誠如傅先生所言，「仍有大量鮮爲人知的資料散布於東南亞諸國，能够出版而公諸於世的僅僅是極少部分」；本項目的考察在前人研究成就的基礎之上，沿着他們的學術足迹，開展了力所能及的大量田野調查工作，也根據條件增加了以前學者未能考察的許多宗教場所和碑刻銘文，如馬來西亞北海新建斗母宫等。

其五，原有考察成果的文字整理尚有若干不足。當年傅先生在東南亞開展考察工作之時，年事已高，規劃與總纂均由傅先生負責，但許多具體工作實由南洋地區的年輕助手承擔，限於學識與經驗，遺漏與錯訛所在多有，甚至許多古漢語文字未能正確識别，銘文未能斷句，標點明顯有誤，這些不足之處均有待學人繼其補苴，在這方面，編著者做了十分艱巨而又大量的整理校對工作。

二、東南亞華文宗教碑銘考察研究的立項與實施

從二十世紀後期開始，編著者即開始從事東南亞華人宗教文化的調查和研究工作。經過將近二十年的學術探索和資料積累，二〇一四年以《東南亞華文宗教碑銘的搜集、整理與研究》爲題申報國家社科基金重點項目，以期廣爲搜集、整理和保存東南亞地區各個國家華人社會所保存的華文宗教碑刻銘文，繼以録存、整理、標點和結集，既爲東南亞地區華人社會保存大量珍貴的歷史文化資料，又爲研究中國傳統文化的海外傳播奠定堅實的文獻基礎。項目申報以後，當年獲得國家社科基金評審專家的鼎力支持，於二〇一四年七月獲准立項爲國家社科基金

重點項目。

項目獲批以後，編著者即全力投入該項目的艱辛考察和辛勞探索工作中。首先，查閱和整理以往學者的有關學術論著與東南亞地區華人廟宇、宗祠、會館、社團和傳媒的有關華文資料。這一方面，通過多年的查閱和考察，已經積累了相當豐富的文字資料，主要有饒宗頤、傅吾康等多位前賢的學術專著和資料彙編；加之近十年以來多次在東南亞地區進行實地調查，搜集了多達八百册約有一百萬字的有關華僑華人宗教信仰的經書、簽詩、文集、特刊、傳記、廟志及其有關論著。其次，分期對東南亞地區的馬來西亞、新加坡、泰國、印度尼西亞、菲律賓、柬埔寨、緬甸、越南、老撾、文萊等國的華文宗教碑刻（主要爲石質與木質材質的碑刻）展開全面的考察和搜集，對歷史上與現今該地區的儒教、佛教、道教、民間宗教與民間信仰的宫觀廟宇乃至有關的華人宗祠、會黨公司、社團機構進行碑刻實物的搜集和考察。數年以來，主要開展有如下工作：（一）制定專業學術考察計劃，并分步實施。（二）配備專業的攝像、攝影、測量與拓片所需的各種設備與器材。（三）全部考察分成四個階段進行，其一，馬來西亞、新加坡與文萊；其二，印度尼西亞、菲律賓；其三，泰國與柬埔寨；其四，緬甸、越南與老撾。（四）對建碑年代與背景開展實地調查（包括采訪與座談），并做出詳盡記録。（五）對全碑（包括碑首、碑體、碑座與文字）進行實際測量。（六）使用高像素專業相機與攝像機予以拍照與録影，并進行詳細記録。（七）重要碑刻在條件許可下進行現場拓片，予以妥善保存。（八）由專業人員進行文字抄録。（九）調查碑文的有關資料，儘量搜集整理，并就考察情况做出每碑必記的詳細記録，力求完備。

項目開展以後，纔發現此項研究任務的難度不是一般的大。首先涉及東南亞地區的十餘個國家，每個國家需要考察的地點多達數十個，并且大部分宗教場所或華人義山都在荒郊野外，需要常年冒着酷暑，跋涉山林，訪碑記録，其中艱辛，甘苦自知。其次是該項課題的實施和開展不僅涉及十餘個國家，行程數萬里，并且大部分都是田野跋涉的實地調查工作，極大地考驗了考察者的身體和意志，項目主持者甚至住院動手術以後，仍然堅持多次前往東南亞地區開展工作。再次是工作量極大，非短時所能完成，因此申請了項目延期，得到了國家社科基金領導部門的理解和批准，如此方使項目能够順利實施并得以最終完成。

自課題立項和開展工作以來，編著者數年來對東南亞地區的新加坡、馬來西亞、泰國、越南、印度尼西亞、老撾、緬甸、柬埔寨、菲律賓等九個國家的華文宗教碑刻銘文進行了客觀全面的實地考察（文萊與東帝汶兩地因簽證等原因未能成行），前後總計考察上述國家和地區的寺廟宮觀、祠堂會館、華人義山等地共一百八十餘處，共搜集華文宗教碑刻銘文一千六百五十餘件，文字達到二百餘萬字，圖片資料三萬餘幅。在通過實地考察積累了大量的資料以後，即對所搜集到的全部華文宗教碑刻銘文予以整理分類，按其宗教屬性劃分爲佛教與儒教、道教與民間信仰兩大門類，再根據課題組制定的以教分類、以廟屬神、以神列碑的分類原則，按照其宗教場所的主祀神靈劃分爲釋迦牟尼佛、三清尊神、天上聖母等六十多類，從中整理精選出内容豐富詳實而富有研究價值的六百六十餘通碑銘爲結項成果。繼之對全部整理精選的華文宗教碑銘予以詳細多次的標點校對，力求合乎規範，標點正確，儘量如實地反映華文碑銘的客觀内容，全部標點校對的碑銘文字近一百萬字。標點工作完成以後，并按每條碑文的立碑年代、碑體材質、碑刻形制、測量數據、撰文作者、保存現狀以及敬奉神靈等予以詳明叙述，以爲我國學術界的海外華人信仰與中華文化研究提供翔實可靠的第一手資料。

後期的整理、分類、標點和校對主要有以下步驟和内容。其一是分類整理。首先將原來通過資料彙編、學術專著和經書特刊等途徑搜集到的所有碑刻銘文和通過實地考察搜集的全部宗教碑銘，按佛教、儒教、道教與民間信仰進行分類。其二是文字迻録。按照碑刻實物的照片與拓片進行逐字抄録，再將録文與原有照片與拓片予以校對（一校）；若有以前學者整理彙編發表的碑文，則再將此碑文與考察所獲實物照片比照校對，若有抄録錯字則徑行改正，并做出校記（二校）。其三是標點校對。按照現代漢語語法與標點規則進行全文標點，再將標點碑文與照片、拓片進行校對（三校）；若有以前學者整理彙編點校的碑文，尤其是傅吾康先生、陳鐵凡教授、陳育崧教授、陳荆和教授、丁荷生教授等學者整理出版的碑銘彙編，則將其與碑文拓片或原碑進行比對，反復校勘，斟酌推敲，擇善而從，若有錯訛，即行糾正，并做出校記（四校），以儘量減少抄録點校産生的訛誤。其四是撰寫按語。在對所搜集碑文予以分類整理、文字迻録、標點校對以後，每件碑文均撰寫按語，其内容包括該碑的立碑年代、碑體材質、碑刻形制、測量數據、撰文作者、碑刻字體、行數字數、保存情況以及立碑緣由與碑文意義等。據課題組結項成果的初步統計，總計將近一百萬字。

三、傳統金石學與道教碑刻文獻研究

在學術研究中，有關碑刻文獻研究的學問以往稱爲「金石學」。中國傳統學術以經、史、子、集「四部」分類，碑文類往往歸入「史部」（或稱「乙部」）「目録類」的「金石之屬」，如宋代著名金石學家趙明誠所撰《金石録》、學者洪適編撰的《隸釋》都歸屬此部之中。而《道藏》則是按三洞、四輔來分類，其中有關道教碑文的内容大部列入三洞之中「洞神部」的「記傳類」。中華人民共和國成立以後設立的「中圖法」（Chinese Library Classification），根據現代學科的分類規則，將金石、碑文歸類爲「歷史、地理」大類的「中國文物考古」一類，其下有「古書契」一目，而甲骨、金文、石刻、碑碣、經幢、墓志皆屬之。總起來看，《道藏》的「洞神部」所收碑文大部爲宫觀紀事，碑刻銘文屬於史料性質，傳統學術分類歸入「史部」，現代學科劃爲「歷史考古」，應該説是大體適當。

中國文化起源甚早，若按以往的古史傳説，從三皇五帝算起應有五千年左右的歷史。文化是需要傳承的，否則就有可能斷絶，而傳承文化最爲重要的方式之一就是文字的發明與使用。在西方，古希臘文化靠希臘文與拉丁文得以傳承，終於在千年以後點燃了「文藝復興」的聖火；在東方，中華文化就主要靠漢民族的語言與文字傳承下來，至今在世界文化之林中占有重要的一席之地。從文化史的角度來看，傳承文化的文字必須要有相應承載的物質形式，纔能傳之久遠，否則就有可能湮滅無聞。譬如中國最早的夏王朝，在古籍中有所記載，近代也考古發掘出大量的遺址與器物，然而至今却缺乏夏代的文字以作證明，致使許多當代的歷史學家在書寫中國遠古歷史時感到困難重重。從古至今，各國文字的物質承載形式有多種，如兩河流域的泥板、印度的貝葉、地中海沿岸的羊皮紙等。而中國的文字載體有先秦時期殷商的龜甲和獸骨，鐫刻在上面的文字自二十世紀以來被稱爲「甲骨文」；周代數百年流行使用青銅器，鑄刻在銅器上的文字被叫作「金文」；以後相繼出現竹簡、縑帛、紙張等書寫文字的承載體，如戰國簡策、漢代帛書、敦煌遺書等，通過如許衆多的文字記載，中華文化的豐富内涵與民族精神得以千年傳承，至今巍然於世。

在中國這樣多種的文字承載形式中，質地較爲堅硬、能够傳承久遠的東西就數銅器和碑石了。先秦的墨子曾説過：「古之聖王，欲傳其道於後世，是故書之竹帛，鏤之金石，傳遺後世子孫，欲後世子孫法之也。」意思是古代的聖王要把他們的「學説」傳於後世，就必須使用文字書寫鐫刻在竹帛和金石之上，纔有可能流傳千秋萬代。其中講的「金石」，就是指銅器與碑石。

清代學者葉昌熾在《語石》中曾斷言，「凡刻石之文皆謂之碑」，這是後來的説法；其實「碑」的本義最初并不是「刻石之文」的意思，而是有着另外的形式和意義。中國古代有宫廟，宫廟要經常舉行祭祀，而祭祀的程式必須要按時間安排，因此宮廟前大多竪立有一塊長條的石頭，用來觀察日影，計算時間，安排祭祀以及其他活動。《儀禮·聘禮篇》記述説：「陪鼎當内廉，東面，北上，上當碑，南陳。」漢代經學家鄭玄注説：「宫必有碑，所以識日景，引陰陽也。」① 「識日景，引陰陽」就是觀察日影，安排時間，這是「碑」字的古義。

另外又有一説，即《禮記·祭義篇》所講的：「祭之日，君牽牲……既入廟門，麗於碑。」鄭玄注解説：「『麗』，猶『繫』也。」後來北宋史學家宋祁解釋説：「碑者……施於廟則繫牲。」② 就是説「碑」是立於廟門之内拴繫牛馬等牲口的石條。《儀禮》與《禮記》兩種文獻的説法，雖然使用的目的和方法不一樣，但是「碑」都是指與宫廟有關的石頭，這是殆無疑義的。除此之外，古代的「碑」字還有一種含義，不是指石頭，而是指木樁。《禮記·檀弓下》説：「公室視豐碑。」鄭玄注解：「豐碑，斲大木爲之，形如石碑。」其作用是在天子或貴族下葬的時候，「於椁前後四角樹之，穿中於間爲鹿盧，下棺以綷繞」，在葬坑四角的厚木樁中間穿洞，用繩練將棺木慢慢放下，以便安葬。這裏講的「碑」，其作用似乎相當於今天的滑輪。爲什麽要將木樁稱爲「碑」呢？宋人孫何《碑解》説：「其字從石者，將取其堅且久乎？」因爲古人安葬建墓都希望堅固長久，所以使用了「石」字旁的「碑」字，這只能是聊備一説。

那么「刻石之文」的「碑」是何時産生的呢？按照時下大多數學人的意見，認爲應該是戰國後期至秦代。現今有一套傳世國寶，通常考古界稱作「石鼓」，據考證這是戰國時候秦國的歷史文物。每面石鼓上刻有紀功頌德、田獵車騎的内容，字體介於金文與小篆之間，歷來稱爲「石鼓文」，這大概是現今可考的最早的「碑文」。後來一代梟雄秦始皇靠殺伐之功平定六國，在中國歷史上建立了第一個龐大的專制王朝，爲了炫耀其「豐功偉績」，到

① 《儀禮注疏》卷二十一《聘禮第八》，北京大學出版社二〇〇〇年版，第七四三—七四四頁。
② 《宋景文公筆記·釋俗》卷上，上海商務印書館一九三六年版，第一五頁。

處刻石紀念以垂不朽。雖然殘暴的秦王朝很快就從歷史的舞臺上消失了，但是「始皇帝」的紀功刻石却靠着大自然鑄就的堅硬性質流傳了下來，如《泰山刻石》與《琅琊刻石》等，可見秦朝時還未稱爲「碑」，世人多稱爲「刻石」或「碣石」，名稱尚未統一。

到了漢代，朝廷頌功德，皇家叙祀典，官府紀工役，文人刻詩文，百姓記民生，也大多立碑記事，以存永久，於是社會上下蔚然成風。據各類金石資料記述，傳世漢碑即有數百通之多，現在留存的也有一百多通，其中著名者有《三老碑》《張遷碑》《曹全碑》《禮器碑》等。從文化史的角度來看，可以認爲漢代是中國傳統文化的載體之一即「刻石之碑」正式產生的時代。以後自漢魏至唐宋元明清，歷代相沿，碑刻紀事成爲中國歷史上的重要文化現象，其歷代傳承的大量碑文也自然成爲十分珍貴的歷史文化史料。

碑文是十分難得的實存史料。歷史是逝去的歲月，不再重現；但過去時代的遺迹却有不少幸存下來，碑文就是其中的一種。

碑文的歷史文化價值首先表現爲客觀真實。我們知道，碑文從它的起源開始，就是叙事内容的載體。秦代刻石記載的是帝王的豐功偉績，漢代碑刻大多是士大夫生活内容的記述，隋唐盛行墓志銘，宋明時期佛、道教的廟觀記文，基本上都是相對真實的歷史記述，因此學術界長久以來都將碑文視作珍貴的第一手歷史資料。二十世紀陳垣先生通過對道教碑文的整理與研究，撰寫了《南宋初河北新道教考》，重現了太一教和全真教的歷史真相，就是其明顯的例子。

其次，碑文的歷史文化價值表現爲内容豐富。從漢碑、唐志到明清碑刻，既有政治、軍事、經濟的紀事，也有詩詞文學、語言文字、書法藝術的内容，甚至一些古代民族的語言文字，也靠碑文得以流傳後世。如遼寧發現的契丹文《肖慎微墓志》、甘肅武威保存的西夏文碑刻《重修護國寺感應塔碑》、吉林松原流存的女真文《大金得勝陀頌碑》等，都是研究古代民族語言文字的珍貴史料。

再次，碑文的載體是質地堅硬的石材，比起其他文字的載體如絲帛、竹簡、紙張等，更能抵御歲月變遷，傳承久遠。由於碑文的以上特徵，因此在歷史研究中有着不可替代的特殊地位和作用。

根據現有的考古材料，道教碑文大約興起於漢代。道教的教團組織以東方的太平道與西部的五斗米道的建立爲標志，都是在東漢時期。現今所見東漢時期與道教有關的碑文約有六通：一即吴興劉氏《希古樓金石萃編》卷六所載東漢順帝陽嘉四年（一三五）「延年石室」刻石，一爲王昶《金石萃編》卷七收集的東漢順帝漢安元年（一四二）「會仙友」題字，三爲《蔡中郎集》卷一所收東漢桓帝延熹末年（約一六五—一六七）蔡邕所撰《王子喬碑》，四爲南宋洪適編撰的《隸釋》卷三收録的東漢陳相邊韶奉命撰寫的《老子銘》，五爲《隸續》卷三記載的東漢靈帝熹平二年（一七三）「祭酒張普」碑，六爲東漢獻帝建安十年（二〇五）刊刻的《巴郡太守樊敏碑》。六通碑石之中，與道教興起直接相關的應是第五、第六兩通，其中内容較爲充實的是《巴郡太守樊敏碑》。

魏晋六朝是道教創宗立派、興盛發展的時期，三皇、靈寶、上清諸派與天師道都在此時期獲得程度不同的發展。然而，該時期的道教經文雖然流傳頗廣，道教碑刻却存世無多，現今所見，歷代碑拓與文集、山志所收僅有數十通。

道教碑文大量出現的時期在歷史上有三個。第一個是唐宋時期。該時期由於多位帝王崇奉道教，社會上信仰普及，信衆廣泛，因此與崇信、祭祀、塑像有關的道教碑文大量涌現。第二個時期是金元時期。這段時期北方的少數民族政權入主中原或統一全國，爲了維護與保存傳統的漢民族文化，北方的士紳民衆相繼創立了太一教、真大道教與後來興盛壯大的全真道。爲宣傳道教信仰，争取民衆支持，擴大宗教組織的影響，上述道教教派在關中、山東等地鎸刻了諸多的大型道教碑石，碑文内容豐富，刻石精美，這一時期的道教碑刻很多比較完好地保存到了現代。第三個時期是明清時期。該時期官方系統的道教逐漸衰微，而民間信仰大量流行，因此各個地區的神靈奉祀成爲不少地區民衆社會生活的重要組成部分，記載廟宇變遷、修建和神靈生平、靈迹的碑刻就在民間廣泛流行，從數量上來看，該時期的道教碑刻應爲最多。

在這三個時期之中，唐宋時期的碑文大多靠宋代的金石學專著與文人文集保存下來，金元時期的道教碑刻現今有大量的存世實物和碑拓傳世，而數量最多的明清時期與民間信仰相關的道教碑文，却遺憾地由於多種條件的限制，長期以來缺乏系統的搜集和整理。

碑文的搜集、整理和研究在古代屬於金石之學，現代屬於歷史學的範疇，這在前面已經述及。然而道教碑文的整理和研究却長期以來未能得到學術界和社會的重視，致使研究者無多，有關專著和論文在當今世界道教熱中形成極大的反差，相比較汗牛充棟的道教研究論著來看，可説是寥若晨星。

民國以前，社會與學界對道教不够重視，再加之資料的缺乏，因此尚未有專人對道教碑文進行系統的研究。至二十世紀二十年代陳垣先生任北京大學研究所國學門導師，始注重搜集有關道教的碑刻文獻，在其助手和學生的幫助下，歷經多年，從《道藏》、歷代文集筆記和繆荃蓀所藏藝風堂拓片中搜集和整理了數十册道教碑文資料，只是由於工作量太大，時間、精力皆有限，故在陳先生在世時一直未能整理出版。經過了半個多世紀，直到八十年代末才由文物出版社出版了由其後人陳智超先生整理校補的《道家金石略》。該書搜輯了自漢代至宋明有關道教的碑文一千三百多篇，分爲漢魏六朝、唐、宋、金元、明五個部分，按時代先後排列，是現代學術史上第一部道教碑文專集，爲道教史研究提供了大量詳實而珍貴的歷史資料。唯一遺憾的是該書爲簡體字版，这大爲降低了該書的歷史資料性。

二十世紀九十年代四川大學出版社出版了由龍顯昭、黄海德主編的《巴蜀道教碑文集成》。該書所收碑文，

「以關乎道教者爲准。碑文時限，上起後漢，下迄清末；少數民國碑，亦考慮采録」。該書所收碑文主要從方志、文集和古代文獻中采録，少量從《道藏》中搜集，部分唐宋時代的道教碑文是經過田野實地考察，據原碑實録所獲，尤爲難得。以後三秦出版社出版有陝西金石文獻彙集，其中有《重陽宫道教碑石》，搜集了部分全真道的碑文。《山東道教碑刻集》是地域性道教碑刻文獻彙編的又一重要成果，是趙衛東教授及其同事與山東地區文博部門合作的學術結晶。該項工作曾獲得二〇〇八年國家社會科學基金立項，其先後完成并由齊魯書社出版的《青州、昌樂卷》（二〇〇〇）、《臨朐卷》（二〇一一）與《博山卷》（二〇一三）即是該項基金的階段性成果，同時在出版方面又獲得香港青松觀的資金支持。根據目前該碑刻集已出之三卷（共收録六百一十六篇），綜覽歸納，具有如下特徵：其一，規劃宏大，分步實施。山東全省地域遼闊，若全部考察完畢和整理出版，尚須諸多時日；其二，體例統一，編排嚴謹，體現了編纂者嚴肅認真的治學態度；其三，該書部分碑刻附有拓片和圖録，大部分比較清晰，能供研究者進一步比對和校讀，爲山東道教研究提供了客觀可靠的歷史資料；其四，全部碑文均用繁體字排版，是爲古代宗教碑文研究之必要條件；其五，所有碑文一律照原碑抄録，文字不作任何更改，保存了道教碑文的歷史原貌，此種安排意義甚大。綜上所述，如論者所云，「《山東道教碑刻集》是一部品質上乘、價值重要的學術資料巨制」①，必將給山東道教研究帶來新的契機，使目前的道教學術研究更進一層。《北京道教石刻》一書，佟洵教授主編，孫猛與羅飛研究員編著，由宗教文化出版社二〇一一年三月出版。該書共搜集北京地區有關道教的石刻碑文資料二百七十一通，分爲御製碑和敕建碑、興建碑、重修碑、人物碑、香會碑、諸事碑、墓志志文七個部分。《雲南道教碑刻輯録》是地域性道教碑刻文獻彙編的又一重要成果，由蕭霽虹教授主編。該书於

① 吴亞魁：《〈山東道教碑刻集·青州昌樂卷〉評介》，《弘道》二〇一一年第四期。

二〇〇七年申報國家社科基金批准立項，其優秀結項成果於二〇一二年獲批爲《國家哲學社會科學成果文庫》之一，中國社會科學出版社二〇一三年十二月出版。該书之特徵與學術價值在於：首次對雲南全省的道教碑刻文獻進行了全面系統的廣泛搜集和精心整理，其内容涵蓋自漢唐至今的雲南道教宫觀碑記、道士墓志銘、道士傳略碑記、仙迹碑記、道教經文碑、道教摩崖詩碑等（如晋代之《爨寶子碑》與南北朝之《爨龍顔碑》皆爲中國宗教史與金石學之名碑，一九六一年即被定爲國務院首批全國文物保護單位），内容豐富，考辨精審，發現了不少區域性道教研究的新史料，爲雲南道教研究的進一步拓展奠定了堅實的基礎。其次，體例嚴謹，統一實施，全書近八百篇道教碑刻銘文，全部按朝代和年代編排，逐一編碼，後附索引，檢索方便，嘉惠學林。再者，該書難能可貴的是發掘了有關少數民族道教信仰的珍貴材料，如白族、彝族、納西族、傣族等有關道教信仰的碑刻文獻，揭示了民族信仰與道教傳播之關係，從而體現了「道教是中華民族的傳統宗教」的真實内涵，意義尤爲重要。《廣州府道教廟宇碑刻集釋》上下兩集，由黎志添教授與李静博士編著。由黎教授主持編纂的這部道教碑刻集録，亦爲近年來區域性道教碑文彙編的重要成果。其「廣州府」的區域範圍，乃是以清代阮元所修的道光《廣東通志》中廣州府地理範圍爲准，共搜集了從宋、明至清末廣州府屬十三個縣境内①與道教廟宇之歷史活動有關的碑刻文獻，共計二百八十二通。編者先後考察了上述區域内的一百二十一座道教廟宇，包括所奉神祇，涉及三清神（玉清元始天尊、上清靈寶天尊和太清道德天尊）、三官大帝（天、地、水三官）、太上老君、北方玄天上帝（又稱真武大帝、北帝）、斗姆元君、吕祖純陽孚佑帝君、天妃娘娘、梓橦文昌帝君、關聖帝君、城隍神、東岳大帝、五顯靈官華光大帝、正一教祖張天師、醫靈大帝、康公元帥、趙公元帥等。該碑刻集之資料主要來自兩方面：其一，從

① 包括廣州府屬的南海縣、番禺縣及順德縣、東莞縣、從化縣、增城縣、新會縣、香山縣、三水縣、新寧縣、清遠縣、新安縣、花縣等。

《道藏》及不同時期的各種金石志、地方志、文集等原始文獻中搜輯而出；其二，通過實地訪查四十八座道教廟宇而抄録獲得，共有一百零四通，約占全書收録碑文總數的百分之三十七。在地域性道教碑文的考察研究方面還有吴亞魁教授編纂的《江南道教碑記資料集》（上海辭書出版社二〇〇七年版）、譚世寶教授著的《金石銘刻的澳門史——明清澳門廟宇碑刻鐘銘集録研究》（廣東人民出版社二〇〇六年版）等，分别對江浙與澳門地區的有關道教與民間信仰的廟宇碑文進行了搜集整理和研究，亦爲近百年來區域性道教碑文的考察和研究做出了學術貢獻。

四、道教神仙信仰及其海外傳播

道教是中國本土文化産生的宗教，道教的神仙信仰是道教的最高信仰「道」的形象化體現。從世界文化的範圍來看，每一個國家，每一個民族，都有着具有自身特徵的宗教文化。基督教信奉唯一的耶和華上帝，而伊斯蘭教虔誠地信仰真主安拉，形成具有宗教特色的一神教。

道教植根於中國文化，這是中外學者都認同的客觀事實。我們現在所説的中國，實際是數千年來居住在中華大地上的衆多民族共同創造的國家，由於客觀自然環境和社會歷史條件，早在古代就形成疆土遼闊、人口衆多、民族廣布、信仰各异的特徵。因此，作爲中國文化孕育産生的道教，也就自然形成内容龐雜、形態多樣的特色。因此，道教神仙信仰的宗教形態，與一神教不同，而是以尊奉主神爲特徵的多神教。上至三清尊神、太上老君、玉皇大帝，包括護法神將、瑶池女仙、洞天仙人，下至城隍、土地、竈君、財神，建構了一個超然於「此岸世界」之上的包括天神、地祇、人鬼在内的「彼岸神仙世界」。

神仙是道教信徒理想的修煉得道、神通廣大、變化無方、長生不死的人。修道成仙，是道教徒終生追求的終極目標和歸宿。在道教徒的心目中，通過長期的修煉，能够得道成仙，就意味着與「大道」融爲一體，永恒長在。

關於神仙的傳説，早在先秦時代就已經在中土廣泛流傳。《莊子・逍遥游》中説：「藐姑射之山，有神人居焉，肌膚若冰雪，綽約若處子，不食五穀，吸風飲露，乘雲氣，禦飛龍，而游乎四海之外。」而燕齊濱海一帶，傳説有蓬萊、方丈、瀛洲三神山，山上有仙人和不死之藥，禽獸盡爲白色，所居宫闕都用金銀做成，「未至，望之如雲；及到，三神山反居水下」，這樣的事在司馬遷的《史記》中有詳細記載。秦漢之際，經方士大力宣揚，神仙傳説在宫廷和民間的影響越來越大。據史書記載，秦始皇和漢武帝都曾專門派人到海上去尋找神仙和仙藥。《漢書・藝文志》中列出的神仙家就有十家，其著作共有兩百多卷。

早期道教的經典《太平經》中描述了一些神仙，但是名稱極不統一，比較紊亂。譬如，經中尊奉的至尊天神是「長生大主號太平真正太一妙氣皇天上清金闕后聖九玄帝君」，説帝君居「太空瓊臺洞真之殿，平玉之屋」，升上清之殿，游太極之宫，治十方之天，掌億萬兆庶，諸在河海，無不仰從，是宇宙的最高主宰。書中另外還有「三皇五帝」的説法，説「天有三皇若三光，地有三皇若高下平，人有三皇若君臣民」，「天有五帝若五星，地有五帝若五岳，人有五帝若五行五藏」，這是道教神系初創時期的神靈信仰，只是上述説法缺乏系統，顯得十分牽强。

魏晋以後，《列仙傳》《神仙傳》《洞仙傳》等書先後迭出，記載了諸多仙真神人的故事。尤其是南朝道士陶弘景撰的《真靈位業圖》，第一次系統編排了道教神系的内容。由於歷史上道教發展的階段不同，宗派不同，因此各個階段不同的道派所崇奉的道教尊神也有所不同。《真靈位業圖》基本上代表的是道教上清派的神仙體系。明、清之時，徐道編集的《歷代神仙通鑒》和葉德輝主持刊印的《三教源流搜神大全》相繼問世。從漢魏到明清，諸書記述的道教神仙約有一千多位，包括有上古的傳説人物，如黄帝、彭祖、廣成子等，道教歷代神師，如張道陵、三茅真人、重陽祖師等人。

道教對於「仙」的信仰在宗教文化中尤其獨具特色。《釋名·釋長幼》説，「老而不死曰仙」，意思爲能够長生不老的人就可稱爲「仙人」。《神仙傳》中對仙人作了許多形象生動的描述：或者聳身入雲，無翅而飛；或者駕龍乘雲，上造天階；或者化爲鳥獸，浮游青雲；或者潛行江海，翱翔名山；或者吸食元氣，辟穀菇芝；或者出入世間而人不識，或者隱其身而莫能見。仙人可以上天入地，可以潛江隱身，神通廣大，無所不能。

晋代葛洪的《抱樸子》將仙人分爲三等：「上士舉形升虚，謂之天仙；中士游於名山，謂之地仙；下士先死後蜕，謂之尸解仙。」《天隱子》又將仙人分作五類：在人稱人仙，在天稱天仙，在地稱地仙，在水稱水仙，能神通變化稱神仙。《太真科》中又分爲九品：上仙、高仙、大仙、神仙、玄仙、真仙、天仙、靈仙、至仙。既名目繁多，又有高下品位的差别。

綜而述之，道教的「神」與「仙」都屬於宗教信仰的範疇，但是二者在内涵上却不盡相同。「神」是先天就存有的真聖，《抱樸子》的説法，是屬於神异類，「非可學也」，比如三清尊神、玉皇大帝、南極仙翁等天界尊神，就不是世間的凡人通過修道能够修成的。而「仙」却是屬於後天的，凡是通過長期的修煉，最終達到長生不老的人，就是仙人。因此，千百年來激勵無數道教信徒抱樸守一、歷盡艱辛而百折不回、至誠信仰的就是長生不老、修道成仙。神是不可企及的，只能向之頂禮膜拜，虔心信奉，而仙却是可以修煉而成的。就是説，在道教的信仰中，「此岸世界」和「彼岸世界」并不是截然分開的，人不須脱離現實的存在，只要通過特定的修煉手段，就可以延長現實的生命，從而實現宗教信仰的理想。這是道教作爲一種宗教文化而具有的顯著特徵。

道教的神仙信仰包括天界尊神、洞天仙真、祖師聖賢、民間俗神等信仰對象，體系龐大且等級有差，屬於多神信仰的範疇。① 道教的這種多神信仰，還有一個特徵，就是衆多的仙真神靈，皆有其固定的理想居處，天尊、道君居於天宫之中，仙人真人栖於洞天福地，祖師聖賢和民間俗神也各有其享受祭祀的處所。這種特徵，溯其來源，應該説與先秦時期的神仙傳説有着一定的關係。《莊子》中就有「神人」居住於「藐姑射之山」的傳説，《山海經》中更記述了衆多「神」與岷山、首陽山、鐘山等神山的關係。② 二十世紀有學者認爲，秦漢以前的神仙信仰按其地域與内容，可分爲海派神仙信仰與山派神仙信仰。前者同西部的昆侖神山有關，後者同東海之中的蓬萊、瀛洲等仙山有關。③ 因此，昆侖神山與蓬萊仙山等地，就不僅是神人和仙人居住的處所，對於古代的修道者和信仰者來説，就已經成爲他們心目中的理想境界，含有信仰的意義在内。换句話來説，這些神仙居住的仙境本身就已經從人間的傳説轉化成了修道者的信仰對象。這種中國特有的文化現象，無疑對道教信仰的孕育、産生和形成過程産生了深刻的影響。

若從歷史的維度加以考察，道教的神仙信仰首先表現爲對「三清仙境」的信仰。道教的「三清仙境」，由玉清境、上清境與太清境三種仙境構成。按照宋代張君房纂集的《雲笈七籤》解釋説：「通名三清者，言三清淨土無諸染穢。」④ 唐代孟安排《道教義樞》卷七引《太真科》説：「大羅生玄、元、始三氣，化爲三清天：一曰清微

① 黄海德編著：《道教神仙譜系》，四川人民出版社一九九四年版。
② 見《莊子·逍遥游》。并參見袁珂：《山海經校注》，上海古籍出版社一九八〇年版。
③ 參見《蒙文通文集》（巴蜀書社一九八七—一九九九年版）與顧頡剛《古史辨》（上海古籍出版社一九八二年版）。
④ 《雲笈七籤》卷六，載《道藏》第二十二册，文物出版社、上海書店、天津古籍出版社一九九四年版，第三二頁（以下同書僅標明書名與册數、頁數）。

天玉清境，始氣所成；二曰禹餘天上清境，元氣所成；三曰大赤天太清境，玄氣所成。」認爲三清天是由大羅天的玄、元、始三氣所化成，這裏的「三清天」即是《雲笈七籤》所稱的「三清净土」，概稱爲「三清仙境」。《南史·顧歡傳》記顧歡曾經賦詩言志云：「五塗無恒宅，三清有常舍；精氣因天行，游魂隨物化。」表達了對於道教「三清仙境」的嚮往之情。

「三清仙境」的名稱也有一個歷史形成的過程。自先秦至兩漢魏晋，查考歷史文獻和宗教典籍，并無「三清」這一名稱。從先秦諸子、前四史到蕭梁太子蕭統編纂的《昭明文選》中，都没有「三清」之名。葛洪所撰的《抱樸子》中也僅有「太清」的名稱。那么，「三清」的名稱最先出於何時呢？現今所見，應以《道藏》「洞玄部」所收録的《洞玄靈寶自然九天生神章經》爲最早。該經記載有「高上大有玉清宫」「上清玄都玉京七寶紫微宫」與「三皇洞神太清太極宫」，不僅有「玉清」「上清」「太清」等仙宫名號，而且經中明言「而得神仙骨肉，同飛上登『三清』，是與三氣合德，九氣齊并也」。①

《九天生神章經》又名《三寶大有金書》，是道教靈寶派的重要經典。南宋時朱熹曾認爲「此經亦杜光庭所撰」②，朱子雖爲大儒，然此言已經學者駁正，不足爲據。③ 近世學者根據《無上秘要》《雲笈七籤》等道教類書與敦煌道經的有關記載，認爲該經大約成書於東晋末年。在敦煌卷子中有唐代開元年間道士索洞玄書寫的第二八六一頁和第二二五六經卷，而據日本學者大淵忍爾的拼合考證，此經卷應爲南朝道士宋法師（文明）所撰《通門

① 《洞玄靈寶自然九天生神章經》，載《道藏》第五册第八四三頁。
② 見〔宋〕趙希弁《郡齋讀書志附志上》神仙類《九天生神章經》條，《續古逸叢書》本，臺灣新文豐出版公司《叢書集成續編》一九八八年版，第一册第一六一頁。
③ 任繼愈、鍾肇鵬主編：《道藏提要》，中國社會科學出版社一九九一年版，第二三八頁。

論》的卷下部分。該經卷分爲前後兩部分，前半部分爲目録，録有《靈寶經》的篇目卷數，一般稱爲宋文明《靈寶經目》。其中有《九天生神章經》，云：「《九天生神章》一卷，已出。卷目云《太上洞玄靈寶自然至真九天生神經》。」① 宋文明約爲南朝中期人，其所撰經目係根據陸修静之《靈寶經目》編制而成。那麽，《九天生神章經》的成書至遲應在陸修静所處時代即劉宋之前。

從上面的考察可以推知，道教三清信仰的第一個階段，即對於「三清仙境」的信仰，大概形成於東晋末年或南朝劉宋之時，即公元五世紀的前期。這段時期是在東漢末年天師道教團組織建立以後，經過北方地區的流傳，在兩晋之際隨着世族的南遷，在南方逐漸形成新天師道的時期。雖然道教「三清仙境」的信仰形成較早，但對以後道教特有的神仙信仰産生了深刻和長遠的影響，道教信徒長期將「三清仙境」視作「常樂净土」或「常樂境界」，《雲笈七籤》引《妙林經》説，「若有修善，當得往生三清妙土」。② 「三清仙境」遂成爲道教修行者修道往生的最高信仰境界。

道教三清信仰第二方面的内容是對於「三寶神君」的信仰。《雲笈七籤》卷三「道教三洞宗元」説：「原夫道家由肇，起自無先，垂迹應感，生乎妙一。從乎妙一，分爲三元；又從三元，變成三氣；又從三氣，變生三才；三才既滋，萬物斯備。其三元者，第一混洞太無元，第二赤混太無元，第三冥寂玄通元。從混洞太無元化生天寶君，從赤混太無元化生靈寶君，從冥寂玄通元化生神寶君。大洞之迹，别出爲化主，治在三清境。其三清境者，玉清、上清、太清是也。亦名三天。其三天者，清微天、禹餘天、大赤天是也。天寶君治在玉清境，即清微天

① ［日］大淵忍爾：《論古靈寶經》，載《道家文化研究》第十三輯，生活·读书·新知三聯書店一九九八年版，第四八九頁。
② 《雲笈七籤》卷九十五「仙籍語論要記部」引《妙林經》，載《道藏》第二十二册第六四八頁。

也，其氣始青；靈寶君治在上清境，即禹餘天也，其氣元黄；神寶君治在太清境，即大赤天也，其氣玄白。」① 認爲大道爲本，起自無先，應感垂迹，化爲妙一，再由妙一化生三元（混洞太無元、赤混太無元、冥寂玄通元），從三元化生三寶神君，分别稱爲天寶、靈寶與神寶神君，治玉清、上清、太清三清之境。值得注意的是這種道教神靈的觀念認爲，無上大道與先天之氣是無形之「本」，而三寶神君是應現之「迹」。孟安排的《道教義樞》説：「洞真教主天寶君爲迹，本是混沌太無元高上玉皇之氣；洞玄教主靈寶君爲迹，本是赤混太無元（無）上玉虚之氣；洞神教主神寶君爲迹，本是冥寂玄通（元）無上玉虚之氣。」② 看來二者的神學觀念是一致的。綜合以觀，則這段時期的道教神學觀念認爲，「無先」之「大道」爲「本」，而「無上」之妙氣乃由「無上」之「大道」所化生，而「三寶」神君則是「無先大道」經由「無上妙氣」顯現之「迹」。這裏顯然已經涉及道教神學信仰中的關鍵問題，即「道」與「神」的關系問題。而且，作者作出的是一體二元的解釋。對於天寶、靈寶、神寶，孟安排又進一步解釋説：「天是玄義，靈是精義，神者無累之義。」故「通名寶君者，寶是可尊，君是群義，明爲群生之所尊仰也」。明言「三寶神君」實爲道教信衆所尊奉敬仰的最高天神。

關於「三寶神君」的記載最早也是見於靈寶舊經的《九天生神章經》，其中説，天寶君爲大洞之尊神，靈寶君爲洞玄之尊神，神寶君爲洞神之尊神。如果照此記載，那麽道教「三寶神君」的信仰應該説是與「三清仙境」的信仰大約同時産生的，没有先後之别。但是考察《道藏》中的有關資料，發現現存《九天生神章經》中關於「三寶神君」的記載是有疑問的。首先，現存的《九天生神章經》在《道藏》中共有兩個文本，一是洞玄部所收的《洞玄靈寶自然九天生神章經》一卷，一是洞真部所收的《靈寶自然九天生神三寶大有金書》一卷。前者收録

① 《雲笈七籤》卷三，載《道藏》第二十二册第六四八頁。
② 〔唐〕孟安排：《道教義樞》卷二「三洞義」，載《道藏》第二十四册第八一二頁。

比較齊全，有《序文》《三寶章》《九天生神章》《太極真人頌》《誦經靈驗記》等；而後者爲一殘本，僅收有該經《序文》與《三寶章》。除此之外，《道藏》中還收有《九天生神章經》的宋、元人注本三種，然而這三種注本中都没有《三寶章》。其次，南北朝後期編纂的道教類書《無上秘要》與北宋張君房編纂的《雲笈七籤》均引述該經，其中也没有《道藏》本的《三寶章》。因此，日本學者小林正美通過研究認爲，現存《道藏》中《九天生神章經》的兩種文本關於三寶神君的《序文》與《三寶章》，極有可能是後來南北朝時期主張「三洞真經」教義的天師道道士所添加的。①

聯繫到道教史的實際情況，上面的見解確實有着一定的根據。道教在東漢中期創立以後，按照最初的教義，教中是不供奉神像的。早期的道教教團組織五斗米道尊老子爲教祖，奉《老子五千文》爲主要經典。而《老子道德經》主張「道」爲化生天地萬物的根本，「視之不見」「聽之不聞」「搏之不得」，大道既無名稱，又無形象。相傳爲「三天法師」張道陵所作的《老子想爾注》説：「道至尊，微而隱，無狀貌形象也；但可以從其誡，不可見知也。」② 遵循這種教旨，早期道教的宗教儀式，一般是在「治」或「靖」中進行。《正一法文外録儀》説：「凡男女師皆立治所，貴賤拜敬，進止依科」，因此在早期的道教經典中，從不見有造設和供奉神像的記載。大約在南北朝初期，在當時的宗教氛圍影響之下，道教開始造設神像并進行供奉。據宗教史料記載，較早的道教神像創設者爲南朝劉宋的道士陸修静、宋文明等。唐釋法琳《辯正論》卷六自注説：「考（道教）梁、陳、齊、魏之前，唯以瓠蘆盛經，本無天尊形象。」并引王淳《三教論》云：「近世道士，取活無方，欲人歸信，乃學佛家製作形

① ［日］小林正美：《六朝道教史研究》，李慶譯，四川人民出版社二〇〇一年版。
② 饒宗頤：《老子想爾注校證》，上海古籍出版社一九九一年版，第一七頁。

象。假號天尊，及左右二真人，置之道堂，以溮衣食。宋陸修静亦爲此形。」① 釋玄嶷《甄正論》也記載説：「近自吴、蜀分疆，宋、齊承統，别立天尊，以爲教主。」② 由於歷史背景的原因，唐代經常發生佛、道相争之事，因此前引佛家之語對道教多有攻訐之詞，應予鑒别。不過撇開這層因素，我們仍然可以看出其中的歷史事實，即南北朝以前，道教的傳教多爲「貴賤拜敬，進止依科」，是不設神像的。這種歷史事實，也與上面所引的道經教義相一致。這種歷史事實，應是南朝新天師道形成初期出現的宗教現象。據歷史記載，南北朝時的道教造像，在早有北魏太和二十年（四九六）姚伯多所造黄老君像，北魏正光二年（五二一）所造天尊像，蕭梁普通七年（五二六）所造玉清神像，北周天和三年（五六八）所造太上老君像等，只是這些早期的道教神像除個别者外早已大部損失，現已難考見。

從上面的考察可以推論，道教的「三寶神君」信仰，極有可能是在「三清仙境」信仰産生并流行一段時間以後，在南方的新天師道形成初期，道教信徒依據人世社會的現實狀況和政治結構，爲構建新的道教神學思想而創設的天庭神君信仰。而《九天生神章經·序文》中關於「三寶神君」的描述和《三寶頌章》，也應是在「三寶神君」的信仰形成以後，當時的靈寶派道士爲宣傳道教的教義思想而添加上去的。似乎我們可以由此推斷，《九天生神章經》在以後的流傳過程中實際有兩種文本，一種是原始的靈寶舊經，這種文本没有「三寶神君」的序文段和《三寶頌章》；另一種是後來添加的新經，有「三寶神君」的序文段和《三寶頌章》。自南北朝至唐宋，這兩種文本皆在道教中流傳，并行不悖。唐宋時代的道教學者比較瞭解這種狀況，所以孟安排、張君房、董思靖等人在編撰道書或注解該經時，都是使用的原始舊經文本。宋元以後，經卷傳抄翻刻，兩種文本互相混雜，難以分别，

① 〔唐〕釋法琳：《辯正論》卷六，載《大正藏》第五十一册，佛陀教育基金會一九三四年版，第五三五頁。
② 〔唐〕釋玄嶷：《甄正論》卷上，載《大正藏》第五十二册，佛陀教育基金會一九三四年版，第五五九頁。

至明代編纂《正統道藏》時，遂將兩種混雜文本均予收録，分别題名爲《洞玄靈寶自然九天生神章經》與《靈寶自然九天生神三寶大有金書》，由此留下了一樁撲朔難明的道教學術公案。

「三寶神君」信仰形成以後，在道教中流行了很長的一段時間。其間，天師道的太上老君信仰與上清派的元始天尊信仰雖然也很盛行，但并未能够完全取代「三寶神君」信仰。一直到唐代中期，「三寶神君」信仰仍然流行於全國各地，這從唐代西蜀地區鎸刻并留存至今的天寶八載（七四九）的「三寶窟」的情形可見一斑。① 甚至南宋之時吕元素編撰的《道門定制》，在羅天大醮的聖位中，「三寶神君」仍然排列在衆多神仙等級的第二狀。② 這種情形，無疑同諸多的歷史、社會、宗教緣由有關，值得學界進一步探究。

「三洞真經」信仰是道教「三清」信仰的重要組成部分。道教教義歷來認爲，道教的經典文書都是由天界的至尊天神造作傳授的，其中大部分藏於天界，少部分流傳人間。如《雲笈七籤》引《業報經》和《應化經》説：「天尊曰：吾以道氣，化育群方。從劫到劫，因時立化。吾以龍漢元年，號無形天尊，亦名天寶君，化在玉清境，説《洞真經》十二部，以教天中九聖，大乘之道也。……吾以延康元年，號無始天尊，亦名靈寶君，化在上清境，説《洞玄經》十二部，以教天中九真，中乘之道也。……吾以赤明之年，號梵形天尊，亦名神寶君，化在太清境，説《洞神經》十二部，以教天中九仙，小乘之道也。」③ 認爲洞真、洞玄、洞神等「三洞真經」爲元始天尊所説，分别用來教化天中九聖、九真和九仙，元始天尊所化的「三寶神君」各説真經十二部，合爲三十六部，這就是道教信奉的「三十六部尊經」，歷來稱爲「三洞真經」。此外，謝守灝的《混元聖紀》記述説：「老君在天皇

① 黄海德：《唐代四川「三寶窟」道教神像與「三清」之由來》，載《道教神仙信仰研究》，臺北中華道統出版社二〇〇〇年版，第八三—八八頁。
② 〔南宋〕吕元素：《道門定制》卷三，載《道藏》第三十一册第六七七頁。
③ 《雲笈七籤》卷六「三洞經教部」，載《道藏》第二十二册第三二頁。

時號玄中大法師，亦曰通玄天師，出《洞真經》一十二部，以無極大道下教人間；在地皇時號有古大先生，出《洞玄經》一十二部，化人以無上正真之道；在人皇時號盤古先生，出《洞神經》一十二部，化人以太平無爲之道。」① 宣稱「三洞真經」皆爲太上老君在三皇時所化，下教人間。上述兩種迥不相同的説法，實際是道教的不同教派在神學觀念方面的反映，元始天尊説反映的是上清派的神學主張，而太上老君説反映的是天師道的神學教義。

既然「三洞真經」皆爲天界尊神所造説，當然經書的内容都是神的旨意的體現，因此是不能輕易示人的。四川仁壽縣有一座唐代開鑿的「三寶窟」，供奉天寶、靈寶和神寶神君，旁邊刻有天寶八載（七四九）的碑文，其中説：「一天之下，三洞寶經合有三十六萬七千卷。二十四萬四千卷在四方，十二萬三千卷在中國。上清二百卷，靈寶四十卷，三皇十四卷，太清三十六卷，太平一百七十卷，太玄二百七十卷，正一二百卷，符圖七十卷。《升玄》《本際》《神咒》《聖紀》《化胡》《真誥》《南華》《登真》《秘要》等一千餘卷，合二千一百三十卷□□在世。三墳五典、八索九丘、五經六籍，并出其中。餘十二萬八百七十卷在諸天之上，山洞之中，未行於世。」② 此處諸天，當指三清境的清微天、禹餘天和大赤天，意謂三洞寶經絶大部分秘藏於三清仙境之中。

「三洞真經」的整個體系由三洞（洞真、洞玄、洞神）、四輔（太玄、太平、太清、正一）、十二部（本文、神符、玉訣、靈圖、譜録、戒律、威儀、方法、衆術、傳記、贊誦、表奏）組成，其中「太玄輔洞真，太平輔洞玄，太清輔洞神，三輔合成三十六部，正一盟威通貫總成七部，故曰三洞尊文、七部玄教」。③ 從漢末至魏晉，雖

---

① 〔南宋〕謝守灝：《混元聖紀》卷二，載《道藏》第十七册第七九七頁。
② 黄海德：《唐代四川「三寶窟」道教神像與「三清」之由來》，載《道教神仙信仰研究》，臺北中華道統出版社二〇〇〇年版，第一〇九頁。
③ 《雲笈七籤》卷三「道教三洞宗元」，載《道藏》第二十二册第一三頁。

然三皇、上清、靈寶各經派都對「三洞」的名稱有着不同的表述，但都囿於教派之見，難於完成對當代全部道經的整合與創新。迄至南朝劉宋初年，上清派高道陸修静總括三洞，兼賅七部，創立本文、神符、玉訣等十二部，完成了自漢代道教創立以來包括天師道、太平道、三皇派、靈寶派和上清派諸教派經典在内的經典整合與體系創新的工作，創建了道教經典文書的分類方法與編纂體例。自陸修静以後，歷代《道藏》的編纂大都相沿三洞、四輔、十二部的體例，社會也常以「三洞真經」指稱全部道教經典，而道教信士也大多以「三洞弟子」自稱，可見陸修静整編道經之事對中國道教的歷史産生了相當深遠的影響。

從宗教史的角度來看，「三洞經書」的創立是關於道經編纂與分類之事，屬於道教學術的範疇，而「三洞真經」信仰的形成却純粹是宗教信仰的事情，二者不僅在年代上有着先後的區别，而且在内容方面也有着本質的不同。道教信衆立足於道教傳統的神學觀念，認爲宇宙萬化皆始於太無妙一之氣，由妙一之氣化爲玄、元、始三氣，三氣化爲三清仙境，三清仙境各有神君所治，再由三寶神君造説出「三洞真經」，因此從本源上説，「三洞真經」乃是「三清自然之氣，結爲靈文，非由人所演説」。在此基礎上，又衍生出元始道氣化爲三清，而説三十六部真經，或老君一氣化三清，降授七部玄教的説法。顯然，在當時道教徒的心目中，「三洞真經」就不只是編纂成册的經文，而是最高尊神的先天之氣化生的具有靈性的神聖之物，或者説就是「無上大道」應化的具體顯現。「三洞真經」既是誦讀的對象，同時也是信仰的對象，對「三洞真經」的信奉就是對「無上大道」的信奉，因此「三洞真經」信仰也就自然成爲道教「三清」信仰的重要組成部分。南朝以後的道教經師在舉行科儀法事活動之時，所請法位即常在諸天尊神之後列有「三十六部尊經」①，以後相沿成習，遂成爲道教「三清」信仰的重要

① 如題名爲杜光庭删定的《道門科範大全集》即常在諸天大帝之後列有「三十六部尊經」，見《道藏》第三十一册第七七四頁。

内容。

道教的「三清尊神」信仰是指對玉清元始天尊、上清靈寶天尊、太清道德天尊的信仰，它是在經歷「三清仙境」信仰、「三寶神君」信仰與「三洞真經」信仰諸形態後衍變形成的「三清」信仰形態。在形式上，「三清尊神」信仰與早期的「三寶神君」信仰頗爲類似，容易使人感到二者只是神靈名稱的轉换而已，實際上，這個問題歷時長久，牽涉面廣，内容繁雜，并非如此簡單。下面，我們即對「三清尊神」信仰形態的問題進行一歷史的探索和考察。

回溯過去，「三清尊神」的形成有一個較爲複雜和漫長的歷史過程。道教創立之初，當時張道陵的「正一盟威之道」尊奉的最高神靈是太上老君，除此之外還有地域特色的「三官」信仰。①在早期道教經典《太平經》中，尚無「三清」的名稱以及元始天尊、靈寶天尊、道德天尊等神名，亦無玉清、太清之稱，只是在《太平經鈔·甲部》裏出現有「長生大主號太平真正太一妙氣、皇天上清金闕后聖九玄帝君，姓李，是高上太之胄，玉皇虚無之胤」之説。後來寇謙之改革天師道，也以太上老君爲最高尊神，但已出現道教「天尊」之名稱。從現今所見的道經來考察，「三清」的有關神名最早出現於南北朝的中期。南齊道士嚴東曾爲《靈寶度人經》作注，其中説「元始，即天尊」，或「元始靈書即元始天尊靈書八會之音」。②南朝蕭梁時陶弘景撰《真靈位業圖》，排列神仙序次，將元始天尊奉爲道教神系的最高尊神。該書分成七個階位（即七個等級），每階設一中位：上第一中位，上合虚皇道君，應號元始天尊；第二中位，上清高聖太上玉晨元皇大道君；第三中位，太極金闕帝君，姓李；第四中

① 參見饒宗頤：《老子想爾注校證》，上海古籍出版社一九九一年版。
② 〔北宋〕陳景元集注：《元始無量度人上品妙經四注》卷四，載《道藏》第二册第二四〇頁。

位，太清太上老君，上皇太上無上大道君。① 書中明確提出了上清、太清的名稱，但「三清」尚未確定，并且第三位爲「金闕帝君」，太上老君屈居於第四位，與道教創始時期尊奉的最高神格相比，發生了顯著變化。這種道教神格的衍變，究其實質是道教教派力量升降在道教神系上的反映。陶弘景《真靈位業圖》尊「元始」、奉「上清」的現象，實際就是道教上清派在南朝中期廣泛發展的社會現實在陶氏所著書中的反映。

元始天尊是「三清」之中的最高神，又稱爲「玉清元始天尊」，是道教神系中的第一位神，《歷代神仙通鑒》稱他爲「主持天界之祖」。他的地位雖然最高，但是在道教形成的初期，却并無「元始天尊」這一名稱。早期道教經書《太平經》《老子想爾注》等書中也没有關於元始天尊的記載；甚至在中國古代神話傳説中，也無來歷可尋。雖然在早期的儒家經典《易傳》中有「大哉乾元，萬物資始」的説法，但這是儒家學者從萬物創生的角度對《易經》的「乾卦」作出的哲學闡釋，實與道教的神仙信仰具有根本不同的性質。從道教史的角度來看，最早出現「元始」之名應是題爲晋代葛洪著的《枕中書》。書中説：「混沌未開之前，有大地之精，號『元始天王』，游於其中。後二儀化分，元始天王居天中心之上，仰吸天氣，俯飲地泉。又經數劫，與大元玉女通氣結精，生天皇、西王母；天皇生地皇，地皇生人皇，其後庖羲、神農皆其苗裔也。」其後，南朝時嚴東注《度人經》，陶弘景著《真靈位業圖》，纔出現「元始天尊」的名稱。《真靈位業圖》的第一階中位神爲「上合虚皇道君」，應號「元始天尊」，奉「玉清境元始天尊爲主」。但該書另有一「元始天王」，列爲第四中位左位第四神。可見當時還是「元始天尊」與「元始天王」都共同存在。至唐初編撰《隋書·經籍志》，纔賦予「元始天尊」以諸神特性，稱他「生於太無之先，稟自然之氣……以爲天尊之體，常存不滅。每至天地初開……授以秘道，謂之開劫度人。……

① 〔南朝梁〕陶弘景：《洞玄靈寶真靈位業圖》，載《道藏》第三册第二七二頁。

所度皆諸天仙上品，有太上老君、太上丈人、天真皇人、五方天帝及諸仙官」。①太上老君等天仙上品都成爲了元始天尊的弟子，確立了元始天尊在道教神系中的至尊無上的地位。隋唐之時，也有將古代神話傳説中的盤古與元始天尊混爲一談的，認爲盤古是元始天尊的前身，治世功成，其靈化爲元始天尊。這種説法，不妨看作是爲了提高元始天尊的至尊神靈地位而有意爲之，實是唐代道教上清派勢力獨盛的表現。然而，唐代皇室爲了鞏固其政治統治，全力推崇太上老君的神聖地位，這是不可置疑之事；因此，上清派獨尊元始天尊的做法并非一帆風順。這點我們在後面將要述及并印證此事。

關於元始天尊的名稱，《初學記》卷二三引《太玄真一本際經》解釋説：「無宗無上，而獨能爲萬物之始，故名元始。運道一切爲極尊，而常處三清，出諸天上，故稱天尊。」②根據道經的描述，元始天尊禀自然之氣，在宇宙萬物産生以前就已經存在，其本體常存不滅，即使天地全部毁滅，也絲毫不受影響。每當新的天地形成，天尊就下降人間，向世間之人傳授秘道，稱爲「開劫度人」。從元始天尊的演變歷程來看，可以説，「元始」一詞原是道家借鑒《易傳》叙述世界本源的哲學用語，後來道教中人將其神化，逐漸演變成爲道教的最高尊神，居於「三清」之首。從歷史上考察，這是同道家演變爲道教的歷史過程相符合的。

靈寶天尊是「三清」中居於第二位的尊神，一般又稱「太上道君」或者「上清靈寶天尊」。在古靈寶經《智慧定志通微經》中已叙有「靈寶天尊」之名，可知爲靈寶派所奉神尊。在《真靈位業圖》中又稱爲「上清高聖太上玉晨元皇大道君」。《三洞珠囊》引《老君聖紀》稱之爲「太上大道君」。《雲笈七籤·道教本始部》又稱爲「靈寶君」。據《古今圖書集成·神异典》引《洞真大洞真經》説，太上大道君爲二晨之精氣，九慶之紫烟，寄胎於

① 《隋書·經籍志》，中華書局一九七三年版，第一〇九一頁。
② 〔唐〕徐堅：《初學記》卷二十三，影印文淵閣《四庫全書》本第八九〇册第三六三頁，臺灣商務印書館一九八六年版。

洪氏，育形爲人，三千七百年後，誕生於西那天鬱察山浮羅之岳，於是位列高仙，萬神入拜，治玄都玉京，有金童、玉女各三十萬人侍行。《洞元本行經》所記載的大略相同，只是説太上道君之號，爲元始天尊所賜，以後「位登高聖，治元都玉京」。

「三清尊神」的第三位稱作「太清道德天尊」。這位神實際是由中國先秦時代的思想家老子演變而來。西漢以後老子逐漸被神化，東漢延熹八年（一六五），陳相邊韶著《老子銘》説：老子姓李，字伯陽，楚相縣人也。孔子年十有七，學禮於老聃。自伏羲、神農以來，世爲聖者作師。①《後漢書・襄楷傳》説：「宫中立黄、老、浮屠之祠。或言老子入夷狄爲浮屠。」東漢後期，張道陵創立的五斗米道奉老子爲教主，以《老子》五千言爲主要經典，宣稱「道」即「一」，「一散形爲氣，聚形爲太上老君」，從此老子被神化爲道教的始祖，長期受到道教信徒的尊崇和信奉。

將老子稱爲「太上老君」是從《魏書・釋老志》開始的。書上説：「道之原，出於老子，先天地而生，以資萬類，上爲神王之宗，下爲飛仙之主。」自此成爲道教的最高天神。在南方，道教上清派却不承認北方天師道的神系，抬出元始天尊來作爲最高神，抑低太上老君的神位。在上清派道士陶弘景的《真靈位業圖》中，有三個神位與太上老君有關：一是第三中位，太極金闕帝君姓李；二是第四中位，太清太上老君；三是太極左位，老聃。後世道經有許多關於太上老君的傳説。《雲笈七籤》中説：老君的母親是元妙玉女，吞下太陽之精，懷孕八十一年後，從左腋生下老君，「生而白首，故號爲老子」。《猶龍傳》更給老子加上各種名號，説他從三皇五帝以來，就成爲歷代皇帝的老師。神農時的太成子、軒轅時的廣成子、帝堯時的務成子等，都是老子的化身。周成王時老

① 陳垣：《道家金石略》，文物出版社一九八八年版，第三頁。

君爲柱下史，號經成子；周昭王時西過函谷關，度關令尹喜；西漢文帝時候降於陝河之濱，號河上公；漢成帝時降於琅琊，授于吉《太平經》；漢順帝漢安元年（一四二），老君降於蜀地鶴鳴山，授張道陵天師《正一盟威》秘録；北魏神瑞二年（四一五），降於嵩山，授道士寇謙之《雲中音誦新科之戒》；太武帝太平真君元年（四四〇），又降令寇謙之授帝「太平真君」之號；唐高祖武德二年（六一九），老君降於羊角山，令吉善行轉告高祖，「我乃帝祖也」。① 在唐宋時代，對老子的尊崇達到極盛階段。唐代皇室姓李，遂尊老子爲祖宗。高宗時，追尊老君爲「太上玄元皇帝」；玄宗加號爲「大聖祖高上大道金闕玄元天皇大帝」。至宋真宗大中祥符年間，還「祀老子於太清宫，加封爲太上老君混元上德皇帝」。太上老君在「三清尊神」之中，不及元始天尊地位高，在明清時的民間信仰中，不及玉皇上帝擁有權勢，但在歷代都是道教尊崇的重要對象，各地普遍建廟宇予以奉祀。因爲老君尊號爲「太清道德天尊」，所以主祀他的宫觀一般稱作太清宫、老君殿或者老君廟。

「三清尊神」是道家哲學「三一」的象徵。《老子道德經》説：「道生一、一生二、二生三、三生萬物。」由無名大道化生混沌元氣，由元氣化生陰、陽二氣，陰陽相和，由此産生天地萬物。又説：「視之不見名曰夷，聽之不聞名曰希，搏之不得名曰微。此三者不可致詰，故混而爲一。」認爲一化爲三，三合爲一，「用則分三，本則常一」。後來道教中人以此衍化出居於三清之境的「三清尊神」，因此「三清尊神」在道教神系中位爲至尊。

從上面的歷史考察中可以看出，道教「三清尊神」之中，太上老君信仰産生最早，時間應是在漢代；其次是元始天尊與靈寶天尊，大概其信仰的形成是在南北朝時期。雖然這三位神靈的信仰分别形成於漢末至南北朝，然而其融合形成三位一體的最高尊神，却是較晚之事。在以往有關道教神系的研究論著中，多認爲以元始天尊爲主

① 參見〔宋〕賈善翔：《猶龍傳》卷一至卷六，載《道藏》第十八册第一—三七頁。

的「三清尊神」信仰取代「三寶神君」的信仰是在南北朝後期或唐代初期之事，現在看來似可商榷。

首先從文獻資料方面考察。《隋書·經籍志》編纂於唐初，編者推崇元始天尊，并稱「（天尊）所度皆諸天仙上品，有太上老君、太上丈人、天真皇人、五方天帝及諸仙官」，説明「三清尊神」信仰尚未定格成形。《經籍志》參編者有太史令李淳風，李撰有《金鎖流珠引注》，收於《道藏》「太玄部」，其中已有「三清」的名稱，并注明是玉清、上清、太清。但是李淳風所述的「三清」却是：「玉清之上，帝曰虛皇大道君（注：元始之號）；玉清之中，帝曰高皇太上道君（注：太上道君之號），上高皇（注：太上道君也）；上清之上，玉清之下，帝曰玉皇（注：太上老君也；又一云后聖太平君）；太清之上，上清之下，曰天皇上帝太一尊神（注：太一道君是也）。」①看來初唐之時「三清尊神」的名號和排列還處於衍變未定的過程之中。實際上，有唐一代，道教興盛，「三清」之稱在社會上很流行，但究其內容，大多是指「三清仙境」，如李商隱《寓懷》詩説：「彩鸞餐顥氣，威鳳入卿雲。長養三清境，追隨五帝君。」吴筠《高士咏》説：「玄誥已雲錫，世榮何足累。高步三清境，超登九仙位。」或者有時就是道教的代名詞，如劉禹錫《贈王山人》詩中説：「飛章上達三清路，受籙平交五岳神。」再者考察留存於今的道教文物。西部地區保存有少量初唐時期的道教石刻神像，如四川綿陽西山觀道教造像、潼南大佛寺道教石刻、劍閣鶴鳴山道教造像等，這些道教造像大多鎸刻有天尊形象，或爲一天尊兩侍從，或爲天尊與老君合龕，至今爲止，尚未發現有初唐時期「三清」合龕的道教造像；前面述及的盛唐天寶八載（七四九）四川仁壽刻造的「三寶窟」，其主神爲道教的最高三位尊神，但從該窟旁邊的碑文來看，其主神應爲天寶、靈寶和神寶三位神君，而不是由玉清、上清和太清組成的「三清尊神」。②從上述材料可知，至遲到唐代中期，道教「三清尊神」

① 〔唐〕李淳風：《金鎖流珠引注》，載《道藏》第二十册第三五六頁。
② 黄海德：《中國西部古代道教石刻造像研究》，《世界宗教研究》一九九四年第二期。

信仰的形態尚未最後定型。

在唐代後期，題名爲「杜光庭删定」的《道門科範大全集》中已列有「三清三境天尊」的名稱，稱爲「斗極祖師洞真大道元始天尊」「斗極宗師洞玄大道太上道君」「斗極真師洞神大道太上老君」。① 此外，《全唐文》所收的杜光庭《釋老君聖唐册號》開列有歷代「太上」尊神之名，認爲「太上」乃「修行證果」的最高名稱，有如皇帝尊名代代紹位，故先後有元始天尊、太上大道君、太上老君、太上丈人、太上高皇帝等修得「太上」證果之位。② 在另一篇《衆修三元醮詞》中也列有元始天尊、太上大道君、太上老君的名稱，不過在「元始天尊」之前還有「太上無極大道」，而在「太上老君」之後又有「十方靈寶天尊」。③ 這種情況，在《道門科範大全集》中也有出現，如「生日本命儀」所請法位即是先列「太上無極大道」，再請「三清上聖，十方衆聖」。再者，除以上神位排列外，尚有「太上無極大道、元元老君、五老上帝」或者「無上三天玄元始三氣、太上道君、太上老君」的神系排列。④ 凡此種種，皆説明唐末五代時雖然已有元始天尊、太上道君和太上老君的名稱出現，但是道教神系的排列尚未統一爲固定的模式，「三清尊神」作爲三位一體的道教最高尊神的神位，也還處於形成的過程之中。

其實，如果聯繫到唐代社會的政治、宗教背景，以上情形是不難理解的。因爲道教上清派雖然在唐代高道輩出，勢力興盛，但是唐朝皇室的既定國策是認同李姓始祖，尊崇太上老君，因此，將老子封爲「太上玄元皇帝」，甚至在天寶年間封爲「大聖祖高上大道金闕玄元天皇大帝」，確立了其不可動摇的至尊無上的神聖地位。這種現

① 〔唐〕杜光庭：《道門科範大全集》卷二，載《道藏》第三十一册第七六一頁。
② 〔唐〕杜光庭：《釋老君聖唐册號》，載《全唐文》卷九四四，上海古籍出版社一九九〇年版，第四册第四三五〇頁。
③ 〔唐〕杜光庭：《衆修三元醮詞》，載《全唐文》卷九四四，上海古籍出版社一九九〇年版，第四册第四三四二頁。
④ 〔唐〕杜光庭：《道門科範大全集》卷一，載《道藏》第三十一册第七五八頁。

象既是唐王室宗教政策的體現，也是當時政治的實際需要。在這樣的社會背景之下，道教要在太上老君之上正式確立元始天尊和太上道君（即以後的靈寶天尊）的神聖地位，現實的難度太大。因此，「三清」的名稱雖然經常在唐代的社會生活中和各種詩文中頻繁出現，但其「三清」的名稱究竟所指爲何，尚難作出最後的統一判定。事實説明，文獻史料所反映的歷史情形同當時的社會現實狀況是相一致的。

現在可以考知的明確將元始天尊、靈寶天尊與道德天尊奉爲道教最高神格的宗教文獻，多爲宋人所撰寫。如題名爲「上清三洞弟子靈寶領教嗣師王契真纂」的《上清靈寶大法》，在《三界所治門》中就已排列爲：元始天尊居玉清聖境，靈寶天尊居上清真境，道德天尊居太清仙境。① 題名爲「洞玄靈寶法師金允中」所編的《上清靈寶大法》也在「黄籙大齋」真靈位列出「三清」神名爲：虚無自然元始天尊、太上道君洞玄靈寶天尊、太上老君洞神道德天尊。② 與道教文獻相對應的是，四川發現的兩處鎸刻有「三清尊神」的道教石刻造像，根據其銘文時間，也是在南宋時期，其一爲紹興二十四年（一一五四），另一爲紹興年間（一一三一—一一六二）。③

因此，通過以上的考察，我們似乎可以得出這樣的結論，即從以天寶、靈寶、神寶爲主神的「三寶神君」信仰衍變爲以元始天尊、靈寶天尊、道德天尊爲主神的三位一體的道教「三清尊神」信仰，其間經歷了數百年的時間，從南北朝後期開始，經歷了隋唐五代的孕育與衍變歷程，迄至宋代才爲道教各派所認同而最後定型。

現在海外華人的道教宫觀，大多建有三清殿，供奉「三清尊神」，如新加坡道教總會的三清殿、馬來西亞美里蓮花山的三清觀等。

---

① 〔北宋〕王契真：《上清靈寶大法》卷十，載《道藏》第三十册第七三〇頁。
② 〔南宋〕金允中：《上清靈寶大法》卷三十九，載《道藏》第三十一册第六〇九頁。
③ 參見劉長久、胡文和、李永翹編著：《大足石刻研究》之《大足石刻内容總録》部分，四川省社會科學院出版社一九八五年版。

現在居住在海外的華僑華人總數約有四千萬之衆，大多有着各種程度不等的宗教信仰。有的信仰基督教（新教），有的信仰天主教，有少數人信仰伊斯蘭教或其他宗教，但更多的人信仰中國的傳統宗教，即佛教或道教。在歸屬於中國傳統宗教的兩大宗教之中，佛教是自印度傳入的宗教，只有道教是中國本土産生的唯一民族宗教，再加之由於歷史與民俗的多種因素，道教與民間信仰有着天然的多種聯繫，因此道教長期以來既是海外華人宗教信仰的重要内容，又是華人身份認同的重要標志。

關於海外華人的道教信仰，由於文化傳播産生的變异現象，因此同中國本土的道教信仰既有一脉相傳的相同的宗教傳統，但也有着不同於中國本土道教的某些形式和内容，主要有以下幾個方面。

第一是道教的教派傳承。中國本土的道教教派産生於東漢中後期，當時西部地區是以「三張」（張陵、張衡、張魯）傳承爲主的五斗米道（後稱天師道），東部地區是以張角、張梁、張寶爲首起事的太平道，其性質均爲民間宗教的教團組織。魏晋南北朝時期，隨着社會的變化與宗教的發展，道教涌現出了大批的新教派，如三皇、上清、靈寶等教派，經過北魏寇謙之和南朝陸修静的改革，形成爲南北新天師道的傳統，但上清一派由於高道衆多，影響頗大，在隋唐時期尤爲突出。金元之際，由於异族入侵與保存民族文化的救世需要，王重陽創建的全真教應運而生，自此以後，中國的道教就形成爲正一教與全真教兩大教派組織，并沿襲至今。現在中國本土的道教傳承，通常在西部和北方是以全真教爲主，而在東部和南方是以正一教爲主，我國臺灣地區的道教大多爲正一教，香港地區的道教以全真教爲多。但海外華人的道教教派却比較複雜，有自中国本土教派直接傳播至海外的，有港臺地區的道教宫觀在海外設立的分殿，也有先在海外建立道教宫觀，再回到中國本土道教的天師府或十方叢林受箓，成爲天師道或全真教的海外華人道教信徒。據朝鮮半島史書《三國遺事》記載，隋唐時期，「（高句麗）國人争奉五斗米道」，唐高祖李淵與唐太宗李世民先後數次應高句麗國王的邀請，派遣道士携「天尊像」與《老子道德經》至朝鮮傳道。①而在唐代以後的幾百年間，道教成爲高句麗的國家宗教之一。根據陳耀庭教授的考察和研究，朝鮮道教就其所尊奉的神靈、舉行的齋醮科儀和所建道觀的形制來看，應與中國道教天師道的傳統大致相符。新加坡華人的道教信仰，早期供奉的神明主要是大伯公、清水祖師、天妃媽祖等民間尊神②，同福建閩南地區民間信仰在南洋的傳播密切相關。二十世紀後期，香港全真教青松觀在侯寶垣道長的主持下，「志播玄風於全球」，致力推廣道教於海外，陸續在美國三藩市，加拿大雲高華、多倫多，澳大利亞昆士蘭省布里斯本、悉尼興建了青松觀，并在美國波士頓興建了純陽宮，實行法嗣青松，道脉相承，教義齊一，教務自主，成爲海外弘傳中國道教的重要道場。因此，海外華人的道教教派同中國本土的道教教派既有一脉相承的方面，也有其複雜性的特點。

第二是道教的神靈信仰。中國的道教神靈信仰，在稍具規模的道教宫觀之中，一般建有「三清殿」奉祀元始天尊、靈寶天尊與道德天尊，奉「三清尊神」爲最高天神。我國臺灣地區據統計有八千多座道教宫觀③，但只有部分道教宫觀奉祀的主神是「三清尊神」，而爲數甚多的宫廟是奉祀同民間信仰相關的神靈。東南亞地區華人道教宫廟供奉的神靈，大要有以下四類，一類是同道教傳統尊奉的神靈，如玄天上帝、純陽吕祖、文昌帝君等；第二類源自古代的聖賢崇拜，如伏羲、神農、關帝等；第三類是同閩粤沿海地區相關的民間信仰神靈，如媽祖天后、清水祖師、廣澤尊王、保生大帝等；第四類是吸收居住地信奉的神靈，如馬來西亞的拿督公等。在某些地區的道教宫廟將上述神靈同堂供奉，在道教的神靈信仰方面表現了鮮明的民間信仰特徵。

① 轉引自陳耀庭《道教在海外》，福建人民出版社二〇〇〇年版，第二三一—二四頁。
② 如順天宫供奉大伯公、金蘭廟供奉清水祖師、忠義廟供奉關帝、天福宫供奉天妃媽祖等。
③ 據稱在臺灣「内政部」登記注册的道教宫觀有六千多座，尚有一千多座未登記的道教宫廟。

第三是道教的經典傳承。中國本土道教十分注重《道藏》經典的傳承，但海外華人道教由於條件的限制，大多采用各自宫廟師傅相傳的經書進行誦讀與宣講，有部分宫廟傳承的經書其實就是經師扶乩的産物。這種現象本身即屬道教的傳統，因爲上清、靈寶的不少經書就是扶乩的結果，所謂「楊許真經」就是這樣産生的，而陶弘景整理的《真誥》即爲扶乩「真經」的實際記録。只是海外華人道教的經書傳承雖然同中國本土的道教傳統有關，如《太上感應篇》《常清静經》等，但在華人所居地的實際傳承過程中，爲了傳播道教和争取信衆的需要，又對原有的道教經書潤飾、修改，或者吸取所在地的宗教文化資源，直接增加新的宗教信仰内容，這種現象亦屢見不鮮。如馬來西亞的三一教帶有十分濃厚的道教色彩，其科儀介於道教、佛教之間，而其經師做科儀法事時所奉經典爲《夏午尼經》三十六卷，醮儀有《朔望儀文》《午供進貢儀文》《早晚供水經》《進表儀表》《普施儀文》《召魂儀文》《龍華三會懺文》等。①

第四是道教的齋醮科儀。中國本土的道教科儀歷史悠久，内涵豐富，起到寄托信仰、表達意願、溝通神人、凝聚信衆與影響社會的重要作用。道教的齋法和醮法原有區别，但隋唐以後逐漸融合，稱爲齋醮科儀，即是道教的特有宗教儀式。在我國，道教的齋醮科儀傳承有自，規範嚴整，既有「保鎮帝王」的「金箓齋」和「救度人民」的「玉箓齋」，也有「下拔地獄幽苦」的「黄箓齋」；②此外，若社會遇有重大事情時還會舉行大型的齋醮法事，如「羅天大醮」等。如一九九三年九月北京白雲觀舉辦了該觀自清代以來最大的齋醮法事「羅天大醮」，参

① 石滄金、歐陽班銥：《馬來西亞華人的三一教信仰考察》，《東南亞研究》二〇一二年第三期。

② 《洞玄靈寶玄門大義》：「一者極道，二者濟度。極道者，《洞神經》云：心齋坐忘，極道矣。濟度者，依經總有三箓七品。三箓者，一者金箓齋，上消天灾，保鎮帝王；二者玉箓齋，救度人民，請福謝過；三者黄箓齋，下拔地獄、九幽之苦。七品者，一者三皇齋，求仙保國；二者自然齋，修真齊道；三者上清齋，升虚入妙；四者指教齋，禳灾救疾；五者塗炭齋，悔過請命；六者明真齋，拔幽夜之魂；七者三元齋，謝三官之罪。此等諸齋，或一日一夜，或三日三夜，或七日七夜，具如儀軌。」載《道藏》第二十四册第七三九頁。

加者即有中國内地（大陸）、港臺地區與海外華人道教的多個經團。二〇〇一年五月在綿山大羅宫舉行了中華人民共和國成立以來規模最大的道教「羅天大醮」，參加者有中國、新加坡等二十餘家經團，祈求世界和平、國家富强、社會和諧，在海内外道教界産生了巨大影響。但這種大型的道教科儀活動需要主持法事的專業高功人才與大量的財力、物力與人力，非一般宫廟所能操辦，所以海外華人道教舉辦的科儀法事通常爲祈福禳灾、祝壽慶賀的清醮，或者是度亡破獄、贊幽施食爲主的幽醮。如中元節（農曆七月十五日）的建醮活動，原來是道教爲敬祀「地官誕辰」而舉行的法事，主要内容應爲禮謝地官，懺謝罪愆，落死上生，但在東南亞地區的華人道教中，逐漸演變爲祀祖祭鬼的節日，俗稱「鬼節」。如新加坡莫律的福州系僑民舉辦中元醮會，正日時在醮臺前方置有「孤魂臺」，臺前桌横頭設供冥界陰陽司、理事官與寒林爺神像，其醮事禮儀包含有十王科、發奏科、竪幡科、水幽、上座科、送聖等；而其榜文内容，「賑濟十方法界，大地無主男女孤魂，爰及本會各姓門中歷代玄祖宗親等衆」，其形式與内容均沿襲自中國的道教傳統。①

第五爲海外華人道教組織的建立。海外華人建立的道教組織一般有兩類，一類是道教協會，另一類是道教學院。自二十世紀以來，海外華人道教界爲了加强各地宫廟的聯繫，往往自發地建立了不少道教協會，如東南亞新、馬各國華人均建有道教協會，英、美、日、澳等國建立的道教協會吸收了許多外國人士的參與，法國成立有成道協會，美國夏威夷太玄道觀的張怡香道長於一九九八年籌建了「世界道教協會」。這些道教協會與所在地區的道教宫廟大多并無直接的統屬關係，但對增强信衆之間的聯繫、開展有關道教文化活動、宣傳擴大道教在當地的影響起到了程度不等的作用。近年來，各國華人的道教組織經常組團到中國參訪道教祖庭，增進了中國道教與

① 陳耀庭：《道教在海外》，福建人民出版社二〇〇〇年版，第七三—七五頁。

海外道教組織的瞭解與情誼。道教學院的作用與道教協會有所不同，通常通過舉辦道教文化學習班、邀請知名學者舉行有關道教文化知識的講演和講座來提升道教信衆的宗教知識和擴大華人道教的社會影響。如新加坡道教學院、馬來西亞道教學院等經常舉辦有關道教養生、老莊哲學以及道教齋醮科儀的學習班。有的海外華人道教學院采取與中國大學機構合作辦學的形式，招收宗教專業的研究生，講授的課程既有宗教文化的專業知識，又有中國傳統文化的豐富内容，對於傳授道教文化知識、繼承和弘揚中華傳統文化起到了不小的作用。

五、傳統民間信仰的詮釋與海外傳播

民間信仰作爲一種社會現象，在中國社會存在了數千年；民間信仰作爲一種文化現象，對中國社會的民俗和宗教均產生了深刻的影響。然而學術界對於民間信仰的態度和研究却與其生存的客觀事實形成太大的反差。先是上世紀政府與民間异口同聲地將民間信仰視爲封建社會遺留下來的「迷信」現象，然後是學術界的宗教工具書中不約而同地出現了「民間信仰不在場」的反常情況。而現在隨着中國社會的發展，學術環境的逐漸寬松，再加之兩岸學術界的互動與交流，民間信仰已經成爲學術界探討和研究的重要内容和對象，關於民間信仰的成因、内涵、特徵以及多種歷史形態的探討和研究廣泛涉及宗教學、歷史學、民俗學、人類學與社會學等多種學科，學者如雲，成果如林，一時蔚爲顯學。

民間信仰作爲一種特殊的社會文化現象雖然在中國社會存在了幾千年之久，但從學術研究的角度首先對民間信仰做出界説和定義的學者却不是中國人，而是我們的鄰居日本的學者。這種現象正如「哲學」（philosophy）或

「宗教」（religion）概念的使用一樣，我們没能成爲現代人文學科主要概念的創造者，而只能成爲接受者，并且接受的是漢語文字的翻譯成果，這雖然令人不免尷尬，但却是客觀的事實。

在中國的學術環境中，長期以來對民間信仰的看法是視同於「迷信」。這種看法源自儒家的正統觀念，《禮記·曲禮》認爲：「非其所祭而祭之，名曰『淫祀』。」在民國初年的觀念中，民間的「淫祀」就是「迷信」。進入二十世紀以後，早期的民俗學研究者最早試予爲「民間信仰」去魅，而改稱爲「俗信」，後來又稱爲「民衆的信仰」或「民俗信仰」。從文化歷史的角度來考察，「民間信仰」的濫觴實與日本的學術研究有關。

日本學術界最先提出「民間信仰」概念的學者是東京帝國大學宗教學專業的姊崎正治教授。姊崎正治基於多年的學術研究，認爲在日本社會雖然存在有組織的正統宗教，但在民間却有大量與組織宗教相對立的民衆的信仰習慣，而長期以來這些民間的信仰習慣却被視爲「迷信」事物，受到人們的輕視并被排除於學術研究之外，這是非正常的現象。這些民間的信仰習慣——在姊崎正治教授看來還應包括民間崇拜、民間宗教和民俗（folk-lore）——雖然不屬於正統宗教的範疇，但應該被視爲民間形態的「非正統宗教」，這種「非正統宗教」同樣有其存在的理由和合法性，同樣應該受到學術界的重視和研究。爲了與社會上有組織形式的「正統宗教」相區分，他在一八九七年對日本東北部的仙臺和盛岡地區進行了實地的考察和研究之後，於年底發表《中奥的民間信仰》一文，提出了「民間信仰」的新概念。他認爲，宗教形態實質上具有雙重結構，一方面是居於社會上層具有組織、教義、教團等特徵以起到感化人心、教化民衆等社會功能和作用的宗教形態，可名之爲「正統宗教」；另一方面在民間又存在着與上層正統宗教「相异的信仰習慣」，而這些信仰習慣既同「自古相傳的太古天然崇拜的遺物」有關，又與不同歷史階段「自然出現的天然崇拜」有關。如何爲這些民間流行的信仰習慣命名，姊崎正治教授頗費斟酌。他曾想到使用「迷信」一詞，但該詞含有明顯的價值判斷的貶義意味，而民間流行的信仰習慣實際含有不少的「合理性」，因此他理智地迴避了「迷信」概念，經過慎重的反復考慮，他決定另造新詞，采用「民間信仰」一詞來表述他所研究的對象和內容。按照姉崎正治教授的見解，他所提出的「民間信仰」這一新概念包含有三方面的內容：其一是「原始宗教的殘存」，其二是「自生性的 animism 信仰」，其三是「組織宗教（即正統宗教）的衍化、曲解、混淆」。姉崎正治教授采用「民間信仰」的新概念來指稱「民間流行的信仰習慣」，對當時及以後的日本宗教學研究均産生了很大的影響。直到二十世紀後期，日本東北大學宗教學講座教授鈴木岩弓還對姉崎正治教授的這一學術創見給予了頗高的評價，認爲從當時的宗教學現狀來看，「民間信仰」概念的提出「不得不説是一個卓見」。

在姉崎正治教授提出這一概念以後至二十世紀中期，「民間信仰」這一新概念在日本學術界逐漸得到了較多的認同和使用，據日本學者統計，這期間共有六十多種論著使用了「民間信仰」的概念來開展對於民間流行的信仰習慣的研究。對此，鈴木岩弓教授專門做出了詳細的統計和分析。他認爲這一階段的研究按照其內容來看可分爲三種類型：一種是就特定時代和地域而開展的宗教與民俗的具體事例的研究，這是一種純客觀的敘述性研究（亦可稱爲描述性研究），基本不涉及「民間信仰」概念的界定和理論的闡述，這類研究的題目一般以「某某地域或某某時代的民間信仰」來冠名，或者以「某某信仰對象或事物與民間信仰」爲題目來展開研究，如宮本又次撰寫的《大阪的民間信仰》（發表於《上方》第三十八期）、中村孝也的《關於中世的民間信仰》（發表於《神道學雜志》第七期），或如折口信夫的《民間信仰與神社》（發表於《神道講座》第二號）等；第二種是在進行敘述性研究的同時，略爲論及對於「民間信仰」概念的理解和界説，但并未專門在理論的層面展開深入論述，如杉浦健一編寫的《日本民間信仰研究的資料和方法》（發表於《人類學雜志》第四十九期）；第三種是既有客觀的描述性研究，又有對於「民間信仰」概念的理解和定義，并且又在理論層面有所論證和説明，如宮地直一撰寫的《民間信仰研究的意義》（發表於《國學院雜志》第四十七期）等。

這一階段中，日本學術界對於姊崎正治教授所提出的「民間信仰」的内涵和特徵也有着不盡相同的理解。如宫地直一認爲，與立足於公權背景之下的思想傳統相比，「民間信仰」是「一種在大衆之間，通過通俗信仰而培育的種類繁雜的事相」，這些與「通俗信仰」有關的繁雜事項，既「不符合道理觀念」，又没有「明瞭的信仰實體」，實質是一種「民間自然發生發展并保留於民間的信仰」，而作爲「民間信仰」的對立面，則是「官僚神道」或「神祇官僚神道」。在宫地直一的視野裏，「民間信仰」不能納入「神道」的範疇。伊能嘉矩是以研究臺灣問題而知名的學者，他所理解的「民間信仰」，實是「漢族固有的原始觀念經過改變形式而殘存在民間并遺留下來的産物」，而這種原始遺存的信念産物在以後的衍變過程中明顯受到了中國道教和佛教的影響，此外他認爲「民間信仰」的社會載體是「迷信甚深的下層社會」。村山智順曾親赴朝鮮進行過實地考察，通過考察他認爲，要「理解朝鮮社會」必須「理解朝鮮思想」，因此他十分注重對「民間信仰」的理解。他的研究結論是：「民間信仰」既是「民族共有的信仰現象」，又是「大衆思想的頂峰及其基礎」，而村山智順與前述幾位學者迥不相同的看法是，「民間信仰」不是以前原始時代自然宗教的殘存物，而是前代以來「高級思想信仰」的低級化，因此它是貫通社會兩層和思想兩域，爲大衆的生存提供安居樂業基礎的「一種偉大而現實的真實存在」。

二十世紀中期以後，關於「民間信仰」研究最有代表性的是堀一郎教授，他在一九五一年出版的《民間信仰》中，既檢討了以往學術界對於「民間信仰」的已有成果，又從宗教史的立場對之進行了解説和定義，并試圖將對「民間信仰」的研究加以體系化。他檢討以往説，「民間信仰」是一個在學術上尚未有明確概念界説的術語，「因此它的概念界定，極其曖昧，因人而异」，指出了對「民間信仰」理解的多義性。而堀一郎對於民間信仰的理解和界説則可分爲前後兩個階段。在前一階段中，他認爲從總體上來看，民間信仰是「日本民衆信仰」各種現象的總和，其内容大部分爲遠古民衆信仰「殘存的產物」，而在以後的歷史演變過程中又同高級宗教發生聯繫，可以視爲「曾經被高級宗教所净化和含攝的東西再一次落入民間的沉滯現象」，其實際性質應是「受到高級宗教的入侵而退化的低級的古代宗教遺物」。而在後一階段中，他對民間信仰的研究和定義進一步深化，認爲民間信仰是「一種具有自然宗教特性的、不具有特定的教祖、非啓示的、教義上尚未體系化、教團上也未得到徹底的組織化、古代非成立宗教的咒術宗教的殘存和繼承的信仰現象群體」。值得注意的是，堀一郎不僅將民間信仰視作民衆信仰的觀念現象，而且認爲民間信仰是民衆信仰觀念與神話、儀禮、咒術行爲、祭式、祭事等密切相關的綜合現象。堀一郎的研究成果促進了日本學術界對於民間信仰研究的興盛發展，據鈴木岩弓的研究和統計，到二十世紀後期日本學術界對於民間信仰研究的有關論著幾達四百種，而在大致相同含義上使用的其他概念比如「民俗信仰」「民衆宗教」或「民俗宗教」則僅有幾十種，由此可以看出姊崎正治、堀一郎等學者在「民間信仰」研究方面的開拓之功及其學術研究的價值意義之所在。自十九世紀後期以來，「民間信仰」不僅作爲一種學術用語，而且作爲一般用語，得到廣泛的應用并固定下來。不僅如此，「同一漢字語彙的『民間信仰』，在中國、韓國等漢字文化圈的東亞地域，作爲表達宗教研究對象的用語，也受到廣泛使用」，其使用範圍從原先的宗教學逐步擴展至民俗學、文化人類學、歷史學與社會學等多種學科領域，因此「民間信仰」可以視爲「一個含有跨學科領域和國際特徵的綜合概念」，這一看法，已得到國際學術界大多數學者的認同與確立。

西方學術界對於中國宗教與民間信仰的研究呈現出兩種截然相反的態度。一種是基於西方哲學的理性傳統或者教會宗教的學術觀念，對中國宗教或民間信仰秉持比較輕視的態度。另外一種大多是從社會學或人類學的角度對中國的宗教或民間信仰做出實地考察以後，認爲有着多種形態、内容複雜的民間信仰同中國社會的民衆生活方式與鄉村結構具有内在的緊密聯繫，實際就是中國社會中不同的宗教形態，應該給予相當的重視并納入學術研究的視野和範疇。

前一種態度的人可以以德國古典哲學家黑格爾與近代以來享有大名的學者馬克斯・韋伯爲例。黑格爾在《哲學史講演録》中對中國哲學的評價明顯偏低，他認爲中國哲學的智慧水準只應視爲人類精神的童年階段，而希臘哲學的智慧則已達到人類精神的成熟時期。在《精神現象學》與《宗教哲學講演録》中，黑格爾基於「絶對精神」自我意識與自我實現的辯證發展過程，將全世界的宗教綜合成爲一個單向發展的進化圖式。這個人類宗教的進化圖式大體可分爲三個階段，即精神意識處於自在階段的「自然宗教」，精神意識由自在階段發展至自爲階段的「自由宗教」，最後是精神意識發展至自在與自爲相統一的「絶對宗教」階段。在黑格爾的這個世界宗教進化圖式中，東方宗教包括中國的宗教是處於宗教發展的初期階段即屬於「自然宗教」的範疇，而猶太教與古希臘、羅馬時期的宗教則具有崇高和美的本質而被歸入「主觀的自由宗教」，至於基督教由於最終實現了神與人的和解，成爲完全精神性的「絶對而完善的宗教」，居於這一世界宗教進化的圖式的最高階段。雖然黑格爾并没有使用「民間信仰」或「民間宗教」一類的概念，但他所説的「自然宗教」的早期形式就是具有原始特徵的「巫術」，而中國宗教同原始巫術有着過多的聯繫，因此處於宗教發展的初級階段，由此可以看出黑格爾宗教哲學的基本傾向和特徵。

韋伯的學術專長以社會學方面的杰出成就而著名，但他在宗教學方面的研究也同樣名滿天下，其中最有代表性的成果就是《新教倫理與資本主義精神》。韋伯在對希伯來傳統的宗教傳統做出精湛研究之時，也對中國宗教傾注了極大的熱情，他在《中國的宗教：儒教與道教》中探討和剖析了中國儒教與社會結構之間的關係，并認爲儒教與道教對中國傳統社會包括大衆的日常生活産生了極大的影響，但他對生存於主流宗教形態之外的民間宗教與信仰却采取了極爲漠視的態度，認爲它們究其實質來講不過都是异端道教與佛教救世論的派生或者二者融合折中的產物，他稱之爲「功能性神靈的大雜燴」。韋伯對中國民間信仰所采取的態度與黑格爾對於中國哲學的態度比較典型地代表了歐洲部分學者對中國宗教與哲學的態度和立場。

西方學術界的另一種態度是漢學家們對於中國宗教或民間信仰的研究。他們的研究雖然有着學術背景、研究方法和看法觀點等方面的不同，但大多有着兩個方面的共同特點，即大多強調宗教在中國傳統文化中的重要作用及重視宗教傳統在中國社會中所產生的作用和功能。這裏我們同樣舉出兩位學者爲代表，一位是荷蘭的漢學家德·格魯特，另一位是美國的社會學家楊慶堃。德·格魯特曾在中國生活多年，專門對福建厦門及其附近地區的民間信仰狀況進行了實地考察并結合古代文獻予以頗爲詳實的研究，得出了應將民間信仰中的儀式、行爲等豐富內容納入中國宗教體系看待的結論，他的代表作名爲《中國的宗教體系》，從他的書名我們可以看出他看待中國民間宗教信仰的基本傾向。美國社會學家楊慶堃在二十世紀即以他的《中國社會中的宗教》一書而馳名歐美，他在書中認爲，雖然長期以來中國沒有西方意義上的強大的、組織嚴密的宗教，但并不意味着中國是一個非宗教的國度，因爲「在中國廣袤的土地上，幾乎每個角落都有寺院、祠堂、神壇和拜佛的地方」，通過實地的考察，我們可以看到宗教的影響在中國幾乎是無處不在。楊慶堃運用了結構功能的分析方法，將中國的宗教傳統區分爲兩種形態，一種是制度性宗教（institutional religion），一種是擴散性宗教（diffused religion）。顧名思義，制度性宗教即是有着比較完整的教義思想、儀式戒律和教團組織的宗教，如中國的佛教與道教，它們的生存和運作相對獨立於世俗的組織制度之外；而擴散性宗教與制度性宗教有着很大的不同，即是其神學觀念、儀式行爲與世俗制度、社會秩序相關的觀念和結構有着緊密的聯繫，并以其在家庭層次的整合功能、社會群體層次的聯結功能、經濟活動中的庇護功能，以及社會層次的倫理約束功能彰顯了這一特殊的宗教形態在中國社會的重要功能和作用。可以看出，楊慶堃的宗教研究實質是針對韋伯的宗教命題而來的，兩位社會學家都對中國的宗教傳統做出了深刻研究，無論是韋伯的《中國的宗教：儒教與道教》或是楊慶堃的《中國社會中的宗教》，在在表現出了研究者具有的學術洞察力，但却得出了截然相反的兩種結論，由此涉及的學術背景、文化差异、研究範式以及研究者的價值立場，均應引起學術界的重視和省思。

中國社會對待民間信仰的態度，大致可分爲兩種，一種是政府管理部門的態度，一種是學術界的態度。從上個世紀以來，政府管理部門的態度十分明朗，民間信仰不是宗教，不能納入宗教的範圍而加以認定。一九二八年，南京國民政府宣布爲發明學術，「鏟除迷信」，頒布了《神祠存廢標準》，將中國社會現有的宗教分爲四類，即先哲（伏羲、神農、黄帝、孔子、岳飛等）、宗教（佛教、道教等）、古神與淫祠類，前面兩類予以保留，後面兩類「信仰薄弱，文化低落」，即予廢除，而民間信奉崇拜的神靈如日月、五岳、四瀆、龍王、城隍、文昌、送子娘娘、財神、瘟神、趙玄壇、狐仙等神，甚至如道教信奉的元始天尊、三官、天師、吕祖、風雨雷神等，一概廢止，其祭祀神祠改爲學校、機關或軍營所用。一九五〇年代以後，中國大陸在中央和地方政府均設立了宗教事務管理部門，其宗教管理的範圍涵蓋佛教、道教、基督教（新教）、天主教、伊斯蘭教五大宗教，除五大宗教之外的各種神靈信奉或被視爲「迷信」，或被視作「民間信仰」，均不在宗教管理的範圍之内。

自二十世紀以來，中國學術界對於民間信仰的研究和認知由於學者本身的社會背景、學科分屬與學術見解的不同和差异，使近百年來的民間信仰研究呈現出詮釋多元和界説複雜的局面。二十世紀初期，出於民族生存和社會啓蒙的需要，不少從事歷史學、民俗學和人類學研究的學者走出書齋深入民間，對多個地方的民俗遺存開展了卓有成效的考察和研究，如顧頡剛先生對福建閩南的天后、北京的妙峰山香會、廣東東莞的城隍信仰均作出了實地考察和研究，他的意願是「把各地方的社會和儀式的目的弄明白了，把春秋以來的社祀的歷史也弄清楚了，使得二者可以銜接起來」，其用意明顯是希望通過學術的研究來貫通社會、歷史與民俗的内在關係。再者就是容肇祖等人對於媽祖、二郎神等民間俗神的調查和考證，其共同特徵在於將傳統的歷史文獻與實地考察相結合，可以稱爲「二重證據的研究」，其學術的價值和意義有目共睹。然而這些研究在當時來看，大多是在「民俗」與「迷信」的研究名義下進行的，間或也稱爲「俗信」或「民衆的信仰」，頗有一些名不正言不順的意味，即使以後日本學界使用的「民間信仰」概念傳入中國并逐漸得到認同，但關於這一概念的内涵理解和學理詮釋却長久未能受到重視和解决。

二十世紀後期，海峽兩岸的學術界，包括與民間信仰的特定内容相關的民俗學、歷史學、人類學、社會學、宗教學諸學科都投入了大量的人力和物力，開展關於民間信仰的神靈崇拜觀念、祭祀儀式及其對於社區群體的整合功能和多種作用的考察和研究，可以説是學者如雲，成果如林，其重要代表者有遼寧大學烏丙安教授撰寫的《中國民俗學》與《中國民間信仰》，中國社會科學院金澤研究員撰寫的《中國民間信仰》、馬西沙與韓秉方研究員撰寫的《中國民間宗教史》、馮佐哲與李富華研究員撰寫的《中國民間宗教史》，國家博物館宋兆麟研究員撰寫的《巫與民間信仰》，清華大學郭於華教授主編的《儀式與社會變遷》，北京師範大學張紫晨教授的《中國巫術》《中國民俗與民俗學》，山東大學路遥教授撰寫的《山東民間秘密教門》，陝西師範大學賈二强教授的《唐宋民間信仰》，福建社會科學院徐曉望研究員的《福建民間信仰源流》，福建師範大學林國平教授的《福建民間信仰》《閩臺民間信仰源流》，華僑大學李天錫教授撰寫的《華僑華人民間信仰研究》，中山大學梁釗韜教授早年撰寫的《中國古代巫術——宗教的起源和發展》，南開大學侯杰教授撰寫的《世俗與神聖：中國民衆宗教意識》、宗力和劉群編著的《中國民間諸神》，臺灣輔仁大學鄭志明教授撰寫的《中國社會與宗教》《臺灣民間宗教論集》及其關於臺灣民間宗教的系列研究論著，臺灣「中央研究院」研究員劉枝萬撰寫的《臺灣民間信仰論集》等，展現了海峽兩岸學術界在民間信仰研究方面所取得的豐富成就，并奠定了與國際學術界進行學術對話和交流的堅實基礎。

上述學者基於各自專長的學科和學術理念，在關於民間信仰的理解和認知方面有着三種不同的理路。第一類學者經常在研究中刻意强調研究對象的「民俗事象」特徵，盡量減少或隱去其宗教方面的色彩，有時將「民間信仰」改稱爲「民俗信仰」，從而認爲民俗信仰只是古代社會各種自然崇拜、祖先崇拜和靈魂信仰的遺存和衍變，本身并不具有宗教的本質屬性，因此民俗信仰或民間信仰只是民間社會的信仰形態，不能歸之於宗教的範疇。這種對於民間信仰的認知可以以國務院宗教研究中心趙匡爲教授與民俗學專家烏丙安教授的觀點爲代表。趙匡爲教授在《新世紀中國的民間信仰問題探析》中闡述説：「何爲民間信仰？其含意十分寬泛，它是相對傳統宗教和占有社會主導地位的宗教而言的一種群衆性的信仰現象。主要是指多民族、多宗教的國家中，那些存在於民間又不同於傳統宗教信仰的一切其他信仰現象。有的有相對較固定的組織，表現爲人們的一種較鮮明色彩的習俗，而被某一民族、某一群體或某一地區的相當多數群衆所信仰和遵從。」在中國社會中，一方面是占有主導地位的傳統宗教，另一方面是有着鮮明「習俗」色彩的「又不同於傳統宗教」的「群衆性的信仰現象」，共同構成中國社會信仰的兩極，趙匡爲教授鮮明地表明了將「民間信仰」與「傳統宗教」分别審視的學術認知。烏丙安教授更是從十個方面清晰地區分和論證了民間信仰與宗教的本質差异：「（一）民間信仰没有像宗教教會、教團那樣固定的組織機構；（二）民間信仰没有像宗教那樣特定的至高無上的崇拜對象；（三）民間信仰没有像宗教那樣的創教祖師等最高權威；（四）民間信仰没有形成教派；（五）民間信仰没有形成完整的倫理的、哲學的體系；（六）民間信仰没有像宗教那樣有專司神職教職的執事人員；（七）民間信仰没有可遵守的像宗教那樣的規約和戒律；（八）民間信仰没有像宗教那樣的特定的法衣法器、儀仗儀禮；（九）民間信仰没有像宗教那樣的進行活動的固定場所；（十）民間信仰者在日常生活中没有像宗教信徒那樣的自覺的宗教意識。」因此其結論是：中國的民間信仰只能歸屬於多民族的「萬靈崇拜」與「多神崇拜」。

第二類學者着眼於民間信仰對象即大多數神靈所涵有的超越性與神秘性，認爲民間信仰從其本質上來看應屬於中國宗教的一種形態。其代表者有中國臺灣的李亦園教授與大陸的金澤教授。李亦園教授承繼了楊慶堃教授關於中國宗教的兩種類型論，認爲中國的民間信仰屬於「普化宗教」，他在所撰《文化的圖像》中論述説：「所謂普化宗教又稱爲擴散的宗教，亦即其信仰、儀式及宗教活動都與日常生活密切混合，而擴散爲日常生活的一部分，所以其教義也常與日常生活相結合，也就缺少有系統化的經典，更没有具體組織的教會系統。」金澤教授在其《中國民間信仰》中認爲：「中國民間信仰是深植於中國老百姓當中的宗教信仰及其宗教的行爲表現。」顯然認爲民間信仰應納入宗教的視野來考察。

介於以上兩種學術認知之間的學者有兩種態度或者傾向，一種傾向於將對民間信仰的理解和界説「懸置」起來不予論説，直接「描述」有關民間信仰和民俗事象的事實本身，或許有利於研究的深入。中國社會科學院的葉濤研究員主張把「正統宗教以外的都可以拿進來，包括民間宗教、秘密教門、老百姓的習俗等。模糊一點比精確一點要好」。陳進國博士基本認同葉濤的主張，提出應該用動態的、辯證的眼光去看中國的「民間信仰」，對其界定不妨可以模糊處理，其主要緣由是中國歷史上的民間信仰與其他制度化的宗教形態有着非常密切的互動關係，所以很難給民間信仰下一個精確的界定，不如采用相對模糊的界定辦法更能開闊我們的研究視野。

另一種傾向的代表者是福建師范大學的林國平教授，他認爲民間信仰雖然没有完備的教義、教規、戒律、教階制度和教團組織等一般宗教的外在特徵，但却具有信仰某種或某些超自然力量的内在特徵，然而它以現實利益爲基本訴求而不是以彼岸世界的幸福爲基本訴求，所以民間信仰與一般宗教又有着根本的區别，因此他提出「民間信仰」應視爲「准宗教」的主張，他的理解和認知是：民間信仰是介於一般宗教和一般信仰形態之間，信仰并崇拜某種或某些超自然力量（以萬物有靈爲基礎，以鬼神信仰爲主體），以祈福禳灾等現實利益爲基本訴求，自發在民間流傳的，非制度化、非組織化的准宗教。

通過對以上近百年中外學術界關於民間信仰研究歷程和認知的檢討，我們可以看到，民間信仰實際是在漫長的歷史過程中逐步形成并加以衍變，涉及數千年來中國民衆社會生活的多個方面，諸如風俗習慣、祖先祭祀、神靈崇拜、道德觀念、人生理想、宗法傳承、群體關係、社區整合、經濟生活等，在現今中國的許多地域，尤其在東南沿海一帶與港臺地區，甚至隨着移民的步伐傳至海外的馬來西亞、新加坡、印度尼西亞、泰國、菲律賓等地，民間信仰不是學者研究的「應然」對象，而是現實之中的「實然」狀態，本身已經成爲這些國家和地區民衆生活方式的重要内容。因此，對於這樣一種歷時久遠、跨度頗大、内涵豐富、涉及面廣，而又隨時處於變化之中的社會文化現象，研究者要做出一個内涵明確并得到各方認同的界説和定義確實是一件頗爲困難的事情，尤其考慮到與此有關的各個學科（如宗教學、民俗學、人類學、社會學等）本身産生和成熟的短暫時日，就更爲這件工作增加了難以估量的難度，面對「民間信仰」，學者們頗費躊躇，就好像不少學識廣博的宗教學家在做出了大量世所承認的學術成就以後，面對「宗教」要思考出一個學界公認的簡單定義，立時感到有如登天之難，「民間信仰」的研究者與「宗教」研究的學者一樣，都遇到了同樣的難題。然而學術研究之所以不同於尋常的日常話語，就在於它需要理性的思考、規範的語言和對專業概念的深刻理解和闡釋，否則就會受到「學術」自身的質疑和拷問。既然如此，我們不妨先不要貿然地「定義」民間信仰，也不要輕易推卸「思考」的責任，而是采用「理解」的方式，先從研究對象即「民間信仰」所呈現的特徵入手，逐步深入瞭解并掌握其相對穩定的豐富内涵，逐漸接近研究對象的事實「真相」，或許有助於研究的深入并取得成效。

關於民間信仰的特徵，學術界已做了不少的理性思考和學術探討，爲民間信仰的理解和認知提供了十分有益的啓發和思考。烏丙安在《中國民間信仰》中認爲民間信仰的特徵有「三多」，即多樣性、多功利性與多神秘性，由於這樣的「三多」特徵，注定了民間信仰的性質只能是「多靈崇拜」和「多神崇拜」。賈二强撰寫的《唐宋民間信仰》又在烏丙安提出的「三多」的基礎上增加了自發性和多變性兩樣特徵。金澤在《中國民間信仰》中歸納和闡述了民間信仰的五個特徵：一是屬於「潛文化」或「隱文化」的範疇，二是其神祇龐雜，三是與原始的氏族宗教有着千絲萬縷的聯繫，四是不屬於「正統」宗教，五是禁忌特别多。林國平在《關於中國民間信仰研究的幾個問題》一文中爲民間信仰概括了「十大特徵」，即自發性、功利性、任意性、龐雜性、融合性、民俗性、區域性、民族性、草根性、頑强性。

上述多位學者的研究顯然已經涉及中國民間信仰的主要内容及特徵，但在這些「多樣性」的叙述之中，有些顯然可以再予歸納和概括，有些也有進一步申説的必要，倘若從民間信仰自身的本質特性與研究的理論架構（或有學者稱爲「義法」）來看，還可提出幾條特徵予以闡述和進行論證。

第一，民間信仰既然名之爲「信仰」，就必然不是物質形態之「物」，而應屬於精神領域的事物。精神領域的信仰固然有着多種不同的表現形式和内容，但有一個共同之點，即是生存主體對某種對象（包括神聖者、無限者、觀念形態的理論和主義，或其他象徵之物）在思想意識方面的絶對認同和在行爲方面的絶對服從。因此，民間信仰的首要特徵就是它的觀念性，實際表現爲對於衆多與當地民衆生活密切相關的地方神靈的信奉和崇拜的信仰觀念的集合體。

第二，民間信仰中雖然「信仰」是主詞，民間是修飾詞，但「民間」也對「信仰」有所規定和限制，其意爲，這不是一般意義的信仰，而是存在於「民間」之中的信仰。對於「民間」一詞有着多種理解，有的認爲是指信仰的載體即生活於社會下層的普通民衆，有人認爲是指處於「朝廷」政治權力之外的「民間社會」，還有人認爲是指與民俗密切相關的鄉民的生活方式，不一而足。筆者認爲，民間信仰主要屬於人類社會的文化現象，而應該從文化的維度去瞭解「民間」的含義。而要從文化的維度去瞭解「民間」一詞的真實含義，最合適的莫過於借用美國人類學家雷德菲爾德上世紀在《鄉民社會與文化——一種人類學研究文明社會的方法》中提出的「大傳統」與「小傳統」兩種文化層次的劃分和説法。顯然，民間信仰的「民間」不是屬於「大傳統」，而是屬於「小傳統」的範疇；只是雷德菲爾德提出這種觀念的社會背景不同，我們不必拘泥於城市與農村之分（雖然這種劃分對於轉型中的中國社會仍然具有相當重要的現實意義）。後來李亦園承接雷氏的説法而融入中國文化的元素提出雅文化與俗文化的兩種文化説，那么民間信仰也可納入俗文化的範疇來加以探討。其實，無論是大、小傳統之分，還是雅、俗文化之別，僅爲研究者對於人類社會文化現象的客觀考察和認定，而不必介入或含有層次高下的主觀價值判斷。

第三，民間信仰從其本質屬性上來看，屬於精神觀念的集合體，但它不是一般的觀念集合體，而是對於超自然、超社會存在的具有無限神通的各種神靈的信仰觀念的集合，譬如對海上女神媽祖的信仰和崇拜，對保生大帝、清水祖師、開漳聖王、福德正神等地方神靈的信奉和崇拜。雖然這種信仰缺乏系統完整的宗教教義和經典，但在信仰觀念中同樣注入了「超越」與「神聖」的宗教因素，只是這種「超越」與「神聖」不屬於「大傳統」或「雅文化」的範疇，但却有充足的理由視爲「小傳統」或「俗文化」的「神聖」與「超越」。所以，民間信仰的第三種特徵就是其具有「俗文化」性質的神聖性與超越性，從宗教與社會的關係來看，這種有着俗文化性質的宗教因素，正是連接宗教信仰與社會大衆的重要紐帶和橋梁。

第四，民間信仰的重要特徵還在於其地域性。上面談到，民間信仰雖然具有「小傳統」或「俗文化」性質的神聖性和超越性，但這種神聖性和超越性并不具有共同價值和意義，而只能體現在某個具體地域受到民衆信奉和崇拜的神靈之上，超出了這個神靈信奉的特定地域或者區域，上述的神聖性和超越性就不再具有存在的價值和意義，其信仰的意義就歸於無效。關於民間信仰的地域性特徵，北京師範大學的趙世瑜教授在對明清廟會與民間社會的關係展開了系列考察和研究的基礎之上，對此有着深刻的認知：「民間信仰的地方性實際上是從古至今都存在的事實，其原因相當複雜。一方面，它是隔絶和文化封閉的産物，越是在官方意識形態難以傳遞得到的地方，它的存在就越持久，它的地方性色彩就越豐富，因此華北地區的民間信仰更具普遍性，而南方各地的地方神數量則大大多於前者，且各自不同。另一方面，它又是各地方强化其社區傳統或地方文化傳統的産物，一旦各種社會集團，無論是地緣集團（如鄉社城鎮）、血緣集團（如家族宗族），還是職業集團或性别集團需要强化各自的凝聚力，往往會在本地的民間信仰上下功夫。」由此可見，民間信仰的地域性特徵是由特定的地理環境、傳統的宗法家族、與職業有關的社會群團加上長期形成的地區生活方式等多方面的複雜元素綜合形成的。關於這方面的研究數量甚多，但由此也帶來了如何從小的地方文化研究以彰顯大的歷史關懷并進而揭示中國整體社會結構的學術難題，華僑大學的范正義教授對此曾專門撰文予以關注，他將此問題稱爲「地區與全國的張力」，但是如何有效地從地域性民間信仰的研究追尋出「一個時代和一定的地域空間中呈現出來的社會面相和人文精神」，仍是一個難題之中的難題。

第五，中國民間信仰雖然具有地域性的特徵，但這只是共時性呈現的現象，若從歷時性方面來考察，民間信仰還具有突破地域性的限制，從局部地域逐漸向附近地域擴散，并在適當的客觀社會條件下突破地域和國界的限制，流傳到更爲廣大的地域甚至海外的特徵。二十世紀以來，福建地區的媽祖信仰從閩南擴散至東南沿海地區，再隨着華僑華人的移民步伐經由東南沿海流傳到東南亞各國，甚至是現在有華人處就有媽祖信仰的存在，媽祖信仰已經成爲世界華人的普遍宗教信仰，由此呈現出中國民間信仰的擴散性特徵。

六、華人移民與海外華人宗教信仰

中國的宗教文化起源甚早，在史前文化的考古發現之中，就有對於超自然力量和精靈的崇拜和祭祀。在商周時期，社會普遍流行對於「天帝」和「鬼神」的崇拜，人們抱着虔誠和敬畏的態度，祈望借助於「天」的無上神威和「神」的巨大神力來祛除人世的灾禍，帶來人們的吉利和祥福，由此開啓了具有濃厚現實和功利色彩的中國宗教之門。

先秦時期中國就有祭天的傳統，秦漢以後經朝廷定制，形成一套從朝廷到民間的祭祀禮儀，長久傳承下來。印度的佛教約在兩漢之際傳入中國，而中國的本土宗教道教大約在東漢中後期創立，經過魏晋南北朝的衍變發展，終於在唐宋時期形成儒、釋、道三教并行發展的宗教鼎立格局。實際上，中國的傳統宗教除原有的三教格局之外，還有一個廣大的領域，這就是在中國社會廣泛存在的民間信仰。其實，秦漢以前在社會上廣爲流行的對於「自然物」、祖先神靈的祭祀和崇拜，就已經具有民間信仰的性質。道教初創時期的「五斗米道」也同民間信仰有着密切的關係，唐宋以後道教在社會上層逐漸式微，而在明清時期「三教合流」的宗教背景之下轉向社會下層蓬勃發展，使民間信仰幾乎普及中國社會的每個鄉鎮和角落，成爲社會民衆日常生活的重要内容。在中國沿海一帶的閩、粵地區，至今以信奉媽祖、保生大帝、關聖帝君、清水祖師等神靈爲對象的民間信仰仍然十分盛行。

（一）宗法制的起源與作用

不同的文化有着自身承載的歷史、傳統、背景、內涵與特徵，宗教文化也是如此。中國的傳統宗教與民間信仰同中國的社會歷史與文化傳統有着先天與後天的諸多聯繫。從歷史來看，中國社會在從原始社會階段進入文明社會的初始階段之時，不是采用「割斷歷史」的「革命」（「征誅」）方式，而是采用比較平和的「禪讓」方式，即是在非暴力的情勢下實現了由部落權力到政治權力的更替。由此帶來的後果是，原始社會階段的諸多因素也隨之帶進了中國的歷史。譬如，父權制的「權力至上」因素，以血緣關係爲特徵的宗法制等，使漫長的中華文明史帶上了不少原始性質的非文明特徵。梁啓超先生在《論中國學術思想變遷之大勢》中就認爲，古代的宗法制就是由原先的族長政治發展而來的。因此，在儒教那裏，最高的神只是「天」，人間的帝王就是「天子」（天之子），「天」主宰天地萬物，「天子」統治人間的一切，其「權威」和「權力」都是神聖不可侵犯的。同樣，道教與民間信仰最高的「天神」是玉皇大帝，玉皇實際是集「天」與「天子」雙重性質爲一身的尊神。這種「權力至上」的非理性因素不但體現在「人」的統治制度上面，也體現在「神」對天下萬物的主宰之中。

宗法制的核心是宗族，從先秦之時開始，自天子、公卿、大夫、士庶按血親繼承關係結成一種金字塔式的社會結構，按古人的説法其作用是「尊祖收族」，即尊奉祖先和凝聚家族，影響所及，幾達數千年之久。對於宗法制的影響和作用，歷來存在兩種截然不同的看法。一種看法認爲宗法制是農業社會的負面産物，在歷史上嚴重束縛了中國社會的向前發展，由此而形成的宗族團體也未必是民族文明的表徵。另外一種看法是，雖然宗法制是遠古時代的遺物，確實在歷史上也有一定的負面作用，但由親親血緣關係而形成的社會結構具有一種較强的凝聚力和結合力，對於中華民族的傳承和穩定也起着相當的正面作用。對於宗法制的評判涉及不少歷史和社會的因素，這不是本文的任務，但宗族在某些歷史階段整合社會結構、穩定社會秩序、凝聚社會組織方面所起的作用，應該還是客觀存在的。尤其在明清以來中國向海外的移民浪潮之中，宗族所起的整合和團結作用就更爲明顯，對海外華僑華人在世界各地的生存和創業無疑起到了相當大的作用。

（二）華人宗教的產生和形成

中國向海外的移民浪潮前後持續了數百年，由此產生了遍及世界各地的幾千萬華僑和華人。「華僑」和「華人」均是歷史的概念，含義有所不同，但是其共同特徵就是都先天具有中華民族的血緣關係，或者是移民的「前驅」，或者是移民的「後裔」，只不過前者還保留中國的國籍，大多數人還保持着葉落歸根的情感，而後者爲爭取生存的境況和適應社會已轉化爲落地生根的心態，加入了所在國的國籍。這個過程是一個艱難的過程，有學者主張應將「移民」稱爲「開拓者」，我個人認爲這樣的主張有着相當的道理。

從世界範圍來看，移民是全世界普遍存在的現象，但在歷史上有距離遠近和規模大小的不同，由此所產生的影響和後果也不盡相同。史前時代印第安人從亞洲經白令海峽大規模移民到了美洲，同時也帶去了他們的「萬物有靈」的信仰與薩滿教。十七世紀歐洲向美洲的大規模移民最終建立了人類歷史上的新型國家美利堅合衆國。中國長期以來也發生過大量因戰爭、經濟、民族等因素的南北東西的移民，如現在居住在閩、粵等地的客家人，大多數即爲西晋以來北方移民的後裔。明清時期，中國和海外的交往和聯繫逐漸增多，如明朝鄭和率領大型船隊七下西洋，既讓中國人走出國門瞭解外部世界的真相，又使其他國家增加了對於中國的瞭解。同時，沿海地區的民衆爲了商業貿易和求生的需要，通過各種途徑舉家甚至舉族向海外地區規模不等地進行遷徙移民。但在明代和清前期封建王朝閉關鎖國政策的影響下，這段時期向海外移民的人數實際并不多。直到十九世紀中葉，清王朝的政治統治逐漸衰微，西方列强先後乘虛入侵，中國社會動蕩不安，於是大批沿海民衆「闖南洋」謀生創業，掀起了中國有史以來首次大規模的海外移民浪潮。二十世紀前期，世界大戰的爆發與經濟危機的發生，各地勞工需求量大爲增加，於是大批南方民衆以契約的形式移民海外。從十九世紀中期到二十世紀中期大約一百年的時間，中國向海外移民的總數達到了一千萬之多，平均每年約有十萬。這段時期移民到海外的華僑華人大多數同國家民族有着深厚的故國和家鄉的情誼，懷有在外創業、葉落歸根的人生觀念。二十世紀後半期中國改革開放以後，社會上出現了持續長久的「出國熱」，大批留學生和商貿人士遠赴歐美地區，許多人取得了所在國的居住權後，成爲新一代的中國移民。從時間上考察，自明清以來到現在的中國移民浪潮持續了數百年，目前分布在世界五大洲的一百五十多個國家和地區，據國際移民組織近年的大致統計，中國移民的總數約有三千五百萬，幾占國際移民總數的百分之二十。如此衆多的中國移民，大部分加入了所在國的國籍，成爲分布於世界各地的海外華人。

這些在世界各地生活的海外華人，雖然在法律的意義上加入了外國國籍，但在民族血緣、文化心理、風俗習慣和生活方式等方面，仍然與原來的故土有着千絲萬縷且割捨不斷的傳承關係。尤其在心理定勢和文化傳承方面，稟賦着中華民族先天的文化基因和心理基因。而按照當代著名社會學家的見解，宗教是文化的核心組成部分，因此宗教信仰就必然成爲他們生活内容的重要成分。這種現象在二十世紀中期以前的老一代的海外華人中尤爲突出。清末民初移民海外的華人大多是沿海地帶的民衆，其特點是「闖南洋」創業謀生，其生活的艱難和精神的寄托均需要神靈的存在以求平安和解脱。因此，沿海一帶原有的中國傳統宗教信仰就隨着國内移民的大小浪潮傳到了海外，其中主要是佛教、道教和民間信仰的内容。從早期華人聚居最多的東南亞地區來看，其宗教信仰和崇拜的對象大多是與華僑華人的海外生活密切相關的神靈，如保佑航海平安的天后娘娘（或稱媽祖），治病救人的保生大帝，忠義千秋、解人危難的關聖帝君等。居於世界各地的華人在他們居住的社區甚至家中供奉神靈，一方面祈求福佑免除灾禍，另一方面也借此寄托他們對於故國的懷念之情。由此，海外華人對於原有中國文化系統中的儒教、佛教、道教與民間宗教的信仰，就構成了居住於世界各地之華人族群宗教信仰的主要內容。不過從文化學的維度來看，文化的傳播必然隨着傳播時空的置換，加之社會環境和其他客觀因素的影響，總會或遲或早地發生某種程度的變异，從而形成一種新的文化形態。海外華人的宗教信仰既然屬於文化的範疇，也必然要受到這種規律和法則的影響。

（二）華人宗教信仰的特徵

海外華人的宗教信仰，雖然與原有的中國傳統宗教一脉相傳，但是由於歷史背景和生活環境已經發生較大的改變，原有的宗教信仰無論在內涵或形式上必然會隨着時間的流淌發生程度不等的變遷，從而形成海外華人宗教信仰的若干特徵。從東南亞與歐美地區華人的宗教信仰來看，主要有移民性、地域性、宗族性、功利性、融合性與多元性等諸多特徵，這裏着重探討一下華人宗教信仰的地域性與融合性特徵。

首先，地域性應該是華人宗教信仰的重要特徵。海外華人分布於世界各地，但是其祖居地都是中國。以前由於求生的需要或者商業貿易的交往通過各種不同途徑移民到了异國他鄉，於是原在祖居地中國流傳了幾千年的宗教信仰也隨之傳往世界各地。從文化傳播的角度來看，可以說沒有原有長達數百年的移民現象，就不可能有現今廣爲流傳的華人宗教信仰。當年歷盡艱險「闖南洋」的移民群，有些就是將家鄉奉祀的神靈放在航船之中，隨着洶涌的波濤一同漂流到了東南亞地區。以後隨着這些移民居住地區的變换，供奉的神靈自然也遷往他處，從而形成海外華人宗教信仰的地域性特徵。從中國歷史來看，這種特徵應同移民的過程有關。早期的海外移民大多始於南方地區的福建、廣東等沿海地帶，因此早期的華僑華人所信奉的宗教信仰大多同這些地區所信奉的地區性神靈有關係。媽祖原是福建莆田地區所信奉的女神，據學者研究，莆田在宋代太平興國以前屬泉州府管轄，因此媽祖應爲廣義的泉州地區民衆信奉的神靈，而生活在印度尼西亞中爪哇的泉州華人早在清代中期就建有慈惠宮，奉祀媽祖。福建地區的另一神靈廣澤尊王傳説曾在南安生活，故建有鳳山寺祭祀；後來移民到新加坡的南安華僑在十九世紀後期就在新加坡建立了名稱相同的鳳山寺，祭祀廣澤尊王。後來泰國、馬來西亞等國華僑建立的廣澤尊王廟，也大多同南安的華僑有關。

其次，雖然各地的華僑華人所信仰的宗教和信奉的神靈有所不同，但是隨着社會歷史的變遷和長期的民衆交往，其宗教信仰出現了明顯的融合性趨向。以往中國的傳統宗教主要是儒、釋、道三教，由於儒家思想在中國古代社會的特殊性，所以有人將其奉爲古代社會的主流思想形態，有人將其作爲宗教來加以信仰，例如香港地區儒教就是「六大宗教」之一；而佛教和道教的信仰却是涇渭分明的，佛教廟宇中高塑着釋迦牟尼的佛像，道教宮觀裏供奉有「三清」尊神的神像，民衆之中出家爲道者即是乾道和坤道，剃髮爲僧者則爲比丘和比丘尼，彼此信仰的教義思想不同，而信奉的神靈也不一樣。而海外的華人宗教信仰，有時在道教的宮觀中供奉有孔子或菩薩的神像，在佛教的廟宇裏有時也供奉有關聖大帝或財神的神像，更有甚者在一座廟中同時供奉釋迦牟尼、太上老君、至聖先師、天后娘娘的神像，除了「三教合一」之外，更加入了諸多民間信仰的因素。

不僅如此，東南亞華人的宗教信仰有些還融合了當地宗教信仰的某些內容。如馬來西亞華人普遍信仰的拿督公，本來是馬來社會的英雄人物與信仰對象，後來華人將其供奉爲神靈，深受沿海地帶居民的崇奉，在烏絨峇登、班臺、大直弄等地都建有分香廟，歲時祭拜，希望能够袪除灾禍，祈求祥福。在菲律賓，甚至有將海神媽祖與當地的旅行者保護神安智波落的聖女等同起來；馬尼拉千佛寺的主持者也將佛教、道教與天主教的神像并排供奉在寺廟之中。

有人曾經這樣描述過東南亞華人家庭的宗教信仰：進入華人的家庭，門前紅木上刻的是「天官賜福」，廳堂內除供奉歷代祖先牌位外，尚有關聖爺、大伯公的神像，神桌上有時還奉祀觀音娘娘，後門外又供奉拿督公。不少人甚感納悶，這樣的神靈奉祀到底屬於何種宗教信仰？其實這種現象恰好說明了華人宗教信仰的融合性特徵。

從華人宗教信仰的整體考察來看，其地域性特徵無疑加强了華人族群內部的凝聚力和整合力，對於華人在海外的生存和創業都起到了莫大的幫助作用；而融合性特徵則有助於華人族群逐漸適應居住國或地區的外在客觀環境，不僅在表象的生活方式上適應，同時在深層的文化或宗教信仰的層面上適應，這對於海外華人的「落地生根」都起到了有益的作用。

通過以上的考察和探討，可以得出一個初步的結論，即海外華人的宗教信仰，其文化和精神的母體來自中國，同中華文化一脉相承，成爲聯繫海外華人和祖國關係的重要精神紐帶。然而原有的中國傳統宗教經由華僑華人的移民途徑傳播到海外以後，由於客觀社會環境和華人族群的生存需要，産生了一定程度的衍變和融合，使原有的中國母體的宗教信仰形態出現了某種變化，成爲在海外華人之中流行的既與原有母體文化有所聯繫，而又同華人居住國或地區的文化和宗教産生融合的新型宗教形態。

七、東南亞華人社會與民間神靈信仰

海外華人的社會網絡構成有着多種客觀因素和條件，按照莊國土教授的看法，主要與地緣（地區鄉誼）、血緣（宗族傳承）、神緣（神靈信仰）、語緣（各地方言）等因素有關，并且與華僑華人所居國家或地區的經濟、政治、文化和社會運作機制有着密不可分的複雜關係。如果將海外華人社會網絡視作一個社會的大系統，那麽構成這一大系統的地緣、血緣、神緣、語緣等因素就是有機的子系統，再由其社會的經濟、文化、政治等多種條件加以接榫。

（一）廣澤尊王信仰在東南亞的傳播

在東南亞地區華僑華人的傳統信仰之中，廣澤尊王信仰是其重要的信仰之一。廣澤尊王信仰原生發於福建的南安地域，後來隨着該地區移民的遷徙，逐漸傳播到我國的閩南、港臺地區和東南亞各國，并同福建南安籍的宗親團體和社會網絡密切結合，在海外華人社會中産生了極大影響，成爲連結海外華人與祖籍地的重要精神紐帶。

廣澤尊王信仰及其海外傳播

在福建地區的民間信仰之中，廣澤尊王被列爲四大尊神之一，清代後期晋江文士楊浚編撰《四神志略》，即將廣澤尊王奉爲首位加以叙略，可見當時信仰之盛。

廣澤尊王在福建閩南和海外廣受崇奉，但他却是一位與衆不同的民間神祇。其他民間的神靈大多是在特定的社會歷史條件下由成人轉化爲神祇受到人們的祭祀和膜拜，而廣澤尊王却是由一位未成年的少年以仁愛孝心感動神明而在山上放牧時坐化成神，由此對閩南地區的鄉間民俗、道德觀念、行爲規則和宗教信仰産生了長遠的深刻影響，隨着其信仰逐漸跨越地域其影響也廣泛傳播到海外。

廣澤尊王原姓郭，傳説其名「忠福」，約在五代時後唐莊宗同光元年（九二三）出生於福建南安縣小溪場金谷①。成神以後，受到歷代褒封，故又有郭聖王、聖王公等多種稱號。自宋人王胄《郭山廟記》到明代黄仲昭《八閩通志》、何喬遠《閩書》至清末楊浚所撰《鳳山寺志略》等文獻資料，比較詳細地介紹了其由人成神的神秘經過。

宋人王胄《郭山廟記》最先記述了郭山祠的事迹：

世之士大夫，必廟食而封侯。非徒曰美秩徽號，端圭阜衮，蒙君之寵而已也。非徒曰潔粢豐盛，肥牲旨酒，享民之祠而已也。其勞在於國，其功加於民，則山河同其誓，日月同其休，是所謂垂名而不朽也，今郭山祠是已。其姓郭，幼名忠福，其爵侯，其廟威鎮，其謚忠應孚惠。呈靈於五季，顯迹於國初，廟額錫於紹興之間，爵號增於慶元之始。迨今二百年間，國家寵渥，有加而無已，井邑香火，相傳而不替，是豈無所自而然哉。生而英异，化而神靈，上則爲國保障，佐時太平，下則爲民休庇，相世榮達，禦灾孚佑，福善禍淫，消水旱之虞，屏盗賊之患，利國安民。周且悉，悠且久，所謂聰明正直者也。則侯爾封，廟爾食，壯爾廟宇，永爾祭祀，咸曰宜哉。②

該文記述了郭聖王的姓名、事迹、朝代、廟名與封號，并且認爲聰明正直之人逝世以後被民衆敬爲神靈，可以起到利國安民的作用，名垂不朽，永享祭祀，實爲大好之事。

---

① 即今安溪縣金谷鎮。該鎮原名爲谷口，自五代後晋年間開始，因爲當地民衆迎香奉祀廣澤尊王之處，故又稱爲「佛口」。

② 宋人王胄《郭山廟記》之文，清人曾天爵《譜系紀略》、楊浚《鳳山寺志略》、戴鳳儀《郭山廟志》與今人所編《全宋文》《福建宗教碑銘彙編》（泉州府分册）均有收録。但原碑久已不存，清人陳遷鶴記述其部分文字爲後人所增刻。

《八閩通志》爲現存福建全省首部地方志，由著名方志學家莆田黄仲昭編纂，刊行於明孝宗弘治三年（一四九〇），其卷七《地理志》云：

郭山在十二都，上有威鎮廟，其神郭姓，故名。

又同書卷五十九《祠廟志》云：

威鎮廟在縣北十二都，五代晋天福中僞閩建。其神郭姓，生而神异。甫十歲，一日忽取甕酒全牛登郭山絶頂，明日坐逝古藤上，牛酒俱盡。其後常見夢於人，因爲立廟，號郭將軍。宋建炎中，寇逼近境，民禱於神。一夕大雨溪漲，寇不能渡，有衣白衣乘白馬者，誘賊他去，攻具漂蕩殆盡，賊亦多溺死，邑以無事。紹興間賜今額，累封「廣澤孚惠忠應侯」。①

《閩書》爲晋江人何喬遠所撰，《四庫》館臣稱其「薈萃郡邑各志，參考前代載記，以成是書」。其卷九《方域志》「郭山」條云：

郭山有威鎮廟，神姓郭，世居山下，生而神异，意氣豪偉。年十歲時，忽取甕酒，牽牛登山，明日坐絶

① 〔明〕黄仲昭修纂：《八閩通志》卷五十九，福建人民出版社二〇〇六年版，上册第五三七—五三八頁。

頂古藤上，垂足而逝，酒盡於器，牛存其骨。已，見夢鄉人，因爲立廟，號將軍廟，僞閩通文中也。宋建炎四年，寇湯劾逼近境，民欲遁走，卜神不許。一日大雨溪漲，寇不能渡，有白衣乘白馬者誘之淺涉，攻具漂流，黠者多溺死。蓋神爲也矣。其後累加「威鎮忠應侯孚惠廣澤」八字，王胄爲記。①

其後清代乾隆年间刊行的《福建通志》、道光《重纂福建通志》、乾隆《泉州府志》、康熙《南安縣志》等志書都據以上文獻對郭山廟和聖王公有所記述。

現今所見，尤以楊浚所撰《鳳山寺志略》卷二《傳略》關於廣澤尊王成神的經過記述甚詳：

神姓郭，名忠福，閩之南安人。先世周文王季弟封於虢爲虢叔，或曰郭公，因氏焉。歷六十餘傳，爲唐汾陽王，數傳至嵩公，始遷閩。再傳華公，分派泉州，居清溪，代有令德。神父性孝友，無崖岸，常逍遥清泉白石間。神母感异夢而娠，後唐同光中二月二十二日，生於清溪故里，生即神异，氣象豪偉，以純孝聞。父薨，母携之居南安十二都郭山，山因神名。後晋天福初，當在丁酉戊戌間，神年十歲（《泉州府志》記爲十六歲）忽携酒牽牛，登絶頂古藤上蜕化，時爲八月二十二日，里人异之。僞閩通文中，見夢於鄉，爲立廟曰「將軍廟」。宋建炎四年，寇湯某掠迫近境，民欲遁避，卜於神，弗許。翌日大雨，溪漲，寇不得渡。有白衣乘馬者，誘之他去，黠者多溺死，邑賴以全。紹興間，里人吴德以掾赴京邸，奉香火偕往，適帝宫灾，神麾白旗，火遂滅。有司以聞，光宗封爲侯，廓廟制，賜額「威鎮」，列祀典。慶元朝晋封王爵，累加徽號，

① 〔明〕何喬遠編撰：《閩書》（第一册），厦門大學古籍整理研究所、歷史系古籍整理研究室《閩書》校點組校點，福建人民出版社一九九四年版，第二〇四頁。

敕凡三軸，藏黄氏家。寶慶二年，王冑夢神授以事迹，爲作記，里人曾從龍書之。明嘉靖辛壬之歲，島倭擾及詩山，相去二里許，永春寇呂尚四複起，多應之。鄉大姓築堡廟北，與里中三四百輩，避居焉。堡乏水，幸鄰人率鄉兵三百，夜半直趨廟門，斃賊十餘人，逸去，因得汲。詰朝更番困之，火其廟，糧幾絶，夜忽大雨，賊中火藥驟爈，驚爲神，乃遁。先是廟立二石，一爲冑撰，一爲撫干陳君説撰，皆宋碑，俱毁於倭，即三敕亦裂弃無存。衆於是重新廟貌，僉事陳學伊記之，自宋至明，凡再拓也。神配曰黄氏，號「懿德」，五代閩王時，正月二十三日誕。幼即具仙骨，及長入廟坐化，因塑像祀之。宋封「妙應仙妃」，俗稱「聖妃」，凡保國安民，妃預有力焉。①

後來宋朝紹興年間，封爲「忠應侯」，并敕建威鎮廟。慶元年間又有加封。至清朝同治九年（一八七〇），加封爲「威鎮忠應孚惠威武英烈保安廣澤尊王」。

清朝時民間出現《敕封保安廣澤尊王真經》，其内容包括净心神咒、净口神咒、净身神咒、安土地咒、净天地咒、祝香神咒、攝魔神咒、金光神咒、開經神咒等，其中頗多道教神靈信仰的内容，如《净身神咒》云：「靈寶天尊，安慰身形。弟子魂魄，五臟玄冥。青龍白虎，隊仗紛紜。朱雀玄武，侍衛我真。急急如律令。」又有《太上元陽上帝無始天尊説保安廣澤尊王靈濟普德郭星君攝魔醒世妙經》與《寶誥》，後者云：

鳳山大聖，雷部正神。主管三界，十方九地。掌握五岳，八極四維。正一法王，考較善惡之籍。無爲教

① 王見川等編：《明清民間宗教經卷文獻續編》（第七册），臺北新文豐出版公司二〇〇六年版，第七四三頁。

主，報應禍福之由。攝伏魔精，驅除瘟疫。群生是賴，蠢動咸康。大忠大孝，大聖大慈。忠應孚惠，威武英烈，廣澤尊王，南極都天。三界降魔，靈濟普德。郭大星君，護佑天尊。

廣澤尊王儼然已成爲道教主管三界十方的天界尊神。

從神靈的社會功能來看，最初郭聖王只是泉州南安地方的鄉村保護神，後來才隨着南安地區移民的遷徙，傳播到了臺灣以及東南亞各國。但是郭聖王或者廣澤尊王的神佑作用還有一個與衆不同的特點，這就是「尤庇遠人」，不但保護他的家鄉民衆，還特別保佑離家遠行的移民。《鳳山寺志略》卷四記述説：

神十歲時將蜕化，請其母持一匏一書來，盤坐以待。母誤匏爲牛，書爲豬，牽而至，爲伸右足垂地，神目仰天，母槎令直視，故遠人禱尤靈。

廣澤尊王這種突破地域局限的神佑作用，無疑會在當時産生極大的影響和作用，這樣廣澤尊王就從南安地域的鄉村保護神演變成爲神力廣大的移民保護神，香火遠播至海外。清代《南安縣志》記載：「尊王每年八月祭墓，凡閩、浙、吴、粤及南洋群島到廟辦香者，以億萬計。」據統計，現今我國臺灣全島奉祀廣澤尊王爲主神的廟宇即達六百多座，許多廟宇經常联合到南安詩山朝拜祖庭，僅二〇〇八年八月，臺灣信衆到鳳山寺分爐展謁封塋的團隊就有臺灣一明堂謁祖團、臺南市廣澤堂廣澤尊王謁祖團、保安堂謁祖團、臺南夏林玉聖宫謁祖進香團等奉祖廟分靈真身回鑾謁祖。臺灣一明堂的主委湯靖翔深有感觸地説：「兩岸同根同源，血脉相連，希望通過宗教文化的交流，促進兩岸溝通聯繫。」這番肺腑之言代表了海峽兩岸廣大信衆的心聲。

現在我國臺灣地區與東南亞的新加坡、馬來西亞地區建有數百座鳳山寺，祭奉廣澤尊王。道光年間，南安人梁壬癸在新加坡建立了最早的鳳山寺，據同治七年（一八六八）《新加坡重修鳳山寺石碑記》碑文記載：

廣澤尊王之於中國也，時當晋代，地在詩山，一鳳遥看，結成丹穴，全牛不見，化就道身。溯古迹猶彰彰可考，聞前言每念念不忘，此鳳山寺之所由昉也。自是以來，雍在宫而肅在廟，赫厥聲而濯厥靈，廣澤紛紜，湛恩洋溢，上下沾濡，無分内外，而且永言孝思，使齊明盛服，以承祭祀者，及乎其先，則非特千秋頌明神，亦萬古稱孝子也。而新加坡，我建人尤思之深，慕之切。道光丙申梁君壬癸，爰募衆商，營立寺室，塑繪像形，仍名曰鳳山寺，不忘本也。俾我建人敬奉朝夕，享祀春秋，并受其福；始作之功，豈不偉哉。然而歷年多爲日久，風摇雨蕩，芳椽傾損，若不及早綢繆，則棟折榱崩，覆壓是懼，欲以尊神，反以慢神，雖有寺亦與無寺等，其何以引馨香於勿替乎？從可知重修之功，不在治作之於下也，第費用浩繁，非一人之力所能獨理，幸賴富户鉅賈捐資成美。外而規模，較前爲尤大，内而節目，視昔益加詳，則輪奂聿新，光浮俎豆，神靈永妥，慶衍民人，千祥雲集，百福駢臻，安在外域尊王，不可匹於中國耶？謹將芳名勒石，以垂不朽。

據碑文落款可知，當年重修鳳山寺者有大董事蔡鵬南、洪協發、傅成源、黄藏興，大總理宋麒麟、王協泰、洪豐安、江錦興等人。時間爲「大清同治柒年歲次戊辰秋桂月穀旦」，即一八六八年。

東南亞奉祀廣澤尊王的廟宇還有印度尼西亞的巨港鳳山寺、北蘇門答臘丹戎浮拉的鳳田宫，菲律賓加牙鄢省亞巴里社的威明宫、大千寺廣澤尊王廟，馬來西亞砂勞越州的古晋鳳山寺等，說明廣澤尊王信仰在海外華人中有着廣泛的傳播和影響。

廣澤尊王信仰與海外華人社會

海外華僑華人在世界各國和地區居住地的生存是一種特殊的人類生存模式，這一規模龐大的人類群體既同原來的祖國和故鄉失去了密切的生活關係和親情的聯繫，又需要在异國他鄉的陌生環境中全力拼搏以争取生存的空間，顯然個體的力量無法實現這一生活的目標，因此族群力量的重要性被突顯出來，而在海外華人的生存處境中，這種特殊的族群生存之道就表現爲華人社會的網絡整合。

社會網絡原屬於社會學和人類學的使用範疇，意思是指某種在時間流程内相對穩定的人與人之間相互關係的模式，國外學者將這一概念應用於文化、社會和經濟等多方面進行研究，近年來取得了很大的成就，二十世紀後期國外《社會網絡》雜志的問世就是一個明證。曾在香港中文大學任職的金耀基先生專門對海外華人社會的關係網絡進行了深入的考察和研究，認爲網絡結構是許多文化類型中普遍存在的現象，但關係網却是中國式的網絡結構，作爲具有中國文化特質的社會網絡關係的結構，其關係的基礎完全取决於有關個體共有歸屬性的特徵。① 在對海外華僑華人的宗教信仰進行了初步考察之後，我們發現，這種「個體共有歸屬性」通常會比較强烈地表現於華人群體對原鄉之地神明信仰的崇奉和祭祀之中。

廣澤尊王原來僅是閩南地域的民間信仰神靈，經南安地區的移民傳播到了海外以後，逐漸衍變成爲華人地域族群團結同鄉、凝聚人心、聯絡故土、保佑平安、争取生存、寄托信仰的至尊神祇，呈現出强烈的「個體共有歸屬性」，表現爲具有中國文化特性的海外華人社會網絡結構。

① 金耀基：《關係和網絡的建構：一個社會學的詮釋》，載金耀基《中國社會與文化》，牛津大學出版社一九九二年版，第八一頁。

自清代以來，廣澤尊王在新加坡、馬來西亞、印度尼西亞和泰國等東南亞各國的華人社會受到廣泛的信仰和崇拜。根據著名德國漢學家傅吾康教授的考察和研究，馬來西亞主祀或陪祀廣澤尊王的寺廟多達數十座，其中較著者有吉隆坡增江鳳山寺、東馬古晋的保安宫、霹靂州太平地區的閩中古廟、麻六甲唐人街的福廣宫、檳城海墘郭橋頭鳳山宫、檳城大普公壇、檳城南安殿、檳城陰陽殿、檳城武哥隆區清龍殿、檳城福郭堂魯國大夫廟、高淵鳳山寺、納閩聖王公宫、沙巴洲亞庇坡碧南堂等廟宇。① 而在新加坡則有南安會館鳳山寺、芊菜園聖王廟、威鎮廟與鳳山聖尊壇等華人廟宇供奉廣澤尊王。② 印度尼西亞供奉廣澤尊王的寺廟有南蘇門答臘巨港的鳳山寺、北蘇門答臘丹戎浮拉的鳳田宫、北蘇門答臘棉蘭鎮蓮寺等處。③ 菲律賓的華人社會也流行祭拜廣澤尊王，如加牙鄢省亞巴里社歷史悠久的威明宫，著名的大千寺、三寶顔鳳山寺、荷彬際市鳳山寺、嗎拉汶鳳山寺、馬尼拉鳳山寺、納卯市鳳山寺、邦邦牙省仙彬蘭洛社鳳山寺、邦省三度大千寺、怡朗通淮廟、巴西天靈古志殿包王府等處廟宇。④ 另外，如泰國洛坤府北浪縣的廣靈廟、越南同奈邊和市鳳山寺与胡志明市鳳山寺、汶萊斯市聖後宫也奉祀廣澤尊王。由此可見，廣澤尊王信仰隨着閩南地區的移民外遷流傳到東南亞以後，在華人社會普遍流行，成爲新加坡、馬來西亞、印度尼西亞、泰國、菲律賓等國華僑華人宗教信仰的重要内容。

東南亞地區華僑華人的宗教信仰大多源自其原鄉之地閩南地域，因此具有明顯的地域、宗族、民俗與「小傳統」的文化特徵，傳入所在國和居住地區以後，又融入了當地文化傳統與民俗信仰的部分因素和内容，并由此與

---

① 傅吾康、陈鐵凡編：《馬來西亞華文銘刻萃編》，吉隆坡馬來亞大學出版社一九八二年版。參見李天錫《廣澤尊王信仰在華僑華人中的傳播和影響》，《華僑大學學報》（哲學社會科學版）二〇〇四年第三期。

② 陳荊和、陳育崧編纂：《新加坡華文碑銘集録》，香港中文大學一九七〇年版。

③ 傅吾康主編：《印度尼西亞華文銘刻彙編》，新加坡南洋學會一九八八 — 一九九七年版。

④ 李天錫：《廣澤尊王信仰在華僑華人中的傳播和影響》，《華僑大學學報》（哲學社會科學版）二〇〇四年第三期。

所在地區的華人族群和各類社團構成了廣泛的社會網絡。

鳳山寺與華人會館

鳳山寺是源自閩南奉祀廣澤尊王的信仰場所，而會館是中國明清以後興起的行業機構或同鄉組織。具有民間信仰性質的鳳山寺與有着同鄉組織特徵的會館傳播到了海外以後，其內涵與職能均隨着社會條件的變遷發生了某些變化。具有民間信仰性質的寺廟在宗教信仰的内涵之外，又增加了聯絡鄉誼、聚會慶賀和文化娛樂的職能，而有着同鄉組織性質的會館又爲了保護同鄉平安和滿足精神寄托的客觀需要增加了宗教信仰的内容和安排，於是在東南亞地區的華人社會就產生了不少民間信仰的寺廟與同鄉組織的會館合二爲一的特殊社會現象，而新加坡鳳山寺和南安會館的結合就是一個十分顯明的例子。

新加坡鳳山寺原建於清代道光十六年（一八三六）。據《新嘉坡重修鳳山寺序》云：

原夫廣澤尊王之於中國也，時當晋代，地在詩山……永言孝思，使修明盛服，以承祭祀者，及乎其先，則非特千秋頌神明，亦萬古稱孝子也。而新嘉坡，我建人尤思之深，慕之切。道光丙申梁君壬癸，爰募衆商，營立寺室，塑繪像形，仍名曰鳳山寺，不忘本也。俾我建人敬奉朝夕，享祀春秋，并受其福；始作之功，豈不偉哉。

當時建寺地址是丹絨巴葛青山亭，即現在新加坡中央醫院所在地附近。一九〇七年，因市區重建，鳳山寺改遷於摩哈末蘇丹現址，在當時僑領林露等人的領導下，自一九〇七年至一九一三年歷時六年，歷盡艱辛，建成鳳山寺新廟。以後由於年代久遠，材木漸朽，又經過多次重修。特別是二〇〇六年在南安會館執監委員會的主持下，組成新加坡鳳山寺古迹重修委員會，邀請新加坡时任資政吴作棟夫人爲名譽贊助人，聘請中國故宮博物院的專家制定重修規劃，并報請新加坡國家古迹保留局批准，延請福建泉州刺桐工程公司前往協助有關重修工程的材料、雕塑等工作，展開了大規模的重修工程。該工程於二〇一〇年初完成竣工，雕梁畫棟，面貌一新，并於當年申報并獲得聯合國教育、科學及文化組織（UNESCO）保護文化遺産計劃大獎，贏得了屬於最高榮譽的亞太區文化遺産卓越獎，當年聯合國教科文組織頒給鳳山寺的嘉獎狀上説：「鳳山寺極爲出色的修復工作，復原了晚清時期一座標志性的閩南風格寺廟，爲新加坡社群和在這裏落户的南安人，保留了地標性的文化遺産。」新加坡的華人社會通過鳳山寺的重修工程而爲争取當地社區、新加坡社會和國家政府的關照和認同做出了一件饒有意義的工作和貢獻。

新加坡南安會館成立以後，展開了一系列聯絡鄉誼、服務同鄉、教育後代、解決生計等社會活動，主要有慈善、教育、青年、福利等方面的公益活動。（一）慈善活動。南安會館慈善股每年逢農曆二月二十二日和八月二十二日慶祝廣澤尊王千秋，招待會員與廣大信衆，加强鄉誼聯繫，并在每年農曆新年前頒發度歲金予僅靠領取社會福利金的貧苦鄉親。（二）教育活動。鳳山寺曾在遷址後的次年，因華僑兒童多没機會受教育，遂創辦南明學校，吸引了百多名南安及非南安人的子弟前來求學。創立南安會館後專門設有奬學金，贊助成績優异的會員子弟升學，受惠者除了一般中小學生，也惠及在新馬地區的華人大專學生。此外，會館還設立出版經費，出版以中文撰寫的學術論文、史料研究及文學藝術作品。（三）福利活動。會館還設立了互助會，充分發揮互助合作的精神，安排多種活動爲南安鄉親服務。如在新加坡的南安鄉親遇有喪事，會館都發動會員協辦治喪會，慰問喪家遺屬，分發互助金等。（四）青年活動。南安會館專門成立了四十五歲以下的南安鄉親都可參加的青年團，希望會員不分彼此，以青年的生命活力和創新、創意的動力爲南安會館開創美好的遠景。自成立以來，先後舉辦了實用編輯與中文寫作課程、華人傳統節日詩簽印行禮、會館文化營、華族傳統節日歌曲創作比賽、「清明懷古行」活動、與新加坡作家協會聯辦「古寺迎月」中秋晚會、父愛光輝晚會、母親節聯歡會、華族文化研究營、「種族和諧日」活動等，并配合會館舉辦新加坡華樂團「潘秀瓊音樂會」（爲鳳山寺重修籌款）、武術演講會和「青年競藝展才華」比賽（與七間閩屬會館聯辦）。青年團還秉承傳統文化、促進家庭交流，舉辦「古寺迎月慶中秋」「摩天輪與河上游，齊家共樂樂悠悠」等活動以及聯辦「冬至家庭日」。

南安會館自成立之後，就與同樣來自原鄉之地的鳳山寺建立了相當密切的聯繫。每年的廣澤尊王千秋聖誕都聯合舉行盛大慶祝活動，往往由會館設法籌款贊助酬神演戲，再將餘款用於慈善和助學等活動，數十年如一日。尤其在一九七三年鳳山寺獲選爲新加坡「國家保留古迹」後即正式確定由南安會館進行管理，在組織形式上實現了地緣、血緣與神緣的合一。①

下面爲新加坡南安會館二〇一三年全年的會館活動，借此可以瞭解南安會館與鳳山寺結合以後開展活動的具體內容：

時間	活動內容
二月十九日（星期二）	常務委員與各股主任擴大會議
二月二十七日（星期五）	第五十二屆第一次執監委會議
二月二十四日（星期日）	新春團拜、頒發助學金、互助會第二十八屆理事宣誓就職典禮
三月二十八日（星期四）	卡拉 OK 交流會

① 《南安會訊》第十七期第三頁，二〇〇六年九月由新加坡南安會館刊行。

续表

時間	活動内容
四月	第三十一期《南安會訊》出版
四月一—五日（星期一至星期五）	慶祝廣澤尊王聖誕千秋祝壽儀式
四月三日（星期三）	廣澤尊王聖誕千秋慶典晚宴
四月七日（星期日）	清明祭拜三十一先賢
四月七日（星期日）	講座：《清明祭祖話先賢——武吉布朗山上的南安人》
四月十二日（星期五）	常務委員及各股主任擴大會議
四月二十六日（星期五）	第五十二届第八次執監委會議
五月二十六日（星期日）	二〇一三年度常務會員大會，互助會會員大會
六月八日（星期六）	南風閣端午節晚會
六月十四日（星期五）	常務委員及各股主任擴大會議
六月二十八日（星期五）	第五十二届第九次執監委會議
八月	第三二期《南安會訊》出版
八月十六日（星期五）	常務委員與各股主任擴大會議
八月十七日（星期六）	中元祭拜與聯歡宴會
八月三十日（星期五）	第五十二届第十次執監委會議

续表

時間	活動内容
九月十四日（星期六）	中秋節聯歡晚會
九月二十五、二十六日（星期三、四）	廣澤尊王聖誕千秋
十月十一日（星期五）	常務委員及各股主任擴大會議
十月二十五日（星期五）	第五十二届第十一次執監委會議
十一月十五—十七日（星期五至星期日）	林厝港功臣梁宙新書發布會暨展覽會
十一月二十二日（星期五）	常務委員及各股主任擴大會議
十一月二十四日（星期日）	南安先賢梁宙西北王之旅
十二月六日（星期五）	第五十二届第十二次執監委會議
十二月	第三十三期《南安會訊》出版
十二月二十九日（星期日）	二〇一三年度特別會員大會暨頒發度歲金

從上表可以看出，南安會館和鳳山寺無論組織管理如定期召開執監委員會、常務委員會與互助會和開展常規的慈善活動和聯歡會，還是舉辦廣澤尊王的千秋聖誕和中元祭拜等盛大慶典，都是一體舉辦的，呈現出東南亞華人族群的同鄉組織和宗教信仰互相結合的特殊社會網絡現象。

通過這些社會公益活動的開展和宗教信仰慶典的舉辦，南安會館和鳳山寺在敦睦鄉誼、發揚華族傳統美德、弘揚民族傳統文化，以及促進新加坡的文化教育事業、公益活動方面，均扮演了積極的角色和做出了有益的貢獻。正如會館的主頁所宣示：「爲發揚新加坡南安會館的創會精神及保留悠久的傳統文化，我們將集老、中、青三代的力量，不斷引進優秀後進，策劃健全的活動體系，并配合科技資訊，充分利用網絡和世界的南安邑人聯繫，與時并進，肩負傳薪的使命，引領新加坡南安會館邁向二十一世紀，加强會員的團結、合作精神。」

同鄉和族群構成的華人社會

雖然鳳山寺和南安會館的信衆和人員主要是從閩南南安移民到新馬地區的華僑華人，充分體現出主要由同一地域的海外移民所構成的信仰網絡和社會網絡，但是廣澤尊王信仰有一個重要的特徵，即其信仰不僅護佑南安地域的信衆，而且早在當地就流行有「白目佛益外境」和「越遠求越顯靈」的傳説，因此除了閩南南安的民衆和海外移民信仰和供奉廣澤尊王，其他地區甚至邊遠之地也有不少信奉和祭拜廣澤尊王的民衆。這種現象我們可從閩南和東南亞地區流傳的兩個民間傳説加以考察。

據戴鳳儀《郭山廟志》卷八《雜志篇》記述：

光緒三年丁丑九月，有二人衣裳迥异，言語不通，到廟薦祼維虔，流連弗去，夜宿山頭塔脚。主人詰之，因以筆代舌曰：「我蜀人也，家居摩天嶺下，距閩七千餘里。舊年瘟疫，呼籲無門，因設壇禱神。忽有神降壇鸞，稱福建泉州郭山廟廣澤尊王，感汝精誠，特來保護。蒙示靈藥并禦疫法，疫遂止。是舉家性命皆王再造也，故不憚梯山航海而來。」於戲！借非王恩遠被，何以萬里輸誠如此哉？①

① 戴鳳儀纂：《郭山廟志》，中國文聯出版社一九九九年版，第一八〇頁。另楊浚《鳳山寺志略》卷四《感應篇》亦有類似記載，其云：「光緒三年八月，有自遠方來者，异服异言，入廟流連不去，夜宿於山頭塔脚陳姓家。主人詰之，索筆以答曰：我蜀人也，家居摩天嶺下，去年舉家得時疫，設壇禱告，忽有神栖箕，自稱福建泉州府鳳山寺廣澤尊王，云：感汝精誠，特來救護，毋憂。遂鎮以靈符，示以神方，疫即止。故不憚數千里，自初春首途，沿訪至今纔至臨，旋以行篋繁重，覓一僕送歸，費至三百金云。」

廣澤尊王信仰自明清之時起，即有「護持遠人」的傳説，這從一個側面客觀地反映出中國古代社會後期閩南地區社會人員流動的增加和工商業活動日益頻繁的社會現象，楊浚《鳳山寺志略》和戴鳳儀《郭山廟志》關於蜀人跋涉數千里而至閩南祈禱祭拜廣澤尊王的記載，就是這種社會現象在民間信仰中的映現。甚至出現「凡謁塋之歲，近如浙粵，遠如蜀楚，即至外洋，白叟黃童，扶携跋涉，不憚千里」，人流如潮地趕赴閩南南安鳳山寺進香的盛況。

隨着閩南地區赴東南亞移民的增加與居住地華人族群的頻繁交往，廣澤尊王信仰在東南亞各國華人社會中的影響逐漸擴大，廣澤尊王這種「護佑遠人」的信仰觀念又與後來産生的「護佑外邦之人」的信仰觀念結合起來，於是廣澤尊王的信仰圈就從閩南地域逐漸擴大至東南亞地區南安籍以外的海外華人社會，甚至還吸引了少數當地原住民對廣澤尊王加以信仰，下面這條馬來西亞古晋保安宫的傳説就從一個側面反映了這種信仰現象的客觀事實。傳説一個漁民做了一個夢，只見一個身穿龍袍、童顔紅臉的少年走上前對他説：「感謝大叔從大海中撈回我的神像，我乃廣澤尊王是也，至此庇護海外僑民。」漁民一聽驚醒過來，心裏十分歡喜，第二天便請來華人長輩，許多華人兄弟和地方人士都到他家細察，有個泉州來的華僑説：「廣澤尊王是福建南安鳳山寺的郭聖王，是唐山老家的神明呀！」於是，華僑兄弟紛紛集資，給神像重新描漆上金，興建一座保安宫，供奉廣澤尊王。華僑下海捕魚，上山采果，到街上做生意，都到保安宫行香；患病逢灾，也到保安宫乞求保佑，香火十分旺盛。却説砂勞越的地方長官叫拉耶查理士布洛克，爲官清正，愛護百姓。每日除處理政務之外，在清早之時，總喜歡騎馬到郊外運動，鍛煉身體。有一天清早，他途經保安宫時，忽然馬的前蹄高舉，狀似朝拜，一連向前方叩首。拉耶覺得奇怪，透過薄薄的晨霧，他看到一個活潑可愛的兒童，倚立於馬前，他身上着一個紅肚兜，上身赤膊，漫步走進宫内。「這是哪裏來的兒童？」拉耶覺得奇怪，便跳下馬入宫尋找兒童，而宫裏没有邊門後門，不見兒童的蹤影，不由得聲聲稱奇。他隨後詢問鄰近的街民，有個華僑對他説：「這裏祀奉廣澤尊王，一定是神明顯靈啊！」拉耶聽了也深信不疑。「番仔長官的馬見了郭聖王，也要朝拜三叩首！」① 這個新聞在古晋傳開了，到古晋保安宫的善男信女更多了，連馬來亞人也來行香了。這個傳説生動地説明，在馬來西亞的華人社會中，不僅有着閩南南安籍的人信仰廣澤尊王，也有不少閩南籍以外的華人信仰廣澤尊王，甚至還有當地馬來人受到華人信仰的影響而加入這一信仰的行列。到了嘉慶、道光之時，廣澤尊王信仰在海内外已是「赫赫聲靈震四方，郭山何處不朝香」的盛况②，其信仰職能也從「保境安民」的「地區守護神」衍變成爲「庇佑流寓之人」的海外僑民的保護之神。新加坡鳳山寺有一副對聯，「廣澤英靈赫赫神威被四海，保安環宇昭昭聖德耀萬邦」，其中所言「神威被四海」和「聖德耀萬邦」，其信仰已昭然跨越了地區和鄉誼的界限，廣澤尊王的威靈已經能够庇佑「四海」和「萬邦」的華夏子孫，涵蓋了整個的海外華人族群，從而將同鄉的信仰網絡擴展至華人族群的信仰網絡。

（二）清水祖師信仰在東南亞的傳播

清水祖師信仰産生於我國南宋時代的福建安溪地區（原名爲清溪，後改名爲安溪），主要信衆是當時安溪地區的百姓和部分政府官員，由於祖師生前廣行慈善，祈雨拯灾，治病救人，而往生以後又廣受奉祀，屢屢顯靈，救濟時難，故在民間社會影響很大，成爲閩南地區四大民間神祇之一。自明清以來，安溪地區民衆因生存需要陸續遷徙移民，清水祖師信仰又隨着安溪移民傳播到了港、澳、臺乃至東南亞地區，至今在泰國、新加坡、馬來西亞、印度尼西亞、緬甸和菲律賓等國建有分爐寺廟數十處，聯繫故土，凝聚鄉情，將地緣、親緣與神緣相結合，

① 參見南安詩山鳳山寺主頁「典故傳説」之「海外顯靈」。
②〔清〕徐光華：《題郭山廟》，載戴鳳儀纂《郭山廟志》卷七《藝文下》，中國文聯出版社一九九九年版，第一三三頁。

構成了廣泛的清水祖師信仰網絡，在東南亞地區的華人社會中産生了重要影響。

清水祖師信仰的形成及其海外傳播

清水祖師原爲閩南民間信仰的重要神靈，閩南一帶多稱爲「烏面祖師」，在臺灣又稱爲「祖師公」或「祖師爺」。清水祖師在歷史上實有其人，相傳祖師俗姓陳，名榮祖，宋仁宗年間出生於福建省永春縣，出家後法名「普足」。現在傳世的最早記載清水祖師行事的文本爲北宋政和三年（一一一三）邑令陳浩然撰寫的《清水祖師本傳》，其云：

> 祖師生於永春縣小姑鄉，陳其姓，普足其名也。幼出家於大雲院，長結庵於高泰山，志甘槁薄，外厭繁華。聞大静山明禪師具圓滿覺，遂往師之。道成業就，拜辭而還。師曰：「爾晉以種種方便，贍足一切。」因授以法衣而囑之。曰：「非值精嚴事，不可以有此。」祖師還庵，用其師之言，乃勸造橋梁數十，以度往來。後移庵住麻章，爲衆請雨，如期皆應。元豐六年，清溪大旱，便村劉氏相與謀曰：「麻章上人，道行精嚴，能感動天地。」比請而至，雨即沾足，衆情胥悦，咸有築室請留之願，乃於張岩山辟除菑翳，剪拂頑石，成屋數架，名之曰清水岩，延師居焉。以其年，造成通泉橋、谷口橋，又十年，造成汰口橋，砌洋中亭，糜費巨萬，皆取於施者。汀、漳時人有灾難，皆往禱焉，至則獲應。祖師始至，岩屋草創，凡三經營，乃稍完潔。岩東唯棗樹一株，祖師乃多植竹木，迨今成蔭。其徒弟楊道、周明，於岩隈累石爲二窣堵，臨崖距壑，非人力可措手，蓋有陰相之者。劉氏有公鋭者，久不茹葷，堅持梵行，祖師與之相悦。一日公鋭至，輒囑以後事，仍言「形骸外物，漆身無益」。説偈訖，端然坐逝，享年六十五歲，建中靖國元年五月十三日也。

傳中所言劉公銳者，即《清水祖師本傳》的口述之人。公銳本籍安溪蓬萊鄉，「素悦禪理，不茹葷，能持戒行」，相傳北宋元豐年間，安溪遭遇特大旱灾，鄉人多次祈雨無驗，公銳遂與衆人合議，延請麻章上人（即陳普足）至蓬萊設壇求雨，立降甘霖，旱灾遂解。後又捐園建寺供養祖師，親聆講經，相爲至交。祖師圓寂之後，親率信衆安葬祖師於清水岩，因有大功於祖師，後人立爲檀越主，專門在東軒立祀紀念。而《清水祖師本傳》即由公銳口述，邑人薛顗録文後上交縣府，最後由縣令陳浩然撰述而成，因此作爲史料文獻其價值極大而可信度極高，成爲現今研究清水祖師的重要資料。後來清代光緒年間楊浚編寫《清水岩志略》，其記載也與此基本相同。

《清水祖師本傳》所闡述的歷史事實主要有以下幾件：祖師的出生地爲永春縣小姑鄉，即今福建省永春縣岵山鎮鋪上村；祖師姓陳，名普足①；自幼出家，修習佛法，先在大雲院、高泰山等處修行，後至大静山拜明禪師爲師，道成業就，拜辭而還；生前造橋祈雨，廣行善事；後移住麻章，鄉人尊稱爲「麻章上人」；北宋元豐六年（一〇八三），應邀至清溪祈雨有驗，民衆留請駐足，遂移居張岩，喜其山水清秀，改名爲「清水岩」；祖師在清水岩修路造橋，治病救人，爲民消灾袪難，聲名遠播；與施主劉公銳相爲至交；祖師圓寂於北宋徽宗建中靖國元年（一一〇一），享年六十五歲。倒推六十五年爲北宋仁宗景祐三年，即一〇三六年。據此，則清水祖師應出生於一〇三六年。②

① 據當地所傳《桃源南山陳氏族譜》記載，清水祖師俗姓陳，名榮祖，《清水祖師本傳》所稱「普足」實爲其出家後所取法名。

② 另説爲清水祖師出生於宋仁宗二十二年（一〇四七）：（一）《清水祖師本傳》下附小注云：「祖師公生於宋仁宗二十二年正月初六日，即慶曆七年是也。」慶曆七年即一〇四七年；（二）宋代長泰余克濟説：今考行狀，以慶曆七年生，其遷化乃建中靖國元年也；（三）《安溪清水岩志》云：（清水祖師）北宋仁宗慶曆七年丁亥正月大師降世；（四）《清水岩志略》：「清水祖師生於仁宗二十二年，即慶曆五年（一〇四五）乙酉正月初六，涅槃於建中靖國元年辛巳五月十三日，年五十有七。」（五）《安溪縣志》卷九「普足禪師」條：清水祖師在建中靖國元年圓寂時，享年五十七歲。諸説稍异，附以備考。

可見《清水祖師本傳》以簡練的史家筆法，較爲全面地概述了清水祖師的生平和弘法業績，是今天研究祖師生平真實歷史的珍貴文獻資料。

祖師坐逝以後，因其在民間社會的廣泛影響，曾受到歷代王朝的封賜。據《清水岩志略》與《安溪清水岩志》等志書記述，南宋隆興二年（一一六四），朝廷下詔敕封清水祖師爲「昭應大師」；淳熙十一年（一一八四）封爲「昭應慈濟大師」；嘉泰元年（一二〇一）又加封爲「昭應廣惠慈濟大師」；嘉定三年（一二一〇）再加封爲「昭應廣惠慈濟善利大師」。自此以後，清水祖師信仰廣泛傳播。元代以後，隨着安溪地區民衆的外遷，清水祖師信仰逐漸傳播到了閩北和浙江、廣東地區，因此不少地方建有以「岩」爲名的寺廟，供奉清水祖師，如天心岩、青獅岩、天井岩、霞寶岩等，以致出現「有岩就有祖師公」的信仰現象。據《安溪清水岩志》記載，八閩之地，「自上游延、建、汀、邵，以及下游福、興、漳、泉，晋殿而分香火者，不勝紀數」。

明清時期，沿海地區大量移民遷入我國臺灣，清水祖師信仰也隨之傳到了臺灣。據學者考證，臺灣地區的祖師寺廟最早建立於南明永歷年間（一六四七 — 一六六一），即臺南楠梓區的清水寺與漳化二林鎮的祖師廟。① 清代康熙、乾隆之後，隨着清政府海禁政策的逐漸松弛，大批福建民衆爲求生存移居臺灣，「夫民之渡臺，如水之趨下，群流奔注」，有的父子相携，有的兄弟同往，有的舉家或舉族遷徙，據《臺灣省通志》記載，「自清領臺灣以至光緒二十一年，移民數約達三百萬人。民國三十三年，臺灣光復之前一年，已達六百餘萬人」。② 移居臺灣的安溪人紛紛在其居住地建造供奉清水祖師的廟宇，從清朝康熙年間到二十世紀中葉，臺灣各地建立的清水寺或祖師廟多達數十座，主要有臺北市艋舺清水岩、卧龍街石泉岩、龍山區清水岩，臺北縣三峽鎮長福岩、泰山鄉頂泰

① 林國平：《閩南名勝清水岩》，福建人民出版社一九九四年版，第一二頁。
② 臺灣省文獻委員會編：《臺灣省通志》卷二《人民志·禮俗篇》，臺灣省政府印刷廠一九六八年。

山岩、大安區石泉岩，臺南縣麻豆鎮龍泉岩、金山岩，宜蘭縣蘇澳鎮寶山岩、蘆竹鄉福隆岩，彰化縣秀山鄉清龍岩、祖興鄉清修岩和臺中縣龍井鄉龍泉岩等。臺灣各地的清水祖師廟每逢正月初六的祖師神誕日，都要舉行盛大祭典祭祀祖師，成爲臺灣民間相沿的一種信仰習俗。

清水祖師信仰在海外華僑華人居住地區尤其在東南亞有着很大的影響。明清以後，新加坡、馬來西亞、印度尼西亞、緬甸、泰國、菲律賓等地相繼建造了衆多供奉清水祖師的廟宇，主要有馬來西亞檳城的蛇廟（即青雲岩）、大普公壇祖師廟，吉隆坡清水祖師廟，印度尼西亞椰城丹絨加乙祖師廟、雅加達丹絨加赫海濱的祖師廟，緬甸仰光的福山寺，泰國曼谷的達叻仔順祖廟，菲律賓馬尼拉的祖師廟，新加坡的蓬萊寺和鎮南廟等。其中最爲著名的就是馬來西亞主祀清水祖師的蛇廟。近年來，僑居海外的華人信衆經常組團回到中國尋根問祖，朝拜清水祖師，加深了炎黃子孫一脉相承的文化聯繫。

清水祖師信仰與海外華僑華人的社會網絡

清水祖師信仰在海外華僑華人社會所構成的信仰網絡，既有同其他神靈信仰相同的内涵，又有因具體的地域、民俗、宗教等客觀因素而形成的自身特徵，根據筆者在閩南和東南亞的實地考察，歸納起來主要有以「岩」「宫」爲主要形態的信仰網絡構建、華人幫派與民間信仰互動所構成的社會網絡兩大特徵，現分别叙述如下。

以「岩」與「宫」爲主要形態的信仰網絡

中國傳統宗教之中，佛教的宗教修行之地一般稱爲寺廟，道教的修道場所一般稱爲宫觀，民間信仰則無相應規則，有着多種不同的名稱。清水祖師出家修行爲禪師，後來其施主劉公鋭與蓬萊信衆在張岩捐建寺院，應爲佛教場所，但其名稱則與其他佛教場所不同，既不稱爲寺、院，也不稱爲庵、廟，而稱爲「清水岩」。在中國傳統文化的語境中，「岩」之含義多指山崖或山洞，如戰國時著名詩人屈原的《楚辭・天問》吟誦有「阻窮西征，岩何越焉」，這是指高高的山峰；而《莊子·在宥篇》所言「故賢者伏處大山嵁岩之下」，清代學者王先謙注解説「山以大言，岩以深言」，這是指洞穴或山洞，所以古人有將遁於深山的隱居之士稱爲「岩穴之士」，司馬遷《史記·商君列傳》即有「勸秦王顯岩穴之士」的説法。佛教自在兩漢之際傳入中國以後，其修行傳教的場所大多稱爲「寺」①，規模較小者稱爲「院」，比丘尼所居稱爲「庵」。當年普足禪師應蓬萊信衆所請駐足之地稱爲「張岩」，喜其山水清秀改名爲「清水岩」。探究這一名稱的詞源，既同古代漢語的「岩洞」含義相關，又與閩南方言有着密切的關係。閩南方言中有「岩仔」一詞，漳州人發音爲 giam ah，泉州人發音爲 gum ah，本來其意是指山洞，後來就將靠近山邊的廟稱爲「岩仔」，清道光年間編纂的《彰化縣志》即説「閩省漳泉南人謂寺曰岩」，可見漳泉方言的「岩仔」一詞在明清時期即是用來指稱佛教寺廟，後來簡稱爲「岩」，因此「清水岩」的名稱帶有明顯的地域特色。

自宋代以後，清水岩陸續通過分爐的方式向縣境與福建省内傳播，許多鄉鎮建立了供奉清水祖師的寺廟，只是這些寺廟大多并未采用通常佛寺的名稱，而是多以堂、宫、殿、院命名，如安溪境内鳳城的祖師公宫、城厢的昭應堂、虎邱的獅仔殿、西坪的仙湖院等，其中不少奉祀清水祖師的廟宇仍然以「岩」命名，如官橋的龍安岩、龍涓的仙峰岩、藍田的石蛇岩、福田的太華岩、感德的福泉岩和魁斗的石獅岩等。再者福建省内的永春岱山岩和龍興岩、南安的清水岩和石碑岩、晋江和石獅的清水岩仍然以「岩」相稱。在臺灣供奉清水祖師的廟宇有二百多

① 據宋代高承《事物紀原·真壇净社·僧寺》記載：漢設鴻臚寺待四方賓客。永平中佛法入中國，館攝摩騰、竺法蘭於鴻臚寺。次年敕洛陽城西雍門外立白馬寺，以鴻臚非久居之館，故别建處之。其仍以寺名者，以僧爲西方之客，若待以賓禮也。此中國有僧寺之始。西土稱爲僧伽藍，僧伽藍譯言衆園，謂衆人所居所，在園圃生殖之處，佛弟子則生殖道芽聖果也，經曰伽蘭陀竹園祇樹給孤獨園，是西域之寺舍也。後魏太武帝始光元年創立伽藍而名以招提之號，隋煬帝大業中改天下之寺爲道場，至唐復爲寺，故佛教道場多稱寺。

座，其中以「岩」命名的將近四十座，而以「宮」命名的多至八十八座，兩者合計幾達全臺祖師廟的三分之二以上，較著者有臺北的艋舺清水岩和保安宮、基隆的清水岩和清水宮、臺中的龍泉岩和祖師宮、彰化的青龍岩與祖師宮、臺南的龍泉岩與清水宮等，均承襲了清水祖師信仰以「岩」「宮」稱廟的宗教文化特徵。

據《安溪縣志》記載，安溪自來山多地瘠，民生艱難，故從明代以來不少親族陸續下南洋謀生，尤其是十九世紀中葉移民數量顯著增多，清水祖師信仰也隨安溪移民的外遷傳播到了東南亞各國。郭志超教授通過實際的考察和研究，認爲明神宗萬曆二年（一五七四）安溪華僑在泰國北大年所建的祖師公祠（後改名爲靈慈宮），即是閩南清水祖師信仰在東南亞地區所建立的第一座宮廟。以後相繼建有新加坡的金蘭廟（清道光十年建）、鎮南廟（清末民初建）、蓬萊寺（二戰後建）、天公宮，馬來西亞的蛇廟（清道光三十年建）、大普公壇祖師廟、蓬萊殿（麻六甲安溪會館）、南天宮、騰南堂（一九六四年建）、雲頂清水岩（一九七六年建）、龍山廟（一九七九年建）、碧南堂，印度尼西亞的祖師廟（清光緒八年建）、興水宮（清光緒年間建）、福安宮（清光緒十八年前建）、清水祖師廟（清宣統元年建）、福臨宮（清宣統元年建）、福慶堂、天后宮（一九二六年前建），泰國的順興宮（清同治十一年建）、福元岩（清同治十三年重建）、清水祖師宮（曼谷市福建會館）、大老爺宮，緬甸的福山寺（清同治十三年建）、清水祖師廟（緬甸安溪會館）與菲律賓的祖師廟等，其中以「岩」與「宮」稱廟者幾占一半。現今分布在世界各地的安溪籍華僑華人共有一百多萬人，凡有安溪籍僑胞所居之處，就有清水祖師信仰的存在，建立宮、岩以供奉祖師，祈求故鄉神靈護佑，聯絡异國的同鄉情誼，共謀解决生存困難，成爲閩南安溪籍移民及其後代的信仰中心和活動中心。

馬來西亞的清水祖師崇拜，海外聞名者主要有雲頂清水岩與檳城蛇廟。

雲頂清水岩位於馬來西亞雲頂高原（Genting Highlands），爲祖籍安溪的馬來西亞雲頂集團主席林梧桐先生在一九七六年至一九九三年間創建。據林梧桐自述説，在開發雲頂旅游勝地的初期，條件有限，艱難備至，一夜曾夢清水祖師顯靈告示：此處甚佳，當可開發，祖師庇護，努力爲之。由此堅定了他開發雲頂工程的信心，最後建成東南亞的世界級旅游勝地。雲頂清水岩分爐於福建安溪清水岩祖廟，主祀清水祖師，同時供奉有大佛、觀音，并塑有道教八仙等神像。其大殿楹聯云：「清水有源頭，問祖師來自何處；白雲駐岩頂，如飛將鎮此名山。」清楚地表明雲頂的清水祖師崇拜源自安溪故鄉的清水岩。雲頂清水岩樹有雲頂高原清水岩廟宇創建史碑，詳細記述了其歷盡艱辛創建清水岩的整個過程：

雲頂集團創辦人丹斯裏拿督斯裏林梧桐爲創建雲頂「清水岩」廟宇，於公元一九六五年率先奉獻土地，發起及組織建廟理事會。發起人亦包括丹斯裏陳升祺、拿督劉傑、林景坤、林北斗、林遵笑、柯金鐘、林成器、林夥成、林楝梁、林景聰、林春雨、林瓊根、林天賜、林天貴、林華岳、林致烏、林淵清、劉祖鐵、劉錦裕、柯火煉、柯建成、柯桂生、柯樹興、柯鎮國、張文三、陳舉和及孫德安，積極參與策劃推動建廟事宜。

「清水祖師」俗名陳普足，敕賜「昭應廣惠慈濟善利大師」徽號。宋仁宗景祐四年（一〇三七）正月初六日，生福建岵山，宋建中靖國元年（一一〇一）五月三日，圓寂於安溪蓬萊「清水岩」。祖師自幼天賦异稟，佛骨佛心，記憶力過人，醫學精湛，爲民治病，輒藥到病除。祖師以利人濟物爲懷，救苦扶困。時蓬萊適逢大旱，祖師設壇祈雨，得降甘霖，以蘇民困。并托鉢結緣，救濟貧苦孤寡。祖師釋教義，破妄簽，啓惠性，濟衆生。閭里競相傳頌，咸以爲聖人降世，賜吉祥福澤於蓬萊，乃集資築室於岩山佳地，延留祖師駐錫，弘揚佛法。祖師見岩山天造地設，風水特佳，石泉清冽，乃增拓構，并命名該處爲「清水岩」。後祖師圓寂，屢顯聖迹，迭惠於民，經宋代四次敕賜徽號。千年香火旺盛，絡繹相續。

丹斯裏拿督斯裏林梧桐，長於蓬萊鄉中，目睹父老鄉親，供奉祖師，虔誠膜拜，屢顯神迹，頗具内誠，即追隨長輩，參與敬拜，虔誠不二。在開闢雲頂高原勝地建路期間，察覺是處類似家鄉「清水岩」聖地，憶念祖師恩典，着手策劃，逐步組建「清水岩」廟宇。聖地坐落於雲頂高原，海拔四千餘（英）尺，龍蟠虎踞，氣派雄偉，山含瑞氣，水泛金波，面積二十八英畝。廟宇依山勢而築，氣勢磅礴。全廟巍峨峻拔，美輪美奂，古色古香，蔚爲大觀。主殿供奉清水祖師，由丹斯裏拿督斯裏林梧桐，親赴蓬萊，恭迎祖師分爐香火供奉於上，殿内同供奉如來佛祖，南海觀世音菩薩；殿前矗立四大金剛，威武勇猛，把守護衛；殿后天置石岩，聖泉潺潺而流，稱爲「龍泉水」。嗣爲增建萬佛塔及廣建廟宇。於一九八八年七月十七日，敬請伯圓法師主持動土典禮。萬佛塔高達九層，内附設萬佛平安燈萬盞，供各方善信誠心供奉，祈求平安，益壽延年。尚有如來大佛，石雕十八羅漢，二十四孝子，《西游記》唐僧取經等故事雕塑，人物形象，栩栩如生，高超技藝，巧奪天工，嘆爲觀止。

「清水岩」廟於公元一九七六年動土至一九九三年杪大功告成，歷時十八載整，建築費共達馬幣壹仟萬元以上。端賴丹斯裏拿督斯裏林梧桐領導有方，策劃推動重任并捐獻鉅款，以及全體理事，悉力以赴，兼得商界仁翁，社會賢達，熱心善信，慨解義囊，踴躍輸將，得成善舉。一九九四年三月二十九日（農曆二月十八日）工程完成後，敬請交通部長拿督斯裏林良實醫生，莅臨「清水岩」，主持剪彩開幕典禮。是日，社會賢達，工商俊彦，嘉賓善信，出席觀禮，人山人海，盛况空前。

雲頂高原，蓬萊仙境，「清水岩」廟宇，爲國家增添一處旅游勝地，在促進國家旅游業上貢獻至钜，惠國利民。丹斯裏拿督斯裏林梧桐及理事會諸君及各方善信，功勛卓著，大義大德，成此鉅業，特刻石立碑，以志永念。

林梧桐先生創建於馬來西亞的雲頂清水岩有着特别重要的意義：其一是親至祖籍地安溪蓬萊鄉恭迎清水祖師分爐香火加以供奉，從宗教文化的傳承上將閩南的神靈信仰與東南亞華人的宗教信仰聯接起來；其二是雲頂清水岩的建立爲馬來西亞的清水祖師信衆安放了一個重要的精神寄托之地；其三是爲遠離故土的安溪籍華僑華人提供了一個聯絡鄉情的交往場所；其四是在建造雲頂勝地和清水岩的長期過程之中，加强了閩南籍華僑華人精英人士的聯絡、交往、團結和協作，爲構建馬來西亞華僑華人的社會網絡作出了重要貢獻。

海外的清水祖師信仰一部分繼承了安溪祖廟的名稱以「岩」相稱，如上述雲頂清水岩，而另外使用較多的名稱就是「宫」，其比例幾占一半以上，而在東南亞地區最早供奉清水祖師的廟宇就是泰國北大年的靈慈宫。北大年位於泰國南部與馬來半島北部，既是重要港口，又是歷史名城，由於位居東方和西方的航程要衝，長期以來與中國和印度都有通商往來，大約元明時期就有華人移民在此居住。十六世紀時，一批流寓北大年的閩南華僑將故鄉的清水祖師信仰傳到了此地，於明萬曆二年（一五七四）建立「祖師公祠」以奉祀清水祖師，祈求祖師護佑，生活平安，這座祖師公祠就成爲東南亞華僑最早建立的傳播清水祖師信仰的奉祀廟宇。① 該祠建立後不久，適逢一個民間信仰的機緣，又將泰國北大年的清水祖師信仰與其原鄉之地閩南地區的林姑娘崇拜聯結了起來。相傳閩南泉州之地有林姓兄妹二人，兄名道乾，妹名慈貞，在家鄉與母親相依爲命耕種爲生。後來林道乾離别泉州到南洋闖蕩，多年以後終在泰國北大年「立國稱王」，享盡榮華富貴，樂不思鄉。林慈貞爲了勸説哥哥回到泉州孝敬

① 參見《清水岩志》卷十四，香港中國文化出版社二〇一一年版，第三〇四頁。

母親，隻身一人遠涉重洋來到泰國，然而道乾貪戀富貴，不願歸鄉。妹妹在極力苦勸無果的情況下，只得留下血書，在棗樹上自縊，希望哥哥能够回心轉意，返鄉侍母。林慈貞熱愛家鄉殉身异國的壯烈舉動，使當地華僑和民衆受到極大的震動，人們自發集資建廟紀念，并將林女稱爲「聖母」，因福建莆田的女神媽祖曾被封爲「天上聖母」并被後人在泉港沙格和涵江宮口興建靈慈宮加以奉祀，於是又將林女與清水祖師合祀之處改稱爲靈慈宮，至今信衆廣泛，香火鼎盛。

馬來西亞的華人蛇廟海外知名，爲另一奉祀清水祖師的代表廟宇。該廟匾額名稱爲「青雲岩」，位於馬來西亞檳城，建於清道光三十年（一八五〇），正殿供奉分爐於安溪祖廟的清水祖師，左右和後殿分别奉祀天后聖母、關聖帝君和福德正神。該廟建成以後，經常有大批青蛇來到廟中，自由出入和享受供品。據傳在清水祖師誕辰日一月初六日前後的七天之中，蛇的數量會突然增多，這些蛇往往有較强的毒性，但却慵懶馴服，從不傷人，當地信衆認爲這是清水祖師的法力所致，以致信衆甚多，因人們習於將蛇尊爲青龍，故又稱該廟爲「青龍廟」，俗稱「蛇廟」。傳説此廟十分靈驗，不但有着很多的華人信衆，甚至還有當地民衆或西方人士到蛇廟祭拜清水祖師。

由此可見，清水祖師信仰從閩南地區傳播到東南亞以後，奉祀祖師的廟宇或稱爲「岩」，或稱爲「宮」，少數稱「廟」或「堂」，而以「岩」和「宮」爲主要形態。其中以「岩」相稱者均爲直接從安溪祖廟分香所建，其信衆也多以安溪籍的華僑華人爲主；以「宮」或「廟」相稱者有的是從安溪祖廟分香，有的却是從其他奉祀清水祖師的神廟分靈而建的，而信衆既有安溪籍的華僑華人，也有其他如廣東或潮汕地區的信衆，甚至還有少數當地的民衆，如泰國的靈慈宮就是顯例。這些以「岩」「宮」「廟」爲名的清水祖師信仰的祭祀場所，廣泛分布在東南亞各國華僑華人的居住地區，組成了以閩南安溪籍爲主并包含有其他中國地域的華人信衆的信仰網絡，既加强了安溪籍華僑華人的地緣凝聚力，又爲海外跨地域的華人族群整合提供了一種信仰網絡的創新形態。

「信仰」與「幫派」結合的信仰網絡

清水祖師信仰在東南亞所構成的信仰網絡還有一個特徵，即是民間信仰與當時幫派的結合。明清以來，大量中國移民因生存需要來到東南亞以後，爲了凝聚人心、强化鄉誼以維護群體利益，往往依地緣、血緣與神緣組合成名目繁多的幫派和大大小小的社群。日本宫崎大學的市川信愛教授對東南亞華僑幫派與華僑經濟的關係作過專門的研究，他認爲：「海外華僑華人的『幫派』集團，不能單純理解爲是一種人和人的集合體，而要把它理解爲是一種多種機能相互結合的、複雜的、統一的有機社會整體，因此，它帶有一種『特殊的亞洲社會』的獨立形態。它和歷來人們所説的西歐式的『基爾特』社團在本質上是迥然不同的。」① 這些幫派和社群大多只有同鄉與行業或官府與民間的觀念，而甚少或基本没有國家政治或整體民族的觀念。② 如果從現代社會學的維度來看，這些早期移民的幫派或社群都可視作當時華人族群的大小不同、錯綜複雜的有機社會網絡。要想理清這一具有多種機能的錯綜複雜的社會網絡，厦門大學的莊國土教授認爲應該具有地緣、血緣、語緣和神緣等多種維度。其中地緣是指同鄉，後來發展爲各地的衆多會館，如福建會館、海南會館、潮州會館、南安會館等；血緣是指同宗，祠堂或宗祠的建立就是其標志，如林氏宗祠、陳氏宗祠、莊氏宗祠等；語緣是指同一方言，不僅華人社群内部認同於同一方言，有的東南亞國家也以方言來區分并認定不同的華人群體，如二十世紀的馬來亞聯邦政府在全國户口普查中即按方言將華人劃分爲福建、客家、廣東、潮州、海南、廣西、福州、興化、福清與其他等十個華人群體；③ 神緣即是以神靈信仰爲紐帶組成的社會網絡。在傳播至東南亞的清水祖師信仰中，幫派和神靈信仰的結合

① ［日］市川信愛：《東南亞華僑經濟的一個側面研究——關於華僑「幫」問題的實地調查記録》，《南洋資料譯叢》一九八二年第二期。
② 莊國土：《論東南亞的華族》，《世界民族》二〇〇二年第三期。
③ 傅吾康、陳鐵凡合編：《馬來西亞華文銘刻萃編》第一卷，馬來亞大學出版社一九八六年版，第三八頁。

是一個應予關注的社會網絡特徵。

新加坡的金蘭廟，奉祀主神爲清水祖師，兼祀包公與注生娘娘，是新加坡最早的華人廟宇之一。據清光緒年間《重建金蘭廟碑》記述，該廟清水祖師神殿創建於清道光十年（一八三〇），由於日久歲深，樓宇崩頽，遂於光緒七年（一八八一）鳩工重修，「從此規模壯彩，益增聰明正直之靈；廟貌重新，永享黍稷馨香之奉」。金蘭廟的創建者爲講同一方言的「福建幫」（即講閩南語的厦、漳、泉早期移民），爲了互相幫助争取共同利益，於是創建此廟供奉清水祖師，并在神前相約結拜爲兄弟，所謂「金蘭」之名即「堅如金、芳如蘭」的寓意，廟内現存的《金蘭廟碑》詳細記載了當年創建金蘭廟的陳治生、楊清海、許榮海等七十四人的名字和捐款數。從碑文可以考知，這是一個相對封閉的幫派團體，不對外開放，有比較嚴格的廟規條例，從廟中香火燈盞須時時清掃、修行静室嚴禁賭博吸毒、外人借住房舍必須審查批准到司祝人等不得少違國家法律，要求善信必敬，規矩必尊，一直到光緒十七年（一八九一）以後，金蘭廟纔開放成爲具有公衆性質的宗教活動場所。① 金蘭廟將以方言結爲兄弟會的幫派組織與閩南地域的神靈信仰相結合，構建成一個頗有特色的華人信仰網絡，成爲清水祖師信仰在海外傳播的重要特徵。

① 陳荆和、陳育崧編著：《新加坡華文碑銘集録》，香港中文大學出版部一九七〇年版，第五三 — 五六頁。

凡例

一、本書爲國家社科基金重點項目「東南亞華文宗教碑銘的搜集、整理與研究」的結項成果。

二、本書所考察搜集的地域範圍爲東南亞地區的今新加坡、馬來西亞、印度尼西亞、泰國、越南、菲律賓、緬甸、柬埔寨、老撾、文萊、東帝汶等十一個國家。

三、本書所收華文宗教碑刻銘文，其中「華文」是指中國文化範疇的漢語言文字，其他語言文字的碑刻銘文一般未予收録，個别特殊确有价值者則少量酌情録入。而「華文宗教碑銘」概念的「華文宗教」，實指中國傳統文化範疇的道教、佛教、儒教與民間信仰，其他宗教的碑刻銘文亦未予收録。

四、本書所考察和搜集的主要對象，爲上述國家之中舉凡華僑華人生活地區的寺廟、祠堂、會館、義山等有關華人宗教信仰的各類場所保留遺存的石刻碑文、木質牌匾和金屬（包括塑膠材質）銘刻；少數與華人宗教信仰相關并與寺廟會館之歷史傳承有着重要價值的鐘爐、匾額、楹聯與印刷品，亦根據情况酌情收録。

五、本書所收録對象内容的刻立時間不設上限，以今所見多爲明末清初；資料搜集的下限時間爲二〇一八年。

六、本書按東南亞華人宗教信仰的對象予以分類。即以中華傳統文化範疇的儒教、道教、佛教與民間信仰分爲大類，在大類之下再按神靈信仰分類，譬如佛教的釋迦牟尼佛、觀音菩薩，道教的三清、玉皇、玄天大帝，民間信仰的天后（媽祖）、廣澤尊王、福德正神等。而屬於同一神靈信仰圈的碑刻銘文，則按所屬廟宇的刻立年代先後予以臚列，若限於客觀因素無法斷代的，則安排在同一神靈類别的小類之後。需要重點説明的是，以上分類只是編撰碑銘輯録的排列分類，并非學術研究的宗教分類，因爲佛教、道教與民間信仰的神靈崇拜無論在歷史上還是在現實之中都有着許多相互交叉的複雜現象，例如閩南民間信仰崇奉的清水祖師，有的寺廟由佛教僧人管理，有的廟宇則由道門人士主持；而關聖帝君既是道教的護法財神，又是佛教的伽藍菩薩，更是華人社會普遍信仰的民間神靈。

七、本書所收每條銘文均據漢語語法規則與銘文内容予以斷句標點，并多參前賢所編文獻予以校對，竭力探賾索隱，求其正解。録文若有模糊不清之缺字，則以□符號表示；缺字較多以（上缺）或（下缺）表示，酌補文字以［　］符號表示；若有明顯錯字，則予以徑改，然异體字與碑俗字一般不改。

八、爲使所録碑刻銘文能完整呈現歷史原貌以供學界參考使用，本書所收每條銘文均按以下十四項内容據實予以記録。

（一）碑刻名稱：即每條銘文的標題名稱，例如《海唇福德祠大伯公碑記》；若原碑有標題，即以所在寺廟之名加標題擬定碑刻名稱；若原碑無標題，則根據碑刻内容加以寺廟之名擬定碑名；

（二）材質：即碑銘内容之載體所使用的材料，如石材或木材等；

（三）形制：碑刻牌匾的形狀，如方形或長方形等；

（四）尺寸：根據田野考察測量所得具體尺寸，列明長寬；唯東南亞華文碑石形狀多樣，限於多種客觀因素，尺寸容有少量出入，有待今後補考訂正，尚祈先進鑒諒；

（五）書體：即碑刻銘文所刻寫之書法字體，大多爲楷書，少數爲隸書，個别亦有以行書或行草書寫鐫刻者；

（六）碑額：即石碑上部的浮雕圖形或碑題部分，又稱爲碑首或碑頭；自唐宋以來，石碑大者多以碑首與碑身分刻，但東南亞之華文碑銘限於條件，體形不大，故一般將碑額與碑面合刻，碑額多雕以雙龍戲珠或篆書碑題；

（七）碑題：即碑刻銘文的標題，多刻於碑面右側首行，少數刻於碑額；

（八）碑文撰者：爲碑刻銘文的實際撰寫者，即碑文作者；

（九）碑文書丹：即碑刻文字的書寫者；古人治碑，多以朱筆書寫於碑石之上，以便鐫刻，後世遂將書寫碑碣墓志稱爲「書丹」；

（十）立碑者：爲治碑立石之機構或董事之人，如寺廟、會館或住持者；

（十一）立碑時間：即刻石立碑的年代，其格式爲先標年號紀年，再以（　）標明公元紀年。一九四九年後所立之碑，則徑標公元紀年；

（十二）存佚：記載所收碑銘的存佚現狀；

（十三）地點：所收碑銘若今仍存，則詳記其保存之地；

（十四）碑刻録文：即本書所收碑刻銘文的詳細内容，大部銘文録自原碑，部分銘刻囿於條件則録自有關文獻，所收録文全部予以斷句標點。

九、碑文所列捐款人名，一般按原碑順序謄録，但部分特殊碑銘則按捐款數額多寡予以排列；如任有華人社會職務者，則按職務高低排列，於録文時不再一一注明；若原碑有損闕之處，則標以「下略」。

十、本書所附之圖爲課題考察時拍攝，限於篇幅選取重要和清晰者排於全書之後以供參考（單獨成册），他日若有完備因緣，再行編排圖録進行學術交流。

十一、本書所收録之華文宗教碑銘，旨在爲學術界提供研究華人宗教文化參考之用，故全部采用繁體排版；因限於體例等原因，所録銘文未能完全按照原有碑刻之行文格式編排，敬祈鑒諒。

目錄

一、序言、導論
二、佛經
三、內典目錄
四、佛書
五、圖例

目録

儒教

道教

儒教

一　孔聖人

〇〇一　井里汶孔教堂義祠碑記

【碑刻名稱】井里汶孔教堂義祠碑記

【材　質】木材

【形　制】長方形立牌

【尺　寸】長一百六十厘米、寬八十厘米

【書　體】楷書

【碑　額】無

【碑　題】義祠碑記

【碑文撰者】新江邱朝陽

【碑文書丹】無

【立 碑 者】孔教堂董事鄭汶水等
【立碑時間】清道光二十八年（一八四八）
【存　　佚】現存
【地　　點】印度尼西亞西爪哇井里汶孔教堂
【碑刻録文】

義祠碑記

嘗聞敦和率神與別宜居鬼，垂爲不朽之經；而重興祠宇以張大規模，實藉贊襄之力。我汶舊於潮覺寺耳舍爲禮義祠，歷年享祀有由來矣。第緣小地窄，未壯觀瞻。於是壬寅年蒙攀郎公向義勸捐，重新鼎建。審山川之形勝，謀及乃心，謀及卜筮，得址於後街之墟。復賴鄭君汶水輕財尚義，鋭然董理其事，余復捐資以爲之倡，更喜都人士好善樂輸，鳩工建造，土木落成。今則亶蛾丘墓廟貌維新，謝傳祠堂冠裳如昔。雖不必烟雲繚繞，開福道於重樓，風而深沉，架梅梁而桂柱，斯所以綏雲而式，後者其功，豈鮮淺哉！

新江邱朝陽拜序。

甲必丹大邱諱朝陽捐金壹仟貳佰盾新；董事鄭汶水捐金壹仟貳佰盾新；甲必丹大陳諱攀郎捐金壹仟盾新；雷珍蘭陳諱長庚捐金肆佰盾新；（下略）以上入祠貳拾壹名共捐金肆仟伍佰壹拾壹盾新；合上題并入祠總共捐金貳拾陸仟肆佰叁拾盾新。

一　開列木匠塗水油漆紫花鳥各工資并各料及雜費詳明。

一　起蓋義祠厝壹座鐳柒仟貳佰盾。
一　開木匠工鐳貳仟貳佰伍拾壹盾肆鈁玖只。
一　買石料鐳壹佰壹拾捌盾壹鈁壹只。
一　買漆并和油桐油去鐳捌佰貳拾玖盾。
一　做字并八仙去鐳貳佰拾捌貳盾。
一　開漆司工去鐳捌佰伍拾陸盾叁鈁零伍只。
一　買各色料鐳陸佰貳拾盾七鈁八只。
一　置几桌八仙和椅鐳叁佰柒拾盾陸鈁。
一　還義祠吧酌去鐳壹佰叁拾伍盾。
一　開畫司彩畫花鳥去工鐳柒佰零柒盾陸鈁。
一　買壳灰共去鐳柒佰陸拾伍盾玖鈁。
一　開什費去鐳叁佰捌拾柒盾玖鈁貳只。
一　買磚甓瓦鐳壹仟壹佰拾玖盾九鈁貳只。
一　開番小工鋸工鐳壹仟叁佰柒拾盾零捌鈁。
一　開買黃金箔貳箱去鐳肆佰貳拾盾。
一　立姓氏碑壹座共費工鐳伍佰肆拾盾。
一　開番塗水工鐳伍佰拾叁盾伍只。
一　買鐵釘銅板鐵鐳壹佰柒拾陸盾肆鈁伍只。

一　□□□紡并貼爐主鐳肆佰柒拾盾。

一　開買碗料并紙巾去鐳玖拾捌盾叁鈁。

一　開塗水做花鳥工鐳陸佰零貳盾。

一　買柴柚枋角仔鐳壹仟柒佰玖拾玖盾貳鈁。

一　開入祠費去鐳叁佰貳拾捌盾陸鈁。

一　置鋤頭類箕灰桶鐳叁拾柒盾叁鈁伍。

計貳拾肆條共費去鐳貳拾貳仟盾肆鈁貳只，除開費以外尚存鐳肆仟肆佰貳拾玖盾伍鈁捌只。

一　置黃鑒水厝壹間去鐳貳仟陸佰盾。

一　置陳批厝叁間去鐳壹仟捌佰盾。

一　做陳批之厝字八仙去鐳壹佰叁拾貳盾。

計叁條共去鐳肆仟伍佰叁拾貳盾。

再扣除以外尚不敷鐳壹佰零貳盾肆鈁貳只。

道光貳拾捌年歲次戊申桂月穀旦立。

〇〇二　井里汶新冢亭記牌

【碑刻名稱】井里汶新冢亭記牌

【材　質】木材

【形　制】長方形立牌

【尺　寸】長一百六十八厘米、寬五十五厘米

【書　體】楷書

【碑　額】無

【碑　題】築亭并有冢原因序

【碑文撰者】甲必丹陳世勛

【碑文書丹】無

【立 碑 者】甲必丹陳世勛

【立碑時間】清光緒三十三年（一九〇七）

【存　佚】現存

【地　點】印度尼西亞西爪哇井里汶義祠

【碑刻録文】

築亭并有冢原因序

汶自有冢凡三易，初即陳三才公以華人入番籍獲寵，王封淡邦公，因墾其地即思甲里嘮也。後之人感其恩，春秋祀之。考其任政時，到今二百二十七年矣，即和一六八〇年。時又有葛茎翁冢者，地近泮水社，亦有葬是處者。想其時葬地尚未有定界，總以思甲里嘮爲歸。至道光壬寅歲，即和一八四二年，伯祖父甲必丹景順公以舊區墳滿，始懇杯公賜葛里丹絨、媽那奢朥、藍嗎望三處，其地共二十五畝，然未有准字。至家嚴景盛公任甲大時乞准字，其字給於和一八八三年二月廿三日第一三七一四一八，方有字據。伯祖父後越建豐公、嗣豐美公、家嚴景盛公并鄭源公而及於余，中間相去僅六五年耳，而壬寅所墾地又有墳滿之慮。余忝爲甲政，不得不以三才公及伯祖父之任爲己任，因籲於衆以懇吧王，幸即俯如所請，賜港呀山并甲里丹絨二地，合路在内，共二十三畝三／一四汶蘭，准字給於和一八九六年九月廿一日第一九號；又汶大杯公准字給於和一九〇二年九月廿四日第七八七七／六二。余深感吧王與杯公之恩，體民情更及於泉壤也。我紳商亦大歡娛，因鳩資以建一亭，於甲辰即和一九〇四年告竣，俾後之送葬者巡視者皆有托足焉。亭成後，四面玲瓏，樹色鳥聲，山光雲影，莫不獻巧呈奇於此，亭之内致足觀也。余亦知三才公與伯祖父有靈，能庇余以成其事，然非諸善信之力不爲功。兹將善信芳名另録一牌，出入銀項并載于下，是爲序。

大清光緒三十三年丁未四月日，和壹仟玖佰零柒年五月日，甲必丹陳世勛立。

〇〇三　井里汶新冢亭樂捐牌

【碑刻名稱】井里汶新冢亭樂捐牌

【材　質】木材

【形　制】長方形立牌

【尺　寸】長一百六十八厘米、寬五十五厘米

【書　體】楷書

【碑　額】無

【碑　題】新冢亭記

【碑文書丹】無

【碑文撰者】甲必丹陳世勛

【立 碑 者】甲必丹陳世勛

【立碑時間】清光緒三十三年（一九〇七）

【存　佚】現存

【地　點】印度尼西亞西爪哇井里汶義祠

【碑刻録文】

承上新冢亭記碑文所存善信芳名并出入銀項謹載于此：

福壽會捐助來銀貳仟伍佰盾正；光裕館捐助來銀貳仟伍佰盾正；甲必丹陳世勛男雷珍蘭陳濟清共捐金陸佰盾；鄭
招財公司捐銀伍佰盾；林文喜捐銀叁佰盾；白壽山、興號、黃聯貴、鄭榮木，各捐銀貳佰盾；林合知、黃番著，
各捐銀貳佰盾；郭源美公、鄭神祐、王珍春、陳遠水、泉興號、陳基點、郭清祿、曾星恭、陳湘義、陳思文、鄭
維中、李水提、吳正里、建成號、陳美永、吳榮時、吳禮慶、林連洲、吳堆美、方永喫、陳泰發、陳泰福、黃瑾
官、吳榮求、吳振春、陳果能、陳天生、黃景彩、綿利號、瑞成號、蔡相槍、楊光英、鄭維和、鄭維松、鄭金
城、林福水、義裕棧、魯成堂、郭武官，以上三十九名捐銀壹佰盾；徐亞聚一名捐銀陸拾盾；葉六薦、吳堆玉、
蔡炳南、楊啓昌、楊景茂、僧遍禮，以上六名各捐銀五十盾正；葉泗溜、新裕孚、范福二、吳石生、李渭樹、曾
成訓、陳榮發，以上每名廿五盾；洪文良、藍清港、茂興棧、陳文映，以上四名每名捐銀廿盾正；謝謙順、陳自
拔、楊世草、薛成鳳、曾蕙官、莊阜康、周人仙、陳文官、潘良杰、張春福、陳添興、陳卷涵、許百發、陳金
善、蘇實任、林長興、高慶來、蘇柄湖、邱改變、陳遠謨、陳清容、林瑞富、黃燕三、林秋霞、李碧濤、鄭德
袋、陳嘉興、唐長貴、黎亞三、王水祚、顏偉人、源美泰、蘇紹能、陳柿莫、黃莊官、陳明月娘，以上卅六名每
名捐銀拾盾；范慶煌、陳吉官、沈金水、方蹺官、楊開脉、吳亞丹、陳福壽、沈保全、張寬生、李源容、黃裕
源、萬和堂、黃尼古、陳江山、僧增輝，以上十五名每名捐銀伍盾；以上共收捐緣來銀壹萬貳仟玖佰伍拾盾正。
開築冢亭諸費共去銀玖仟陸佰柒拾盾零三角壹仙。對除外尚存銀叁仟貳佰柒拾玖盾陸角玖仙。
此條存公詳交中華會館收用，即詳交完，再由光裕館開作牌文筆資去銀叁拾盾。又開買枋刻牌工資壹佰叁拾盾。
董事：欽加二品銜甲必丹陳世勛、雷珍蘭陳濟清、雷珍蘭鄭遵正；家長：黃春泰、邱魁志、王錦祥、李湄淼。
光緒三十三年歲丁未四月初一旦，壹玖零柒年五月十三日。

〇〇四　泗水文廟建造文昌祠樂捐碑

【碑刻名稱】泗水文廟建造文昌祠樂捐碑

【材　質】石材

【形　制】圓形碑

【尺　寸】直徑一百二十八厘米

【書　體】楷書

【碑　額】無

【碑　題】建造文昌祠

【碑文撰者】無

【碑文書丹】無

【立 碑 者】大瑪腰文廟董事吴得利等

【立碑時間】清光緒十年（一八八四）

【存　佚】現存

【地　點】印度尼西亞東爪哇泗水文廟

【碑刻録文】

地主：德泰大瑪腰；董事：吴得利、盧敦松；副理：蔡二善、葉春魁、許化及、葉水成、吴肇潑、葉寧舊、何涌清、李可保、黄石中、陳納超、林有禮、葉振昆、林日煊、葉允來、黄光治。

泗水諸同人喜樂捐金芳名開列題于左：

承癸未年結尚存來緣銀八百九十二盾。

此條辛巳年陽月起至乙酉年花月止逐月尚存公項。

鄭德泰大瑪腰貳佰盾；吴得利壹佰伍拾盾；盧敦松壹佰叁拾盾；葉寧舊壹佰貳拾盾；曾英茂壹佰貳拾盾；建美公司壹佰盾；陳金柱壹佰盾；陳春元壹佰盾；陳憲珍壹佰盾；振美利捌拾盾；永綿利柒拾盾；宏源號柒拾盾；新泰美柒拾盾；吴文吉柒拾盾；鄭忠麵柒拾盾；黄守好柒拾盾；許百壽陸拾盾；張欽明陸拾盾；陳汭超陸拾盾；王清笙陸拾盾；林日煊陸拾盾；莊清標陸拾盾；黄佳泉陸拾盾；黄石中陸拾盾；葉春魁陸拾盾；葉永成陸拾盾；葉允來陸拾盾；鄭聯泰公司伍拾盾；鄭文忠伍拾盾；許光陶伍拾盾；張佛庇伍拾盾；張神恩伍拾盾；黄坪英伍拾盾；陳金沙伍拾盾；蔣備火伍拾盾；卓永年伍拾盾；黄國興肆拾陸盾；順成棧肆拾伍盾；李天培肆拾盾；李有圭肆拾盾；李維升肆拾盾；楊松肆拾盾；蔣備廷肆拾盾；王克軟肆拾盾；同記號肆拾盾；葉連升叁拾伍盾；韓達遠公司叁拾盾；陳邊生叁拾盾；盧麗琰叁拾盾；王美圓叁拾盾；郭福星叁拾盾；成昌號叁拾盾；蔣備寅貳拾陸盾；鄭傳振貳拾伍盾；吴肇潑貳拾伍盾；林百暖貳拾伍盾；林瑞芳貳拾伍盾；源和興貳拾伍盾；周金蓮貳拾伍盾；陳錦明貳拾伍盾；陳建德貳拾盾；陳昌亨貳拾盾；陳文清貳拾盾；陳能元貳拾盾；鄭學詩貳拾盾；鄭瑞隆貳拾盾；鄭佳

錐貳拾盾；鄭耀輝貳拾盾；郭合德貳拾盾；郭潤德貳拾盾；郭石寶貳拾盾；郭遠水貳拾盾；黃存義貳拾盾；黃光彭貳拾盾；吳志耻貳拾盾；吳基源貳拾盾；蔡三善貳拾盾；蔡有泉貳拾盾；洪學根貳拾盾；王存場貳拾盾；葉應時貳拾盾；林光蔭貳拾盾；唐榮恭貳拾盾；徐成喜貳拾盾；許硯水貳拾盾；楊光宜貳拾盾；李朱篇貳拾盾；梁捷山貳拾盾；茂源棧貳拾盾；怡源棧貳拾盾；廣泰和貳拾盾；錦隆號貳拾盾；胡光瑞貳拾盾；曾所闢拾陸盾；許紀鐵拾伍盾；伍允超拾伍盾；林允性拾伍盾；林建文拾伍盾；曾啓明拾伍盾；韓圖南公司、葉光冀、葉正杰、葉江漢、葉頂福、吳垂漳、吳榮發、吳基浮、吳可恒、吳招嗣、吳儉錦、林勇全、林三水、林朝群、林昆榮、林春福、林嬌鍬、林金鶴、林繼興、林嘉增、林新質、林占魁、薛振隆、薛碧賞、張宗英、張南英、張賢齡、張保泰、王振瑞、王允程、王有仁、王發瑞、王連海、王若菩、王維撰、王長茂、王鴻雁、陳憲章、陳茂林、陳金麟、陳光烘、陳裕安、陳夏賞、陳南水、陳河沂、陳德芳、陳源昌、陳其信、黃禮治、黃班水、黃麗水、黃光綱、黃金雕、黃岩水、黃玉昆、黃朝續、黃茂賢、黃長福、曾武毓、曾啓發、曾宗喜、曾清江、蔡六成、蔡潤祥、蔡月見、蔡贊元、蔡興熾、楊光豆、楊光命、楊啓興、温媽珥、温寶烈、温振西、盧春林、盧文彬、郭江河、郭塗水、陳長庚、周慶成、周坦決、周文才、周福禄、周鍾尚、周鍾灶、李可保、李政發、李輝煌、李基受、李長福、謝成助、謝俊命、謝維然、蔣備弁、蔣既干、鄭誕階、鄭忠寶、何佳信、何在寶、許光六、許道粒、吕尼姑、吕百協、蘇明珍、蘇玉庭、施碧漢、施清輝、韓浩瀾、伍玉喜、逢南號、源昌號、滋源軒、杏濟堂、萬壽堂、杏和堂、隆成棧、永仕成、天成棧、怡泰棧、越治□、源成號、協遠號、恒和號、新合盛、新合興、新和盛、新和泰、廣同德、紀榮宗、翁江水、鍾媽迪、貝寶泉、傅維宗、邱宗黃、彭赤九、劉添水、蒲泰三、梁潮江、古元升，以上各壹拾盾；傅春日六盾；陳媽瑶六盾；王朿生陸盾；許嘉冕陸盾；朱草木、正芳號、陳顯名、陳夏池、陳六鰲、陳光典、王繼成、王光檳、王圻贊、王彩珍、郭瑞安、馬正泰、蔡波月、謝文通、吳迎祥、周瑞統、林春和、葉玉水、蔣備求、蔣光潘、陳光遠，以上各伍盾；蔣報起肆盾；同美棧貳盾伍角。

開去磚壁共銀壹仟三十盾一〇、開去塗木工共銀壹仟捌佰九十七盾五二、開去石瓦共銀貳佰貳拾九盾八二、開去沙灰共銀柒佰柒拾三盾八五、開去木料共銀陸佰捌拾五盾六四、開去鐵器共銀伍佰叁拾二盾〇五、開去牛車稅亀里工共銀壹佰二十六盾九二、開去打石碑工共銀壹佰三十盾六四、開去什用器具共銀貳佰一十二盾〇三、開去花樹油漆共銀貳佰九十六盾四二、開去家器椅桌共銀伍佰八十五盾二九，計十一條總共去銀陸仟四佰九十七盾二二。

以上計二百六十四條共捐來銀伍仟柒佰捌拾三盾五，連上假逐月公項總合共銀陸仟陸佰柒拾五盾五，對除外結尚存銀壹佰柒拾柒盾二二角。

大成至聖貳仟肆佰三拾四年，大清光緒拾年次甲申孟冬，董事仝立石碑。

〇〇五　泗水文廟建造文昌祠後蓋樂捐碑

【碑刻名稱】泗水文廟建造文昌祠後蓋樂捐碑

【材　質】石材

【形　制】圓形碑

【尺　寸】直徑一百二十八厘米

【書　體】楷書

【碑　額】無

【碑　題】建造文昌祠後蓋

【碑文撰者】無

【碑文書丹】無

【立 碑 者】文廟董事吳得利等

【立碑時間】清光緒十三年（一八八七）

【存　佚】現存

【地　點】印度尼西亞東爪哇泗水文廟

【碑刻録文】

建造文昌祠後蓋

地主：鄭德泰大瑪腰；董事：吴得利、盧敦松、林有禮、葉春魁、林日煊、吴肇潑；副理：葉寧舊、葉水成、黄石中、蔡三善、葉允來、葉振昆、陳訥超、何涌清等。

謹將泗水諸同人樂善捐金芳名開列于左：

承甲申中殿石碑存來銀一百七十七盾二二，并逐月資甲申桐月起至丁亥端月存來銀二百六十六盾一八。

吴得利壹佰柒拾盾；盧敦松壹佰柒拾盾；曾英茂陸拾盾；蔣備火陸拾盾；泰榮公司五拾盾；德莊公司五拾盾；協祥公司五拾盾；鄭傳英五拾盾；許光陶五拾盾；振美利五拾盾；李亞長五拾盾；林有禮五拾盾；陳春元四拾五盾；葉寧禧四拾盾；林日煊四拾盾；黄石中四拾盾；葉水成四拾盾；王清筌四拾盾；卓永記四拾盾；曾會母四拾盾；李有圭石碑四拾盾；蔣備寅叁拾叁盾；楊松叁拾盾；周坦禄叁拾盾；黄媽殿叁拾盾；王丙丁叁拾盾；林三水叁拾盾；廣生財叁拾盾；張斯萃、薛英發、張斯應、蔣報箱、吴垂桐、曾居卿，六名各捐二十五盾；協慶公司貳拾五盾；施榮公司貳拾五盾；莊明厥貳拾五盾；蔡良儀貳拾五盾；戴公慶貳拾五盾；宏源號貳拾五盾；陳南源貳拾五盾；陳憲珍貳拾五盾；陳國泰貳拾五盾；曾啓明貳拾貳盾；陳玉州貳拾盾；陳古寅貳拾盾；陳清柔貳拾盾；張神恩貳拾盾；張金安貳拾盾；張宗英貳拾盾；李五蜜貳拾盾；李升貳拾盾；葉春魁貳拾盾；葉正杰貳拾盾；黄佳泉貳拾盾；黄守貳拾盾；許文任貳拾盾；許朝誥貳拾盾；温肇基貳拾盾；温瑪珥貳拾盾；洪光英貳拾盾；洪學根貳拾盾；林涌泉貳拾盾；周慶成貳拾盾；謝成助貳拾盾；梁潮江貳拾盾；鍾媽迪貳拾盾；鄭誕階貳拾盾；吴清白貳拾盾；曾賜焘貳拾盾；新泰美貳拾盾；錦隆號貳拾盾；陳能元貳拾盾；蔣備廷壹拾六盾；蔣備紫壹拾六盾；

陳其信壹拾六盾；陳夏池壹拾五盾；陳金沙壹拾五盾；黄國興壹拾五盾；黄風亮壹拾五盾；王美圓壹拾五盾；王鼎吳壹拾五盾；林挺助壹拾五盾；林前河壹拾五盾；曾朝慶壹拾五盾；高仁貴壹拾五盾；周德生壹拾五盾；蔡金壽壹拾五盾；翁江水壹拾五盾；吳肇潑壹拾五盾；傅春日壹拾五盾；葉允來壹拾五盾；陳光傳壹拾五盾；黄福如壹拾貳盾；美昌公司、鄭長壽、鄭長美、鄭瑞隆、鄭瑞蓮、鄭瑞瓊、鄭李詩、鄭中麵、鄭宣挨、鄭閏立、鄭六二、王若善、王發瑞、王存場、王臺檳、王維撰、王天從、王允程、王克軟、王探芳、王梅森、吳啓書、吳啓泰、吳垂湖、吳垂正、吳河水、吳春成、吳再興、李天培、李作雲、李洪英、李德路、林朝鳳、林光蔭、李金真、林世芳、林瑞良、林瑞芳、林協和、林媽鍬、林嵩疇、林振生、盧麗琰、盧春林、盧三元、盧光情、盧倫都、盧倫芬、盧倫輝、盧倫心、葉應時、葉春福、葉光泰、葉鴻綏、葉鴻英、葉自行、葉連嵩、葉玉林、黄瑞泰、黄瑞興、黄坪英、黄玉昆、黄禮遺、黄敬貴、陳文清、陳錦明、陳清河、陳清永、陳水乾、陳根陣、陳貽謀、陳美記、陳長庚、陳宗選、陳德昆、曹石泉、曾宗喜、曾清江、曾汪汪、蔡三善、蔡潤祥、蔡永德、蔡贊元、洪滿中、洪紹慶、洪良善、何在寶、何佳信、何國榮、楊成古、楊宗明、楊福寧、張保泰、張永發、張上木、唐榮恭、温寶烈、温喜且、許化及、許紀鐵、郭智及、郭金練、江美山、翁青山、傅繼宗、劉文凉、劉宗燕、施耀輝、吕賜職、古元升、伍玉喜、賴楊春、胡光萬、周金蓮、蘇玉庭、侯登元、萬壽堂、杏和堂、同記號、怡和號、榮業號、慶春號、廣泰和、新泰美、永綿利、金安居、成和號、榮烱利，以上各捐拾盾；陳潤泉拾盾；緞高笑棉七盾；林全鶴、林玉虎、林清河、林溪山、林振發、林景麟、林宗靈、吳恒芋、吳光柴、吳基浮、吳垂墻、吳德潤、黄世妙、黄進鋭、黄長弼、黄金雕、張條梅、張南英、張光爪、張忠和、曾人間、曾所鬧、曾寬讓、陳清水、陳淑和、陳長安、王鼎俊、王振基、王維祝、温如意、許君籌、許君慶、許君生、李崇真、李添尊、郭天祐、郭天護、連有石、韓泗淇、韓學文、薛光泰、郝光賴、徐光粽、魏光認、謝文通、賴基魏、蘇禹山、莊應讀、傅伯回、蔡石佛、鄭佳雖、蔣備栟、涂永春、施碧溪、何連圓、敦仁堂、泉裕號、德興號、遠芳居、恒和號、郭春龍，以上各捐五盾；以上計二百八十五條捐來銀四千一百八十六盾。

開去甓瓦紅磚計銀伍佰四十五盾十九、開去石沙灰土計銀四百一十四盾二六、開去柴料計銀伍佰七十四盾二四、開去佛龕家器計銀四佰四十六盾四七、開去土司工計銀玖佰二十盾零五、開去石司工計銀壹佰五十八盾六、開去色料漆司計銀壹佰六十八盾五三五、開去鐵器碭石計銀壹佰五十五盾三七、開去什器計銀九拾三盾五十六、開去什費計銀叁佰三十盾零六、開去木司工計銀伍百零六盾二七、開去牛車稅戈里工計銀六拾八盾一九、開去漆司畫花工計銀壹佰九十七盾一、地主敬獻祠地四方五百零四□坊磯作字開去銀四十六盾六，計用十四條共開去銀四仟六百二十一盾三五。

并中殿石牌逐月緣資存銀四百五十五盾，總共銀四仟陸佰四十一盾正，對除開費以外尚存銀壹拾玖盾六十五角正。

大成至聖貳仟四佰叁拾柒年，大清光緒拾叁年歲次丁亥季春，董事仝立石碑。

〇〇六　重建泗水文廟兼學堂碑（一）

【碑刻名稱】重建泗水文廟兼學堂碑（一）
【材　質】石材
【形　制】圓形碑
【尺　寸】直徑一百二十八厘米
【書　體】楷書
【碑　額】無
【碑　題】重建文廟兼學堂
【碑文撰者】無
【碑文書丹】無
【立　碑　者】文廟正總理林昆連暨董事等
【立碑時間】清光緒三十二年（一九〇六）
【存　佚】現存
【地　點】印度尼西亞東爪哇泗水文廟
【碑刻録文】

重建文廟兼學堂

茲録丙午年文廟董事：

正總理：林昆連；副總理：吴河水；正書記：王獻章；副書記：楊綿昌；協理：張濟安、鄭福章、韓錫寬、蔣報料、黄雀躍、王炳耀、貝瑞源、黄菊華、鄭君興、謝成財、柯福榮。

謹將諸同人樂善捐金芳名列左：

又捨廟地壹萬貳仟盾；中和學堂叁仟叁佰五十七盾；福建公祠貳仟盾；二吴河水壹仟貳佰盾；建源棧壹仟壹佰盾；鄭泰興大瑪腰壹仟盾；鄭續連伍佰盾；寶源甲必丹四佰盾；恒源雷珍蘭四佰盾；王炳耀三佰柒拾四盾七十五；承順成、黄茂林三佰伍拾盾；黄克昌三佰伍拾盾；鄭瑞隆三佰貳拾盾；宗泰雷珍蘭三佰零八盾；陳啓昌三佰盾；陳顯源三佰盾；林善猷三佰盾；梁壽陽三佰盾；林登茂三佰盾；黄渭渫三佰盾；和美號三佰盾；林昆連三佰盾；貝瑞源三佰盾；陳平安貳佰伍拾盾；葉應時貳佰伍拾盾；張濟安貳佰伍拾盾；吴金星、三省貳佰伍拾盾；楊世遠貳佰壹拾盾；吴九如貳佰零二盾一六；鄭福章、裕德公司、謝成助、光盛泗棧、楊綿昌、懷德會友、韓榮惠、報義會友、斯文會、協興號，以上拾名各貳佰盾；山林公司壹佰玖拾三盾；緞亞氏平壹佰柒拾九盾；蔣備火壹佰柒拾五盾；廣生財壹佰柒拾五盾；義和號、蔡金老、陳文清、合德號、蔣報企、鄭興複、合順號、蔣備庭、梁壽安、集義會，以上捌名各壹佰伍拾盾；振練棧壹佰貳拾五盾；美南棧壹佰貳拾五盾；振德號壹佰貳拾五盾；黄菊華壹佰貳拾盾；益友會友壹佰貳拾盾；朱同記壹佰壹拾五盾；郭景發壹佰零壹盾；林錫珍、陳清祥、郭瑞傳、楊岐松、甘飲棧、林清河、緞嫣申、古其祥、陳章著、陳金山、隆美大瑪腰林善怡、榮烈雷珍蘭曾傳道、裕遠雷珍蘭張立昌、玉山雷珍蘭萬豐興、庚陽雷珍蘭黃春夏、美陽甲必丹白圻遷、黃昆瑶公司、楊光命、玉美會友、周文墨、義會會友、鄭堅成、黃足慶、廣彰號、戴士杰、王獻章、黃渭和、柯福榮、緞吓叻珍英高，以上叁拾伍名各壹佰盾；緞申玖拾陸盾；宏源號捌拾盾；楊永興捌拾盾；茂美號柒拾伍盾；王廣田柒拾伍盾；蔡全慶柒拾盾；茂興號陸拾伍盾；新泰美陸拾伍盾；學堂兑貨五十九盾；林玉美伍拾捌盾；張石玉、張遠記、陳天祈、賭朥公司、合記號、蔣報丙、新廣盛、郭瑞賢、保商公司、林善慶、楊良模、王炳耀、美成英商、陳全壽、增興公司、曾松岳、許綺亭、黃九陽、周鍾聲、鄭君興、陳嫣厚、黃長山、黃文咤、涂蓮香、宜昌號、源發公司、吴俊發、德裕隆、德春棧、劉亞泗、合利號、源茂號、和德軒、盛昌號、信義會友、劉贊益、曾中雲、陳增育義友、曾葉長、黃松鶴、蔡全禄，以上四十一名各伍拾盾；顔聯牡、周俊明、怡盛隆、王技龍、陳六鰲，以上各叁拾盾；林宏良二十九盾四；桂瑞芳、李雙輝、鄭彪、吴打、陳增綿、陳俊杰、鄭良仁、郭賢生、陳清標、唐開瑞、陳振發、裕彰號、元興棧、永和棧、廣德祥、陳聯芳、吴基餘、義安英商，以上各貳拾盾；仁安堂、林錫胤、林慶全、林洪河、陳清沃、鄭良璧、乾德號、鄭良玉、蔣合春、郭正興，以上各拾五盾；文廟兑貨□百〇九盾。

〇〇七　重建泗水文廟兼學堂碑（二）

【碑刻名稱】重建泗水文廟兼學堂碑（二）

【材　　質】石材

【形　　制】圓形碑

【尺　　寸】直徑一百二十八厘米

【書　　體】楷書

【碑　　額】無

【碑　　題】重建文廟兼學堂

【碑文撰者】無

【碑文書丹】無

【立 碑 者】文廟正總理林昆連暨董事等

【立碑時間】清光緒三十二年（一九〇六）

【存　　佚】現存

【地　　點】印度尼西亞東爪哇泗水文廟

【碑刻録文】

重建文廟兼學堂

又將諸同人樂善捐金芳名列左：

施國全、蔡全美、黃槐芳、和興號、昆成號、合盛號、林麟趾、黃江潰、黃克明、潘煉精、黃雀躍、何炳炎、廣裕祥、韓錫寬、楊如水、林百慶、珍春棧、蔡緒璉、葉炳祥、陳卿佑、陳振耀、陳文章、永合興、陳其信、林清樂、曾朝銓、福源公司、李豐隆、葉長祚、仁和堂、黃立金、王能治、王能慮、陳益春、郭尊賢、合和公司、德彰號、敦仁堂、魏才國、林振照、建興源、張麟慶、運度號、楊良榮、合春公司、吳隆周、周德生、林洪淮、成昌號、林善智、楊綿興、李開章、郭瑞球、謝執端、陳夏池、王清禧、韓保安、鄭景星、林善疇、郭啓興、王平輝，以上六十一名各捐銀貳拾伍盾；王律官、陳金春、郭尊禄、黃昆元、陳福隆、許瑞陽、曾成全、陳振輝、陳增禧、黃康華、黃成發、陳昌亨、廣泰和、泗和美、茂蘭興、林河功、林金石、吳基華、吳垂瑶、黃炳貴、王茂泰、趙添福、王瑞松、吳清福、陳温恭、林瑞良、陳鍾恭、同源號、郭瑞續、裕益隆、唐守川、怡安居、郭啓明、韓鍾敏、石鍾慶、黃振方、林紹慶、楊雙鳳、涂蓮馨、陳昆池、葉寶例、鄭定國、郭毛麗、陳世鼎、郭建基、周鍾妙、葉懷德、陳錦祥、吳恒心、許樹麟、郭鍊成、吳綿輝、盧倫輝、廣泰號、吳綿權、黃長科、葉景、吳慶記、林傳雨、韓學文、蔡江海、鄭榮美，以上六十二名各拾盾；黃北海、陳全治、泰記號、周文筆、長裕號、廣來居、祥和號、和發號、李妙瑞、陳景麟、楊烏柏、吳海皋、吳梅芳、戴祥滋、姚和尚、韓錦美、洪湍昭、蔡全怡、運昌號、楊泰良、許瑞雲、卓永官、黃瑞興、許瑞祥、高慶禄、王鼎伯、王有諒，以上貳拾七名各捐銀伍盾；林長忠、楊棟官各貳盾。

兹録重建文廟所開諸費列左：

開買灰沙并甓仔貳仟貳佰六十五盾一三，開買老古石并厝瓦陸佰捌拾八盾五，開買各鐵器壹仟零零八盾二六，開買煤汽管并洋燈陸佰陸拾三盾四，開買漆料壹佰貳拾一盾四六五，開買木料肆仟貳佰零二盾五，開買心敏壹佰玖拾七盾五，開買花磚壹仟玖佰五十五盾五八，開買銋瓦貳拾陸盾零七占，開買香木做神主壹佰貳拾二盾七八，開買玻璃捌拾貳盾足，開做神主工壹佰盾，開做八仙桌捌拾盾，開做木獅子伍拾盾，開做水槽并路燈壹佰陸拾七盾七五，開做欄杆陸拾玖盾二三角，開做洋燈頂龍壹佰伍拾盾，開做忠孝廉節牌貳拾捌盾七五角，開做神主龕并花眉壹仟伍佰盾，開做花鳳門并義門壹佰柒拾五盾，開做牌字并文廟牌壹佰伍拾七盾，開發測地師費壹佰陸盾，開發星使費貳佰伍拾二盾九九，開發小工并土水司做木工陸仟陸佰七十三盾七九八，開發黃雀耀、葉元珍辛金柒佰叁拾五盾，以上貳拾五條共出銀貳萬壹仟伍佰七十七盾一五。

又録創建茄吧山中和學堂所開諸費列左：

開發日工小工陸佰叁拾五盾三四、開發日工木司叁佰貳拾四盾六一、開發日工土水司壹佰零盾一九、開發包工木司叁佰叁拾四盾一、開發包工土水司玖佰零八盾三、開發包工漆司陸拾盾正足、開發郭正興辛金貳佰貳拾盾、開發萬律貳名辛金玖拾壹盾五角、開發星使費叁佰陸拾六盾零四、開發測地師費壹佰零陸盾、開買各鐵器壹佰二盾七、開買老古石壹佰伍拾九盾零三、開買木料并鋸工壹仟伍佰□十盾、開買甓八萬九仟五佰塊柒佰叁拾六盾八五、開買沙貳佰伍拾九袋貳佰伍拾二盾九五、開買磚仔肆佰捌拾三盾九一、開買厝瓦貳佰盾正足、開買灰五十六磅貳佰叁拾盾六、開買鐵并鐵管鐵器捌佰叁拾五盾五一，以上拾九條共出銀柒仟陸佰玖拾四盾三六角。

總結合收緣銀貳萬玖仟玖佰零零（盾）零五零占，總結合開銀貳萬玖仟貳佰柒拾二盾五一，對除外尚長銀陸佰貳拾柒盾伍角四占。

大成至聖貳仟肆佰伍拾七年，大清光緒叁拾貳年丙午仲秋，董事仝立石碑。

〇〇八　重建泗水文廟記碑

【碑刻名稱】重建泗水文廟記碑

【材　質】石材

【形　制】長方形横碑

【尺　寸】長九十八厘米、寬六十八厘米

【書　體】楷書

【碑　額】無

【碑　題】重建泗水文廟記

【碑文撰者】泉郡晋邑李孝養

【碑文書丹】泉郡晋邑杜文選

【立 碑 者】文廟董事張濟安等

【立碑時間】清光緒三十二年（一九〇六）

【存　佚】現存

【地　點】印度尼西亞東爪哇泗水文廟

【碑刻録文】

重建泗水文廟記

先五洲而開化者，中國也；居中國而集群聖之大成者，尼山夫子也。夫子生周之季，道大不行於當時，而行於後世，且不徒行於華族也。彼歐西异種，景仰至教，謂能實力奉行者，即可致世界之第一等富强；而不知果行聖教，實足以一統天下，而使萬國會同也，區區富强云乎哉！屬者泗水華僑，深以不學華文爲耻，奮然興教，創建學堂，近遠相師，金爪林立。盛矣乎，其普教育也；誠矣乎，其切師資也。然猶曰文廟隘而不宏，無以表尊崇之至，而見親炙之殷。爰議將茄吧山文廟（光緒初年吴盧二君所募建者）改舊制，拓大新模，僉請增地於故地主大瑪腰德泰鄭公之嗣、欽賜甲必丹泰興君，果也敬聖具有同心，欣然許諾，無少吝色，既獻宅六間，復捐金千盾以爲闔埠倡。吁！世固不乏好義之人，然如鄭公橋梓者，真近代所希也！由是乃集殷富，籌款醵資，鳩工庀材，定基造址，度之築之，斧之紹之，黝堊之，丹雘之。經六閱月，厥功告成，巍巍峻宇，有階有庭，有殿有楹，高門五列，大牖六局。臨斯廟者，舉欣欣然有喜色曰：而今而後，凡我華人僑居泗水，得以升其堂，而入其室。瞻仰乎至聖先師者，微鄭君之力不及此也。謹將其事而爲之記。

大清光緒三十二年歲次丙午秋，即和壹仟玖佰有陸年。

董事：張濟安、柯福榮、吴河水、黄菊華、林昆連、蔣報料、謝成助、楊綿昌、黄雀耀、鄭福章、王獻璋、王炳耀、貝瑞源等薰沐泐石。

泉郡晋邑李孝養謹撰。

泉郡晋邑杜文選謹書。

〇〇九　丙午年泗水文廟董事立碑

【碑刻名稱】丙午年泗水文廟董事立碑
【材　　質】石材
【形　　制】長方形横碑
【尺　　寸】長八十厘米、寬六十五厘米
【書　　體】楷書
【碑　　額】無
【碑　　題】無
【碑文撰者】泗水甲必丹鄭泰興
【碑文書丹】無
【立 碑 者】文廟主席林昆連暨董事等
【立碑時間】清光緒三十二年（一九〇六）
【存　　佚】現存
【地　　點】印度尼西亞東爪哇泗水文廟
【碑刻録文】

夫孔聖古今無二致，華夷原是一家。山東有孔廟，中國聖君所設始也。泗水南洋有文廟，始自先君與諸紳商所仿築也。觀其廟貌，甚合聖室，後世留傳，教徒幸甚。竊謂此今文廟築新，由舊淺隘，偏居僻巷，户家蔽前，違人目的。由此紳商會議改良，籌款重興，幸矣。文廟董事等員，好善不倦，向余勸捐，增地擴張，余亦欣然季諾；而泗邑紳商，見義勇爲，同心協力解囊捐助，集腋成裘，建成大宇，兼興學校。重要教育，愛我華人，漸進文明，去邪歸正，大良風氣，使之將來後生進步，人才特色如斯，有望華族之幸福也，我先爲華族賀矣！前人創業，後有繼承，贊成此舉，無乃董事等員之功效也，吾人感頌，後人無不感激。如是，彰然之公德也。

大清光緒卅貳年丙午桂月中浣，泗水甲必丹鄭泰興敬撰。

丙午和壹仟玖佰零陸年，泗水文廟董事等開列于左：

林昆連官正主席、吴河水官副主席、王獻璋官正書記、楊聯昌官副書記、謝成助官評議、張濟安官評議、黃菊花官評議、黃雀躍官評議、鄭福章官評議、王炳耀官評議、貝瑞源官評議、蔣報料官評議、柯福榮官評議。

道教

二　三清尊神

〇一〇　菲律賓大道玄壇衆仙真聖誕日期牌

【碑刻名稱】菲律賓大道玄壇衆仙真聖誕日期牌

【材　質】紙質

【形　制】長方形横牌

【尺　寸】長五十厘米、寬三十五厘米

【書　體】楷書

【碑　額】無

【碑　題】菲律賓大道玄壇衆仙真聖誕日期

【碑文撰者】無

【碑文書丹】無

【立 碑 者】菲律賓大道玄壇董事人

【立碑時間】不詳

【存　佚】現存

【地　點】菲律賓加洛干市大道玄壇

【碑刻録文】

菲律賓大道玄壇衆仙真聖誕日期

元始天尊——正月初一日

玉皇大帝——正月初九日

太上老君——二月十五日

瑤池金母——三月初三日

雲夢山仙祖——三月十七日

雲風山仙祖——三月廿七日

白飛仙翁——四月初十日

純陽呂祖師——四月十四日

紫微大帝——四月十八日

玉皇三太子——六月初六日

太上老君——七月初一日
簽壇成立紀念日——八月十五日
中秋佳節——八月十五日
靈寶天尊——八月廿日
雲夢山仙祖——九月初九日
黃石祖師——九月十五日
驪山老母——十月十二日
玉皇三太子——十一月廿四日
太上老君——十二月十六日
雲風山仙祖——十二月廿八日

三 太上老君

〇一一 菲律賓宿務定光寶殿第五十九連六十屆董事會職員表銅牌

【碑刻名稱】菲律賓宿務定光寶殿第五十九連六十屆董事會職員表銅牌
【材　質】銅材
【形　制】長方形横牌
【尺　寸】長一百一十厘米、寛六十八厘米
【書　體】隸書
【碑　額】無
【碑　題】菲律賓宿務定光寶殿第五十九連六十屆董事會職員表
【碑文撰者】無
【碑文書丹】無

【立 碑 者】菲律賓宿務定光寶殿董事會

【立碑時間】二〇一七

【存　佚】現存

【地　點】菲律賓宿務定光寶殿

【碑刻録文】

菲律賓宿務定光寶殿第五十九連六十屆董事會職員表

公曆二〇一七年二月十一日，農曆歲次丁酉年正月十五日。

陳永栽、施偉廉、楊界平、王宏年、梁文祝、王謀平、許煥章、陳天賜、李美麗、陳文滔、黃程健、張蔡淑貞、顏福和、施嘉駿、施吴秀端、蔡炳源、王志彬、王燦輝、李賢佑、李志强、李健能、翁德煌、黃華篤、吴杰民、吴俊偉、張炳南、楊鴻江、葉長青、蘇長流、周清琦、蔡文沛、蔡漢生、吴秀枝、王秀華、蔣慕蘭、陳美致、陳民德、蕭申智、蔡華釧、林慶祺、許楷樹、李賢沛、陳世續、蔡國勝、李逢梧、蔡芳楓、葉楚坤、陳清良、吴新壽、莊江蘇、黃天注、邱清山、林庭芳、黃子平、施文華、蔡毓麒、施性坑、施嘉騏、蔡慷慨、王中南、王新貽、王世烈、李添安、李聖泰、李嘉興、傅子國、吴燦輝、吴林淑英、張家慶、楊文典、許榮義、郭亞平、吴清流、吴瑞源、王祥庭、張黃宛然、王秀英、蔡連芳、張永泰、葉秀珠、蔡碧英、李玉敏、林榮宗、張堡壘、蔡炤煌、蔡永瑜、蔡其仁、許學禹、許瑞溪、陳思聰、郭耀煌、蔡炤炫、蔡章作、施清波、蔡華勝、吴海濱、陳維明、莊永穆、施嘉丕、蔡順恒、王芳權、王愛民、王三順、李仲平、李佳育、李龍翔、傅成權、吴國梁、吴李秀吴真鳳、張啓聰、楊健華、詹超鴻、吕志堅、吴身生、施嘉驊、陳天春、王秀婉、陳約伯、劉馨蓮、陳邦英、吴真真、楊約瑟、凌倫珠、王芳遠、蔡炳華。

名譽董事長：吴俊杰；名譽副董事長：劉海量。

董事長：何安頓；副董事長：楊振源、周隆恒、王振中、施性國。

財政：王挺生；副財政：薛珍珍。

西文書：蕭啓暉、蔡明儒；中文書：林美霞、施清寶、方志鵬。

總務：蔡雪娥、李碧霞、林奕文、葉潤新、傅子江。

外交：温奕安、王芳意。

稽查：蘇明輝、伍翠玲。

宣揚：蔡型聲、林錦鵬。

福利：楊亞楠、蔡明道。

聯絡：楊智文、王澤生。

婦女組指導員：李美珠、蔡明錦。

青年組指導員：温世裕、蔡尚憲。

名譽組長：王慧芳。

組長：楊珊珊；副組長：吴玉仁、黄玉仁。

財政：锺美虹；副財政：林愛仁。

中文書：蔡華釧、蔡玉美；西文書：葉秀珠、陳鍾瓏。

聯絡：王慧敏、薛婷婷。
名譽組長：陳興順。
組長：楊美玲；副組長：楊天安、楊天榮、楊正源、楊卓霖。
財政：楊卓穎；副財政：楊善美。
文書：林松偉。
外交：陳憬德。
主任：何安頓。
委員：李賢沛、張堡壘、王芳遠、陳世續、蔡炤煌、蔡炳華、蔡國勝、葉永瑜、吴俊杰、劉海量、楊振源、周隆恒、王振中、施性國。

四　玉皇大帝（天公）

〇一二　玉皇殿碑記

【碑刻名稱】玉皇殿碑記
【材　　質】石材
【形　　制】長方形立碑
【尺　　寸】長二百一十六厘米、寬九十七厘米
【書　　體】碑題篆書，碑文隸書
【碑　　額】雙龍朝日
【碑　　題】玉皇殿碑記
【碑文撰者】無
【碑文書丹】無

【立 碑 者】甲必丹章芳林
【立碑時間】清光緒十三年（一八八七）
【存　　佚】現存
【地　　點】新加坡合洛路玉皇殿
【碑刻録文】

玉皇殿碑記

蓋嘗諷咏篇章，如文王之詩，一則曰「昭事上帝」，一則曰「上帝臨汝」，似有「帝」之號而無「皇」之稱。又嘗讀《太甲》諸篇：一則曰「皇天眷佑」，再則「皇天弗保」，似有「皇」之稱而無「帝」之號。若夫言「帝」而先統以「皇」，言「皇」而并降以「帝」，其在《詩》則《大雅》皇美，首篇有曰「皇美上帝」；其在《書》則《湯誥》一册，有曰「惟皇上帝」。然則天皇天帝，蔑以加矣。

顧古人叩蒼穹求冥漠，第作無象之監觀，未嘗爲有形之禱祝也。降及後世，田燭陶匏制作日增，而出王游衍之區，顯呈其象，不惟懸諸心而且寓諸目，不徒構厥形而并崇厥祀。至於中朝鼎興，祀典彰彰，垂諸簡册。上自朝廟，下逮閭閻，無不馨香頂祝，上答高明，猗歟休哉，洵盛典已！然而類帝禋宗，祀崇中土，而涉重洋而稽廟享，所在闕如。惟新嘉坡一隅，地屬南邦，人烟稠密，浮海而來者不止數萬家。以故舸艦雲屯，庯庩蟻聚，人漸崇乎典禮，事競尚乎禴祠。貝闕琳宮，鏤金錯彩，已駸駸乎媲美中華，駕諸洲而上之矣。故其間廟宇林立，見有名標漢代稱爲帝矣，而啻云協天；德表母儀稱爲天矣，而猶云配帝。至於統太極無極而資始資生，本先天後天以背山成務成化，敻乎莫及而巍然獨尊，如玉皇大帝者，獨是隆其名而未崇其祀也。爰思作廟，卜基於永全街中，背山環港，淵涵岳峙，繞綠送青，勝地也。且與前所自建之真君廟相去僅數十武耳。而後先輝映，具有形勝，因而庀材鳩工，以觀厥成。竊自謂天之申命用庥，神其惟德是輔，將瞻森嚴之殿宇，愈深悚惕之神明。异日者都人士而謂有不雍宮肅廟，修明德以薦馨香，藉神道而敦教化者乎！夫如是，將見聰明明感，無誠不格，聲靈赫濯，有感斯通，乃爲之作歌曰：登彼明堂，喬喬皇皇；以介景福，物阜民康。

時光緒十三年歲次丁亥八月穀旦，大清國欽命二品職銜加三級、大英國欽命督憲特授甲必丹章芳林恭立。

〇一三　芙蓉天公五老觀碑

【碑刻名稱】芙蓉天公五老觀碑
【材　質】石材
【形　制】長方形立碑
【尺　寸】長一百八十二厘米、寬九十厘米
【書　體】楷書
【碑　額】無
【碑　題】天公五老觀
【碑文撰者】無
【碑文書丹】無
【立 碑 者】總理垻羅龍頭岩主持鍾善坤、副理鄧法華道衲等
【立碑時間】民國十七年（一九二八）
【存　佚】現存
【地　點】馬來西亞森美蘭芙蓉天公五老觀
【碑刻録文】

天公五老觀

《易》曰：「觀天之神道，而四時不忒。」《書》云：「祀天之上帝，而萬物咸亨。」文武之明，猶禮於四瀆，祀於周廟；唐虞之聖，尚湮於六宗，徧於群神。諸聖人藉神道而教民，上古賴神功而治國，所以人憑神力，神祐人康者也。茲將南洋大比叻坝羅南道岩，其教民間乃玉帝五方老道胎元化一之慈悲，感應歸于執中老祖傳流原盤古道，畫影佛釋儒道，三教同宗。善法仙度，前有前師，後有後師，天上顯迹東華山，在石叻開演海雲派，地下顯迹南道岩玉師觀，五老夢落於魂，存性一團，歸根一處。追木本之根，原在石叻丹戎吧隔，借福德祠之住扎，創同德宮之源流，開行至大僻壢龍頭岩。丙午年乃林君六經注册修紫雲洞天公觀，辛亥年起創，至丙辰年告竣，打二十一日醮酹恩。後到芙蓉沉香島仙師爺背，買有出牌地段，地圖七十二號。坝羅道士鍾善坤、張法介、何玉堂三人，奉禀大英政府華民政務司大人恩准，謹於民國丁卯年十月吉旦，興工建造青山洞天公五老道觀。但工程浩大，獨力難持，伏望華僑大小商業諸翁先生，善男信女，大發善心，解囊樂助。迨至戊辰年十月工成告竣，謹擇初十日進伙，崇奉天公玉帝、三清道祖、五老諸神。升座開光，晨鍾暮鼓，恭詣聖號，諷誦《道德》五千言。玉皇三元，賜福消灾，解厄寶經。祈保風調雨順，國泰民安，工商樂利，財源廣進，善男信女，老安少懷，埠埠稱吉，處處平安。將見無邊道法，常庇樂利於南洋；則神人共慶，福有攸歸矣。茲將善信樂助捐緣芳名臚列于左，以垂永久，是爲引。

護壇大善緣：黃君益堂、李法宜、梁法金、吡嘮盧熾南、吡嘮鄭焕娘、吉隆葉門陳氏、啼啼港陳門關氏；□壇大善緣：鄭君郎生、林法順、石叻王法斗、福建王誠桂、吉隆葉門劉合娘、吡嘮林萼臣。

埧羅埠葉訓初、鄧法欽、湯法及陳門張氏、陳門高法來、藍法添、葉門許氏、黃偪離、吉隆劉月珍、吴法升、林門曾金攀、鄭善午、張法景、鍾門鄧氏、吡嘮陳誠光、□□基、□□陸燦祥、梁法嬌、振朝鄭嬌、陳朝海五、□□盧兆熊、吴朝□妹、張朝石明、劉法第、何法輝、吴朝立英、鍾益英、李法提、梁法欽、廖法基、曾贊生、陳□珠英，以上各捐銀壹佰元正；□法□、梁法雲、林法偉、黃法菩、陳法福、馮法洪、林法定、關法鴞、李法玉、周法證、陳法商、柴法可、黃法勝、劉法新、丁法山、譚法良、劉法雪、梁法秋、梁法行、丘法珍、黃家昌、馮慧燕、馮□元、吴法亮、簡真仁、丘□、單法和、陳夢□、許法福、駱法寶、黃玉蘭、陳真義、陳雷鳳、黎法標、梁清雲、□□容、朱□□、陳李氏、郭阿□、林法寶、鍾觀□、曾玉英、林德泉、林原嬌、李朝□孃、廖阿蘭、温阿雙、温公昌、曾□娘、鄭阿水、申炳華、葉亞好、曾法榮、郭法瑞、張勝妹，以上各捐銀五拾元；福順興、李法光、蘇法彩、劉鳳球、張叠芳、陳法益、林香娘、温官清、陳六姑、何六娘、無名氏、李俊成、李俊元、梁帶有、沈振興、侯發成、陳顏茂、林覺清、連法益、宋萬和、蘇榮德、陳韓氏，以上各捐銀弍拾元正；蘇法彩、吴法珠、陳法球、□陳有、葉法琰、梁法明、羅昌記、李秀興、林金吉、石觀勝、伍節真、胡長安、□門梁氏、鍾德勝、陳張氏、黃英妹、李□英、□□□、饒九妹、劉馮氏、許帶妹、張□妹、□□妹、何萬生、陳修盧、謝阿勝、李阿完、陳發全、陳聯廣、彭淑真、王增瑞、吴龍、李帶、無名氏、顏鼎益、葉梁有、黃素娥、彭□月、馮妙添、黎法秋、新月花、姚關年、楊天養、陳十姑、鍾金華、鍾觀貴、鍾楊秀、曾阿嬋、陳善輝、李法淡、顏真育、歐法鳳、陳法英、李□祥、區群英、黃逢榮、胡清吉、陳劉氏、萬美泰、乾和、劉法雪、丘七、許阿桃、陳福乾、李黃氏、陳瑞連、黎法人、伍年、劉禮□、劉連氏、黃美好、陳沛孃、林法南、福興、鄭廖氏、愛齡、張氏、潘水蓮、黃均合、鍾六妹、朱進，以上各捐銀壹拾元正。

天運民國十七年歲次戊辰孟冬月，總理埧羅龍頭岩主持鍾善坤、副理鄧法華道衲等謹立。

〇一四　芙蓉重修天公五老觀碑

【碑刻名稱】芙蓉重修天公五老觀碑

【材　質】石材

【形　制】長方形立碑

【尺　寸】長一百一十二厘米、寬五十六厘米

【書　體】楷書

【碑　額】無

【碑　題】重修天公五老觀

【碑文撰者】無

【碑文書丹】無

【立 碑 者】本觀主持正總理鄧法華等

【立碑時間】一九五八

【存　佚】現存

【地　點】馬來西亞森美蘭芙蓉天公五老觀

【碑刻録文】

重修天公五老觀

芙蓉埠沉香島天公五老觀，一九五八年重修宮觀，新起青山洞牌樓，并結石圍墻。蒙各埠善男信女，誠心樂助，芳名呈列：

星洲鄧福旺等捐銀玖佰壹拾元正；何煥弟道名真合捐銀伍佰元正加壹佰元；韋振南法名道振捐銀叁佰元正；麥禮富捐銀叁佰元正；王傳俊偕妻楊秀容共捐銀伍佰元正；李真仲、李真添、凌真友、陳泉德、陳真如，以上各捐銀弍佰元正；岑瑞享同緣陳品真、葉流偕男葉志明、張門李雲招、李修成，以上各捐銀壹佰元正；何芹然、何能然、黎正行、劉松江、胡培、陳愈興、蔡耀榮、祁亞祝、池合坤、張芳記、杜書榮、陳加禮偕妻林月娥、陳安新、陳志信、協和利、張玉清、祁日寬、池合順、莊榮泉、韓仙勝、廖炳隆、符樹憲、黃麗衿、陳真柳、郭池、李登水、吴真童、麥禮錢、吕應恩、魏松、梁培基、何亞湖、李譚、王銘雄、潘飫鐺、潘詒齡、廣勝昌、陳真興、饒瑞豹、陳慶桐、南生號、羅觀娣、蘇九、米門黄四、胡泉錢、楊林氏、老電力、何真杰、陳山水、葉春、廖金松、王小石、宋玉通、吴真景、曾真棠、梁法明、梁亦民、梁秀英、萬友、張木英、李真仲、廖修群、李真添、李修成，以上各捐銀伍拾元正。

一九五八年拾月吉旦日，本觀主持總理鄧法華，副總理張真機、何真合，謹立。

〇一五　重修天公壇碑

【碑刻名稱】重修天公壇碑
【材　質】石材
【形　制】長方形立碑
【尺　寸】長一百一十六厘米、寬四十八厘米
【書　體】楷書
【碑　額】雙龍戲珠
【碑　題】重修天公壇碑
【碑文撰者】無
【碑文書丹】無
【立 碑 者】本壇住持廣通
【立碑時間】民國二十年（一九三一）
【存　佚】現存
【地　點】馬來西亞檳城天公壇
【碑刻録文】

重修天公壇碑

夫天下名勝之宣傳宇宙者，必先有其地，而後得其人，端賴有儀形具德之高人，方可令人心生敬仰。於庚申年南海普陀山鶴鳴禪林住持廣通，航海南島，蒙諸檀越聘請爲本壇及廣福宫之住持。接理以來，所見各處年期月久，風雨淋漓，坍塌破壞，梁柱湮没，若不竭力修葺，久則更勞心力。由乙丑年遍懇十方善信，發菩提心，捐寶藏之涓滴，成天宫之莊嚴，即興工作，揭底重修，至於丙寅年焕然一新，圓滿功德。自此千古恒守，永不朽也。常住幸甚爲禱。

天運辛未年八月吉日，本壇住持廣通立。

五　玉皇三太子

〇一六　菲律賓九霄大道觀修建大堂徵信碑

【碑刻名稱】菲律賓九霄大道觀修建大堂徵信碑
【材　質】石材
【形　制】長方形横碑
【尺　寸】長九十六厘米、寬五十五厘米
【書　體】楷書
【碑　額】無
【碑　題】修建大堂徵信
【碑文撰者】無
【碑文書丹】無

【立 碑 者】菲律賓九霄大道觀董事會
【立碑時間】一九九八
【存　　佚】現存
【地　　點】菲律賓馬尼拉市九霄大道觀
【碑刻録文】

修建大堂徵信

九霄大道觀諸信徒樂捐主神大堂修建芳名：
姚陸輝道裔樂捐陸萬元、黄世芳道裔樂捐伍萬元、吴泮水道裔樂捐叁萬元、黄種桂道裔樂捐叁萬元、許寶强道裔樂捐貳萬捌仟元、曾李麗英大德樂捐貳萬貳仟元、蔡聰妙大德樂捐貳萬元、李福陰道裔樂捐貳萬元、許金星道裔樂捐貳萬元、張炳坤道裔樂捐貳萬元、曾月華道裔樂捐壹萬貳仟元、洪俊秀道裔樂捐壹萬元、陳友安道裔樂捐壹萬元、施宜成道裔樂捐壹萬元、杜子江道裔樂捐壹萬元、黄書淦道裔樂捐壹萬元、王美致道裔樂捐壹萬元、李鴻鈞道裔樂捐壹萬元、黄清源道裔樂捐壹萬元、曾焕長道裔樂捐壹萬元、葉梅如道裔樂捐壹萬元、楊國雄大德樂捐壹萬元、□鳳仙道裔樂捐壹萬元、關嘉梨道裔樂捐壹萬元、葉瑪瑙道裔樂捐壹萬元、陳棟梁大德樂捐壹萬元、許晋溢大德樂捐壹萬元、黄書沛道裔樂捐壹萬元、林蕓如道裔樂捐陸仟元、葉瑪溜道裔樂捐伍仟元、施南芳道裔樂捐伍仟元、許雪月道裔樂捐伍仟元、陳信成道裔樂捐伍仟元、莊樹福道裔樂捐伍仟元、李淑敏道裔樂捐伍仟元、王雪映大道樂捐伍仟元、吴聰儒道裔樂捐伍仟元、張葉秀珍道裔樂捐叁仟元、□雲玲道裔樂捐貳仟元、陳□英道

□家□道裔樂捐貳仟元、□□□道裔樂捐貳仟元、□□□道裔樂捐貳仟元、□明成道裔樂捐貳仟元、莊杰燦大德樂捐壹仟元、李淑嬌大德樂捐壹仟元、朱銀玲道裔樂捐壹仟元、□□□道裔樂捐壹仟元、黃施淑惠道裔樂捐伍佰元、妙良道裔樂捐伍佰元、妙施道裔樂捐伍佰元、林錦貴大德樂捐壹仟元、大德樂捐壹仟元、佰元。

〇一七　菲律賓九八凌霄寶殿慶祝玉皇三太子聖壽萬秋牌

【碑刻名稱】菲律賓九八凌霄寶殿慶祝玉皇三太子聖壽萬秋牌
【材　　質】紙質
【形　　制】長方形横牌
【尺　　寸】長五十八厘米、寬三十九厘米
【書　　體】楷書
【碑　　額】無
【碑　　題】慶祝玉皇三太子聖壽萬秋
【碑文撰者】無
【碑文書丹】無
【立 碑 者】菲律賓九八凌霄寶殿董事會
【立碑時間】二〇一八
【存　　佚】現存
【地　　點】菲律賓巴西市九八凌霄寶殿
【碑刻録文】

二〇一七年度玉皇三太子龜頭：

特龜：許培珍；首龜：鄧晶瑩；貳龜正：許連進；貳龜副：李青才；叁龜正：柯丁元；叁龜一副：陳良泉；叁龜二副：李青才。

二〇一七年度玉皇太子殿座下仙童龜頭：

必兒仙童龜頭：首龜：許施團圓；貳龜：鄧金銘；叁龜：鄧晶瑩。

清兒仙童龜頭：首龜：許連進；貳龜：許斌；叁龜：黄少華。

敬啓者：謹此籲請上列神仙龜頭之持有者，務須於玉皇三太子誕辰日之前遷回本神殿，謝謝各位同道給予關注！

道總九八凌霄寶殿。

歡慶衆高尊金身進殿紀念日，公元二〇一八年七月十七日，歲次戊戌年六月初五日。

慶祝玉皇三太子聖壽萬秋，公元二〇一八年七月十八日，歲次戊戌年六月初六日。

六　玄天上帝

〇一八　粵海清廟玄天上帝楹聯

【碑刻名稱】粵海清廟玄天上帝楹聯
【材　質】木材
【形　制】長聯
【尺　寸】長二百四十厘米、寬二十三厘米
【書　體】楷書
【碑　額】無
【碑　題】無
【碑文撰者】無
【碑文書丹】無

【立 碑 者】梅邑衆治子

【立碑時間】清道光六年（一八二六）

【存　佚】現存

【地　點】新加坡菲力街粤海清廟上帝宫

【碑刻録文】

道本真通，總攝靈源歸静穆；

魔憑武伏，還將生氣寓威嚴。

道光丙戌夏月，梅邑衆治子仝敬刊。

〇一九　粵海清廟光緒御題「曙海祥雲」匾

【碑刻名稱】粵海清廟光緒御題「曙海祥雲」匾

【材　質】木材

【形　制】長方形横匾

【尺　寸】長二百零九厘米、寬一百零三厘米

【書　體】楷書

【碑　額】光緒御題之寶

【碑　題】無

【碑文撰者】無

【碑文書丹】無

【立 碑 者】粵海清廟

【立碑時間】清光緒二十五年（一八九九）

【存　佚】現存

【地　點】新加坡菲力街粵海清廟

【碑刻録文】

曙海祥雲

光緒二十五年四月吉旦，光緒御題之寶（印文）。

〇二〇　義安公司修建粤海清廟芳名碑

【碑刻名稱】義安公司修建粤海清廟芳名碑

【材　質】石材

【形　制】方形碑

【尺　寸】長七十厘米、寬七十厘米

【書　體】隸書

【碑　額】無

【碑　題】無

【碑文撰者】無

【碑文書丹】無

【立 碑 者】義安公司

【立碑時間】一九九七

【存　佚】現存

【地　點】新加坡菲力街粤海清廟

【碑刻録文】

義安公司修建粵海清廟委員會委員芳名：

主任：張泗川。林繼民、張昌隆、李秀炎、周景鋭、陳孟臯、范介璋。

歲次丁丑年三月初三日，公元一九九七年四月九日，立。

〇二一　粵海清廟國家古迹興工重修落成碑

【碑刻名稱】粵海清廟國家古迹興工重修落成碑

【材　質】石材

【形　制】方形碑

【尺　寸】長七十厘米、寬七十厘米

【書　體】隸書

【碑　額】無

【碑　題】無

【碑文撰者】無

【碑文書丹】無

【立 碑 者】義安公司

【立碑時間】一九九七

【存　佚】現存

【地　點】新加坡菲力街粵海清廟

【碑刻録文】

粵海清廟國家古迹興工重修落成。
敦請國家發展部部長兼外交部第二部長林勛强先生主持揭幕典禮。
歲次丁丑年三月初三日，公元一九九七年四月九日，義安公司立。

〇二二　新加坡廣東會館購置會所募捐事略牌

【碑刻名稱】新加坡廣東會館購置會所募捐事略牌

【材　質】銅材

【形　制】長方形立牌

【尺　寸】長一百四十厘米、寬六十厘米

【書　體】正文爲隸書，募捐人名爲楷書

【碑　額】無

【碑　題】新嘉坡廣東會館購置會所募捐事略

【碑文撰者】無

【碑文書丹】無

【立 碑 者】廣東會館

【立碑時間】一九六二

【存　佚】現存

【地　點】新加坡菲力街粤海清廟

【碑刻録文】

新嘉坡廣東會館購置會所募捐事略

百粵人文，盛於唐宋，團結勇敢，夙著聲譽。刻苦耐勞，固爲吾人本色；梯山航海，尤富進取精神。考吾粵人南渡，肇始數百年前；於今定居星島者，不下七十萬衆。查馬來亞各地粵人，早有廣東會館之設立，且要自建會所，共謀社會福利。返觀星洲同人，竟瞠乎其後。蓋本會自成立迄今，雖有廿餘年之悠久歷史，會務尚未能猛進；實由本會之館舍未定，未能集中意志、集中力量爲之號召也。同人等有感及此，爰於一九五七年九月十二日召開團體會員代表大會。經衆議決，購置呢律六十九號三層樓宇一座，爲本會會所；組織募捐委員會，分頭勸募，卒底於成。謹照捐款獎勵條例，將芳名款額鐫製銅碑，永垂紀念。

張漢三壹萬元、林子明壹萬元、張夢生壹萬元、郭新壹萬元、陸運濤伍仟元、林師萬伍仟元、郭木松叁仟元、何啓榮叁仟元、利華銀行貳仟元、鍾橋才貳仟元、連瀛洲貳仟元、李偉南貳仟元、湯啓霖貳仟元、□喜生壹仟八百元、曾紀辰壹仟元、郭佩弦壹仟元、黃樹芬壹仟元、黃富南壹仟元、伍桑才壹仟元、鄺修文壹仟元、廣東銀行壹仟元、梁介福藥行壹仟元、廣利銀行壹仟元、天成金鋪壹仟元、□□烟草公司壹仟元、□□□行壹仟元、劉源泰□□元、潘霖端壹仟元、南亞銀行壹仟元、東商烟草公司壹仟元、鄧炳雄壹仟元、陳錫九壹仟元、陳兆籓壹仟元、李□平壹仟元、楊德□壹仟元、鄭則光壹仟元、陳得文壹仟元、林連登壹仟元、朱□三壹仟元、藍如晏壹仟元、何□溺壹仟元、郭開始壹仟元、南華有限公司壹仟元、元生伍佰元、陳□林伍佰元、蔡炳坤伍佰元、廣順□□廠伍佰元、曾廣雄伍佰元、永昌金鋪伍佰元、譚保良伍佰元、廣順榮記鐵廠伍佰元、劉□伍佰元、任益善伍佰元、□□□伍佰元、□□記伍佰元、□記伍佰元、德興有限公司伍佰元、岑業良伍佰元、黃乃裳伍佰元、福興隆公司伍佰元、李□□伍佰元、□□有限公司伍佰元、永安保險公司伍佰元、劉漢才伍佰元、蔡□□伍佰元、許成泉伍佰元、林信發伍佰元、林□韓伍佰元、蔡寶永伍佰元、林甲□伍佰元、盧光平伍佰元、振福昌伍佰元、楊纘文伍佰元、方燕山伍佰元、蔡將伍佰元、周鎮豪伍佰元、蕭隆□伍佰元、羅□泉伍佰元、黃混郁伍佰元、陳漢捷伍佰元、藍建海伍佰元、張□之伍佰元、仁盛伍佰元、鄭覺生伍拾元、張慎初伍佰元、謝裕民伍佰元、葉益靜伍佰元、蔡志民伍佰元、符致逢伍佰元、陳聰發肆佰元、陳燡榆叁佰元、高景湖叁佰元、端發公司叁佰元、張嘉榮叁佰元、華成船務叁佰元、陳啓華叁佰元、佘□浩叁佰元、吳昭合叁佰元、佘□乾叁佰元、洪開榜叁佰元、張桂生叁佰元、林海天貳佰元、信義□□貳佰元、一鳴藥行貳佰元、梁石□貳佰元、大同商業公司貳佰元、源吉林貳佰元、林振毓貳佰元、敦信公司貳佰元、張壽仁貳佰元、李玉波伍拾元、昆源□□元、郭子千貳佰元、德興祥貳佰元、吳春成貳佰元、吳和成貳佰元、森發貳佰元、莫步顯貳佰元、泉裕貳佰元、寶興金莊貳佰元、陳元利貳佰元、光興金莊貳佰元、四强公司貳佰元、藍天貳佰元、林漢波貳佰元、盧寧貳佰元、明星金莊壹佰元、黃文友壹佰元、林應棟壹佰元、陳學□壹佰元、陳漢盛壹佰元、沈雄成壹佰元、沈□豐壹佰元、林戀□壹佰元、大成布莊壹佰元、黃英發壹佰元、聯興昌壹佰元、南茂壹佰元、駿裕壹佰元、黃榮光壹佰元、正大壹佰元、永興金莊壹佰元、明興金莊壹佰元、□□□金莊壹佰元、羅瑞豐壹佰元、藍偉烈壹佰元、吳□千壹佰元、美□齊壹佰元、張□群壹佰元、何光群壹佰元、黃祝秋壹佰元、高□簿壹佰元、蔡□福壹佰元、王大□壹佰元、李大□壹佰元、黃文湯壹佰元、吳人杰壹佰元、張昌焕壹佰元、周用吾壹佰元、林鴻全壹佰元、符致遠壹佰元、王祖德壹佰元、陳如□壹佰元、楊萬豐壹佰元、李順興伍拾元，合益□伍拾元。

計□合共銀壹拾叁萬叁仟陸佰□元。

公元一九六二年季夏穀旦。

〇二三　吉黎望玉虛宮序木牌

【碑刻名稱】吉黎望玉虛宮序木牌
【材　　質】木材
【形　　制】長方形橫牌
【尺　　寸】長一百三十六厘米、寬五十二厘米
【書　　體】楷書
【碑　　額】無
【碑　　題】吉黎望玉虛宮序
【碑文撰者】沐恩弟子黃位卿
【碑文書丹】無
【立　碑　者】玉虛宮董事
【立碑時間】清同治三年（一八六四）
【存　　佚】現存
【地　　點】馬來西亞吉黎望玉虛宮
【碑刻録文】

吉黎望玉虛宮序

蓋聞地有神益靈，皆願悦而崇祀；神非人而弗赫，宜廟貌以壯觀。眼見干冬青華宮、怡幼勇全殿、武望林祖師公庵，是皆憑人而興，而人由以藉神光之普照焉。繫惟吉黎望玄天上帝爺，威靈赫濯，已於上刀梯兩次見之矣。翎屬商旅行人洎諸善男信女，有求必感，所禱輒應，誠爲至正至聖之神明，而崇祀敢緩何哉！茲議建廟一進，復續一亭，庶幾各處地頭，俱有廟宇以瞻觀，豈非神欣人福之妙舉乎！但廟地業已擇定在吉黎望大伯公之後界，爰集同人，共醵義金，合襄厥事，見咸獲洪庥於靡既矣。

沐恩弟子黄位卿敬撰。

大董事：曾世芳甲捐金壹佰貳拾員、黄水閣官捐金壹佰貳拾員。總理：陳藕老喜捐金壹拾六員、陳傳生官捐金六員、黄德宗官捐金貳員、洪花月官捐金貳員。總管：施振春官捐金貳員、楊贊合官捐金貳員。信士：曾從心官捨磚伍仟塊、甘德利官捨磚伍仟塊。信女：薛門許惠娘捨廟地壹所。信士：陳明惠官捐金捌拾大員；王文良官捨廟後地壹所；洪亞溪官捨橋邊地壹所；許行雲官、徐仁壽官，各四十元；薛昭恭官三十大元；陳温昌官、戚猷勛官，各廿四元；陳振勛官二十大元；李豊裕號十五大元；蔡錫金官、豊興棧，各十二元；王步月官十大元；李清江官、曾紫雲官、許有成號、薛榮茂官、侯清海官、許永占官、許升雲官、廖拔琦官，各十大元；黄深山官、郭秋蓮官，各八大元；李光燦官、許新卿官、梁贊喜官、黄茂生官、杜成岐官、侯賀生官、陳南生官，各六大元；薛茂元官、成德號、陳樣老、陳清良官、魏萃官、林宇官、甘德茂官、楊德福官，各四大元；林瑞榮官、林成玉官、陳順法官、陳俊善官、振和興號、合隆號、林嘉譽官、新同裕號、王招成官、李箭官、黄福英官、余郡官、

鄭抱官、邱五湖官、永順瑞號、蕭從密官、黃塔顯官、邱紹周官、陳仕吉官、黃熙澈官、陳月官、郭波官、劉欲
官、陳景生官、朱曲星官、戴甜官、蔡三杰官、陳綿拱官、陳集官、陳雩官、楊合號、余心球官、林生財官、許
勃生官、余乖官、曾德水官、薛柳官、林成嘉官、李紫燕官、陳德月官、曾東水官、薛育官、薛元珍官、楊文生
官、新瑞成號、楊榮喬官、蔡文琴官、瑞美號、杜仲官、莊鴻發號、陳玉山官、同鎰號、協成號、陳端儀官、王
宗珠官、林德喜官、財官、成振成官、協成號、英官、郭砂官、陳永吉官、黃青山官、蘇繼善官、薛略官、許江
河官、宋交兵官、許清雲官、蔡長葛官、林音生官、陳藝老、蔡清金官、陳郡英官、吳秉杰、曾世然官、新保生
堂、許瓜、陳魚官、柯再生官、鄭正仁官、孟陣官、何郡生官、林醮官、成隆號、泉興號、德勝號、余唐水官、
楊源珍官、楊源水官、楊贊盛官、張松官、曾成武官、林光榮官、鄭德官、成發號、全裕號、陳應標官、儀成
號、協隆號、發成號、綿成號、黃良興官、曾有官、永裕號、順興號、陳光和官、許元廷官、林旺官、集源號、
薛裕官、陳俊逸官、鄭文蘭官、曾芳變官、邱嘉容官、瑞香號、吳亞思哥、李柜官、李儒奎官、林禮通官、陳勝
發官、天德堂、源茂號、成發號、陳仕元官、陳丁蘭官、陳連英官、游連佛官、魏丕基官、曾加宗官、許天祐
官、張田英官、林清旺官、鄭聽官、春裕號、德興號、全興號、陳啓麟官、豐茂號、陳清連官、同新號、亞戊、
翁景安官、何俊極官、成興號、成泰號、陳呈祥官、許順昌號、王長雲官、孟天蔭官、陳金元官、楊贊興官、瑞
合號、戴德官、莊光良官、黃官、林交官、新泉成號、源興號、陳榮珠官、周占官、李官、阮可官、楊玉泉號、
許官、翁文祥官、陳益志官、戴游水官、吳永乾官、曾金生官、葉和合官、陳文安官、游光恩官、余春官、蘇境
官、陳拱官、陳文强官、鄭官、陳榜官、鎰興號、鍾光傳官、吳亞沙哥、王文元官、黃文慶官、源豐號、福隆
號、何有德官、郭長順官、楊德富官、曾德山官、陳官、葉瓊英官、楊賢官、王天源官、陳淵珍官、蕭進官、高

輝官、蘇久年官、王深榮官、朱官、洪意娘、何成春官、張國官、蔡珍官、劉羅官、杜元通官、蘇元亨官、謝秋水官、陳清官、曾亞萬哥、馬亞板哥、林財官、余贇官、黃登金官、沈格官，各壹大元。

同治三年歲次甲子陽月穀旦董事仝敬立。

〇二四　玉虛宮慶成建醮捐緣木牌

【碑刻名稱】玉虛宮慶成建醮捐緣木牌

【材　質】木材

【形　制】長方形横牌

【尺　寸】長一百一十六厘米、寬五十二厘米

【書　體】隸書

【碑　額】無

【碑　題】無

【碑文撰者】無

【碑文書丹】無

【立 碑 者】玉虛宮董事人

【立碑時間】清同治八年（一八六九）

【存　佚】現存

【地　點】馬來西亞吉黎望玉虛宮

【碑刻録文】

蓋聞惟有其誠，則有其神；無其誠，則無其神，是乃神之靈也。今我董事曾世芳甲、黄水閣官并總理總管等，正

心誠意，同奉北極大帝，願以英靈顯赫，香烟不斷，千秋不朽，萬古長存。正謂神光廣大，赫赫明明，有求必應，保萬民而禎祥，祐衆人而納福。故自天運壬戌年吉月吉日，起基興工，立廟告竣，尚未慶成建醮。緣奈黃金安外出，經營因寢其事，迄今日久，有感於心。爰集董事曾世芳及總理總管人等相商，議定本年八月十二日黃道吉辰，齊到至玉虛宮慶成建醮，上簽演戲，答謝神恩，合呷祈安植福，諸務明白。惟有慶成醮事演戲開費浩繁，共銀壹佰六拾四員正，言議作三股均分，董事總理總管人等列諸芳名于左。爲序。

大董事曾世芳捐金銀伍拾元正、大董事黃金安捐金銀伍拾元正、總理陳藕老捐金銀拾叁元正、總理陳傳生捐金銀拾壹元半、總理洪花玉捐金銀拾壹元半、總理黃德崇捐金銀拾壹元半、總管楊贊合捐金銀叁元正、總管施隆瑞捐金銀叁元正、信士詹恂愿捐金銀拾貳元正、信士盧獅觀捐金銀貳元正，總合共大銀壹佰六拾四元正。

天運己巳年葭月朔日董事人謹立。

〇二五　重修玉虛宮碑記木牌

【碑刻名稱】重修玉虛宮碑記木牌

【材　質】木材

【形　制】長方形横牌

【尺　寸】長一百一十厘米、寬六十八厘米

【書　體】楷書

【碑　額】無

【碑　題】重修玉虛宮碑記

【碑文撰者】無

【碑文書丹】無

【立 碑 者】玉虛宮董事人

【立碑時間】民國八年（一九一九）

【存　佚】現存

【地　點】馬來西亞吉黎望玉虛宮

【碑刻録文】

曾清秀捐金叁佰元；蔡清木捐金貳佰元；余光源捐金壹佰元；曾西聘捐金壹佰元；陳思福捐金壹佰元；陳惟賢捐金壹佰元；曾江水捐金壹佰元；陳福源捐金壹佰元；陳清喜捐金壹佰元；陳豐發捐金伍拾元；陳温祥捐金伍拾元；蔡清福捐金伍拾元；蔡清□捐金伍拾元；王興長捐金伍拾元；羅光權捐金伍拾元；陳添福捐金叁拾伍元；陳添泰捐金叁拾伍元；陳金池捐金叁拾伍元；陳瑞金捐金叁拾伍元；王欽吉捐金叁拾伍元；梁朗文捐金叁拾伍元；劉嘉叡捐金叁拾伍元；何勝業捐金叁拾伍元；伍寬海捐金叁拾元；陳福壽捐金叁拾元；傅鈺甘捐金叁拾元；王聚秀捐金貳拾伍元；陳慧□捐金貳拾伍元；□振美捐金貳拾伍元；□保先捐金貳拾伍元；徐江清捐金貳拾伍元；周英美捐金貳拾伍元；金裕□捐金貳拾伍元；延安號、楊文治，以上各緣五元；另捐散緣計壹佰捌拾壹名，共銀貳佰肆拾貳元；總共收捐緣大銀叁仟肆佰捌拾貳元。

開還孫阿玉包起宮料工銀貳仟柒佰肆拾玖元、督造兼捐緣林金源開補孫阿玉貼加造工銀貳佰元、督造兼捐緣王文培開零散雜費并做石碑銀伍佰貳拾陸元，計三條共銀叁仟肆佰捌拾貳元。

中華民國八年歲次戊午腊月穀旦吉立。

〇二六　重建北極宮序碑

【碑刻名稱】重建北極宮序碑
【材　　質】石材
【形　　制】長方形横碑
【尺　　寸】長一百零八厘米、寬五十四厘米
【書　　體】隸書
【碑　　額】無
【碑　　題】重建北極宮序
【碑文撰者】無
【碑文書丹】無
【立　碑　者】北極宮總理主持等
【立碑時間】清光緒五年（一八七九）
【存　　佚】現存
【地　　點】新加坡 Leng Kee Rd 麟山亭北極宮
【碑刻録文】

重建北極宮序

夫宮坐丁向癸，兼午子分金庚□。原崇祀元天上帝、福德正神。聖靈赫濯，歷久彌增，鎮一方之治，年佑萬人，口口吉慶。兹丙寅年重修，至今日久廟宇損壞，难以住趾。是以住持僧圓明謀集諸善信，各捐緣資重建再造，以酬聖德，定慶福报，即将捐緣芳名同列立碑，以垂不朽。

山主：麟記號。

大董事：李仕捷觀。

總理：王金觀、陳鴻觀、林正尚、劉錦觀、郭梓觀、蔡箕觀、黃碗觀、陳任觀、陳如觀。

信士：苑生捐銀二十六元；黃文德捐銀十大元；劉□□捐銀十大元；洪西明捐銀八大元；上林號捐銀八大元；□時觀捐銀八大元；陳君仁捐銀八大元；鄭板觀捐銀七大元；王塗觀、林柚觀、長成號、葉售觀、蔡察觀、施相觀，以上各捐銀六大元；黃駝觀、陳到觀、陳棍觀、鄭寅觀、鄭富觀、蘇限觀，以上各捐銀五大元；成德號、成隆號，共捐銀十大元；余吉成、德昌號、楊振都、萬源號、鶴隆號、山仰棧、長泉棧、謝隆泉、劉錦觀、郭梓觀、新合興、王然觀、吴鋪觀、蔡箕觀、蔡狮觀、陳即觀、陳欉觀、陳象觀、陳時觀、蘇限觀、林都觀、鄭烟觀、洪懷觀、劉春觀、生裕源號、捷美號、泉興號、胡朝水、魏正尚、鄭上苑、林和觀、蔡賽源、劉□觀、陳鏡觀、陳英觀、陳助觀、陳廣觀、黃良馮、翁鎮觀、顏源觀、劉俊源、鄧再源、顏宗魯，以上各捐銀四大元。

時在光緒五年歲次己卯陽月望日，董事、總理、住持立石。

〇二七　重修麟山亭并橋路碑記

【碑刻名稱】重修麟山亭并橋路碑記

【材　　質】石材

【形　　制】長方形横碑

【尺　　寸】長一百二十厘米、寛六十厘米

【書　　體】碑題隸書，正文楷書

【碑　　額】無

【碑　　題】重修麟山亭并橋路碑記

【碑文撰者】無

【碑文書丹】無

【立 碑 者】大董事陳武烈等

【立碑時間】民國四年（一九一五）

【存　　佚】現存

【地　　點】新加坡麟山亭

【碑刻録文】

重修麟山亭并橋路碑記

夫麟山亭爲僑胞舊冢，其亭并橋路皆有關於葬事之往來，停驂者大有關切，故我僑胞踴躍樂输，共成美舉，兹將捐金芳名暨列于左：

天福宮公司捐銀伍佰大元；薛榮華捐銀二佰玖拾元；蔡奇安捐銀二佰玖拾元；僧碧玉捐緣銀貳佰柒拾叁元九角五占；薛協源捐銀壹佰四十元；薛中華捐銀壹佰二十元；張金記捐銀壹佰零二元；顔祥合捐銀柒拾四元；張順餐捐銀陸拾大元；聚春號捐銀伍拾大元；廖内新福和捐銀伍拾元；邱益昌捐銀四拾四元；陳合隆捐銀四拾四元；源振豐捐銀四拾二元；陳嘉庚捐銀四拾大元；新合吉、新榮成、陳吉美、祥源號、聯慶號、和豐公司、林錦興、萬山號，以上捐銀叁拾二元；林鴻、協榮茂、薛鴻發，以上捐銀卅元；天一局、陳德隆、源豐興、新德興、張順善、恒利號、協隆興、新成發、鍾新協興，以上捐銀二十六元；傅長榮捐銀二十五元；萬祥美捐銀二十四元；聯盛號捐銀二十四元；綿興茂、允昌號、順發號、承日興、嘉美號、萬隆號、瑞豐盛、萬益興、胡協吉、新開茂、兩和號、益成號、興發號、益和興、葉振和、顔源和、發祥公司，以上捐銀二十二元；同成興捐銀一十八元；源成發、東興號、源隆號、萬祥號、益美號、新成和、源合興、盈豐號、陳竹安，以上捐銀一十七元；陳成茂、陳企伴、林烏番、協泰昌、張礁官、蔡元仲，以上捐銀壹拾六元；振源棧、協昌號、福振隆、錦南興、怡成棧、陳晋祥、振合興、振和興，以上捐銀壹拾五元；成源公司捐銀一拾四元；謙吉號捐銀一拾三元；鼎和興、錦和公司、鼎盛興、豐安號、滙通號、瑞和成、協振隆、益泰安、自遠方、源成發、源晋成、鼎益盛、順振吉、綿利號、王捐官、陳殿官、合順號、謝豐和、謙益號、劉順成、黄成茂、柯成泰、建順號、源成興、昌發號、金榮春、福盛

棧、興美號、福美號、黃三伯、陳朝順、汪隆成、馮成器、振瑞成、楊集茂、陳德發、謝槌娘、恒興號、張慶
長，以上捐銀拾貳元；金和興、振發興、上林號、同萬興、承裕昌、洪福茂、顏昌順、許怡興、鼎盛源、光華
號、恒裕成、謝永成、再興號、振美號、黃仁慶、陳吾官、黃箴官、源裕號、萬鼎興、蔡源水、王方官、古今
軒、德和成、振瑞棧、金福和、泰安號、漳順興、林岩泉、林發興、泉益號、合德裕、福得號、錦再源、吕點
官、洪春進、汪世挾、老勝記、可安號、德春、福和隆、建源棧、林得金、王清彪、協隆源號、源安號、新再
發、蔡乘官、致中和、錦發公司、謝泉發，以上捐銀壹拾元；陳長春捐銀玖元；吴通久、振福興、普源號、和興
號、華通公司、藍華興，以上捐銀捌大元；長林號、萬德隆、順德號、吴瑞吉、洪德泰、永合號，以上捐銀柒大
元；葉元隆、福星號、寶源堂、協源號、益和源記、巨發號、裕隆和記、許抗官、陳烏美、陳巨昌、隆順號、寶
興號、金記公司、楊開成、合茂泰記、建成發、陳科官、陳泉官、陳炳爐、黃屈官，以上捐銀陸大元；隆順號、
鴻記號、源泰棧、協隆號、美南號、和安號、陳福源、振祥號、振豐成、新慶安、源記號、福同源、恒發號、源
豐號、協源泰、源茂號、源順泰、鍾再協興、再協春、萬春和、德興號、裕興號、新源發、隆成號、恒興號、升
源號、同協興、聯裕號、德春益成、允福號、泰和號、綿源號、長興號、綿昌號、柯協記、新德春、合成號、永
吉號、合振號、錦益興、錦德號、協隆號、萬建成、許文龍、復順興、同成號、開順號、葉成美、振源盛、福興
棧、復順興、興源號、吴照建、蘇炳道、振安號、茂源號、許益成、金盛昌、葉協和、福美號、金晋益、黃合
成、吴國材、高小生、林蜜娘、蘇根搗、謝淺娘、林振盛、黃麥官、陳成德、再盛發、湯會娘、洪泰成、萬美
棧、林章記、和隆號、楊烏龍、蘇清栽、蘇根登、錦芳號、蘇炳鞍、益順號、蘇根貝、源和興、綿錦號、林堆
金、永和號、綿和號、林文卦、隱名子、蔡得利、蔡妝乳、瑞安發、方弄官、鄭扳官、張鍊娘、張添德、林國
波、蘇湖淑、李廣利、陳招官、綿合號、泉洲號、萬福興、綿安號、萬利安、蔣和生、德裕興、福安號、陳和

合、黄帆官、財安號、鄭源春、陳振禄、榮成號、蔡慶貴、金順成、邱金養、洪懷官、黄光文、李玉官，以上捐銀伍元；連柴牌緣，總合共收入緣銀陸仟貳佰陸拾元零玖角五占。總共開造橋修路工料銀貳仟壹佰四拾壹元柒角五占，重修本亭工料銀肆仟壹佰壹拾玖元貳角，合出銀陸仟貳佰陸拾元零玖角五占。

民國歲次乙卯年仲秋月　日。

大董事陳武烈、薛中華、張順善募化，協理張植發，住持僧碧玉，仝。穀旦。

〇二八　麟山亭北極宮重修牌

【碑刻名稱】麟山亭北極宮重修牌
【材　質】銅材
【形　制】長方形横牌
【尺　寸】長二百四十厘米、寬六十厘米
【書　體】碑題隸書，正文楷書
【碑　額】無
【碑　題】麟山亭北極宮
【碑文撰者】無
【碑文書丹】無
【立 碑 者】大董事陳武烈等
【立碑時間】一九八七
【存　佚】現存
【地　點】新加坡麟山亭
【碑刻録文】

麟山亭北極宮

麟山亭北極宮，在光緒五年由前僑領籌募建造于麟記山之峰，供奉玄天上帝，以供人民膜拜。山峰毓秀，神明顯赫，于今已有百餘年。雖在一九五六年經前届理事略爲修理，延今已有卅餘年。在這悠久歲月，廟宇已經破壞不堪，同人等有感及此，特組重修委員會進行修葺。蒙各界人士熱烈響應，大力支持，解囊相助，已于丁卯年三月初五日修理完成，舉行開光大典。聘請道士建醮宣宮，以求國運昌隆，人民安樂，生意興隆，財源廣進，舟車順利，各業進步，家家迪吉，老少安康。際此吉日良辰，謹泐數言以爲念焉。茲將捐款芳名列明于左：

大豐製造私人有限公司貳萬元、海發貿易私人有限公司叁仟元、四海棧有限公司貳仟元、李雙喜貳仟元、陳子創貳仟元、蔡添成貳仟元、西亭寺貳仟元、黄金塔貳仟元、韋邦澤貳仟元、馬清凉貳仟元、方金創貳仟元、吕木吉壹仟伍佰元、陳九仔壹仟貳佰元、陳賢金壹仟元、陳璇芝壹仟元、陳祥興壹仟元、陳國顯壹仟元、李火炎壹仟元、李慶財壹仟元、李坤生壹仟元、黄玫衍壹仟元、黄烏正壹仟元、黄進寶壹仟元、王金樹壹仟元、王亞財壹仟元、張亞能壹仟元、楊振華 BBMD 壹仟元、洪泰山壹仟元、傅玉發壹仟元、鍾沅悚壹仟元、林健生夫婦壹仟元、吴澤忠壹仟元、許丕國壹仟元、方金永壹仟元、紀利浩壹仟元、吉記號壹仟元、東源行壹仟元、新建春寶號壹仟元、順法洞壹仟元、青烏菜館壹仟元、惹蘭忠超級壹仟元、涵興貿易公司壹仟元、自助市場伍佰元，以上爲名譽主席。

燕閣大酒樓捌佰元、胡熳驪陸佰元、惹蘭忠大六十五中元會陸佰元、陳源福伍佰元、陳廷泉伍佰元、陳天資夫婦伍佰元、陳天助伍佰元、陳維廣伍佰元、陳佛山伍佰元、陳搓獅伍佰元、陳好女士伍佰元、陳金生伍佰元、陳玉華伍佰元、陳亞城伍佰元、陳國梁伍佰元、陳亞源伍佰元、黃明德伍佰元、黃守信伍佰元、黃文錦伍佰元、黃漢雄合家伍佰元、黃成家伍佰元、黃時兆伍佰元、黃吉伍佰元、鄭國定伍佰元、鄭亞懋伍佰元、鄭金鈺伍佰元、張天福伍佰元、李志賢伍佰元、李石龍伍佰元、李亞德伍佰元、楊福昌伍佰元、楊錦喜伍佰元、林傳興夫婦伍佰元、林金錐伍佰元、蘇亞祥伍佰元、蘇亞禮伍佰元、劉秀霞伍佰元、方坤炎伍佰元、王仲華伍佰元、辜聲銘伍佰元、何寶安伍佰元、謝亞弟伍佰元、白亞達伍佰元、傅天昌伍佰元、顏振成伍佰元、趙金木伍佰元、蔡秀萍伍佰元、吳繼厚伍佰元、洪玉寬伍佰元、麟谷呇汝友誼社伍佰元、富强建設機械公司伍佰元、金榮德工程伍佰元、永興食品私人有限公司伍佰元、張無綫電器伍佰元、大衆椅桌伍佰元、春記寶號伍佰元、南源公司伍佰元、慶安貿易公司伍佰元、美美咖啡粉伍佰元、慶成脚車摩多公司伍佰元、許夢新公司伍佰元、祥和餅乾廠伍佰元、南發合記伍佰元、黃合與寶號伍佰元、燕群餐室伍佰元、嚴公司伍佰元，以上爲名譽贊助人。

紅山南海壢肆佰元、泉成食品私人肆佰元、陳江學叁佰元、陳清文叁佰元、陳□順叁佰元、陳新華叁佰元、陳金花叁佰元、黃水永叁佰元、黃成恭叁佰元、黃添壽叁佰元、詹亞猪叁佰元、鄧漢基叁佰元、葉金機叁佰元、林長財叁佰元、蔡也好叁佰元、新協春寶號叁佰元、合成食品工業（馬）有限公司叁佰元、山發寶號叁佰元、紅獅茶室叁佰元、瓊南興茶室叁佰元、新榮和興潮劇團叁佰元、金鷹潮劇團叁佰元、吳紹堅叁佰元、白亞木叁佰元、王合興叁佰元、協興長記叁佰元、林文成貳佰元、林木强貳佰元、林禮福貳佰元、林錦明貳佰元、林牽治貳佰元、林秀珍貳佰元、林寶金貳佰元、鄭寶成貳佰元、鄭坤明貳佰元、鄭鳳仙貳佰元、鄭金福貳佰元、鄭寶順貳佰元、鄭寶興貳佰元、陳福財貳佰貳拾元、陳清秀貳佰元、陳湖程貳佰元、陳泰山貳佰元、陳亞英貳佰元、陳國全貳佰元、陳朝福貳佰元、陳玉順女士貳佰元、陳亞芒貳佰元、陳瑞水貳佰元、陳恒樂貳佰元、陳亞秋貳佰元、陳學成貳佰元、陳添壽貳佰元、陳炳成貳佰元、陳亞海貳佰元、陳加山貳佰元、陳振成貳佰元、陳成福貳佰元、陳亞火貳佰元、陳益犇貳佰元、陳德發貳佰元、陳春福貳佰元、陳福成貳佰元、陳照元貳佰元、陳日德貳佰元、陳宗明貳佰元、陳宗福貳佰元、陳祥財貳佰元、陳錦治貳佰元、唐清源貳佰元、蘇琨水貳佰元、蘇立水貳佰元、蘇志遠貳佰元、蘇水花貳佰元、何火來貳佰元、何亞鳳貳佰元、何亞歷貳佰元、何祖培貳佰元、梁彼得貳佰元、梁永發貳佰元、梁亞生貳佰元、馮廷菊貳佰元、鄭寶成貳佰元、鄭成貳佰元、鄭長華貳佰元、鄭清源貳佰元、鄭玉蓮貳佰元、鄭木土貳佰元、鄭和順貳佰元、鄭亞格貳佰元、張俊明貳佰元、張來成貳佰元、張亞揘貳佰元、張亞招貳佰元、張德泉貳佰元、張賢光貳佰元、張順吉貳佰元、張成發貳佰元、張來成貳佰元、張庭釗貳佰元、張三板貳佰元、張文煌貳佰元、張春和貳佰元、張萬珠貳佰元、張紹平貳佰元、王爲明貳佰元、王亞龍貳佰元、王亞毛貳佰元、王山福貳佰元、王亞猪貳佰元、王亞爐貳佰元、王國芳貳佰元、馮成友貳佰元、馮明華貳佰元、許亞目貳佰元、許盛宗貳佰元、許澗懷兄弟貳佰元、吕世川貳佰元、吕金生貳佰元、吕立成貳佰元、周世攀貳佰元、周宗璇貳佰元、周德富貳佰元、余德昌貳佰元、余官正貳佰元、余江洋貳佰元、胡永成貳佰元、胡明炎貳佰元、胡海貳佰元、方坤源貳佰元、方水金貳佰元、方水泡貳佰元、謝金華貳佰元、謝民强貳佰元、謝君貳佰元、湯英平貳佰元、湯德榮貳佰元、薛鏞洲貳佰元、薛惟聯貳佰元、卓開成貳佰元、卓金諵貳佰元、潘妙心貳佰元、黄金泰貳佰元、黄亞煌貳佰元、黄慶福貳佰元、黄妹仔貳佰元、黄蘇貳佰元、黄麗美貳佰元、黄亞蓮貳佰元、黄漢汶貳佰元、黄天錫貳佰元、黄亞華貳佰元、黄麗興貳佰元、黄愛治貳佰元、黄平貳佰元、李慶新貳佰元、李三貳佰元、李福泉貳佰元、李茂勝貳佰元、李榮華貳佰元、李細嬰貳佰元、李文鏗貳佰元、李梧林貳佰元、李加里貳佰元、李添美貳佰元、李素金貳佰元、李德明貳佰元、李永坤貳佰元、李錫堆貳佰元、李永發貳佰元、李玉桃貳佰元、李篤扶貳佰元、林楚平貳佰元、林月英貳佰元、林振和貳佰元、林吉順貳佰元、林肖卿貳佰元、林亞來貳佰元、林順吉貳佰元、林愛玉貳佰元、林玉金貳佰元、林秀枝貳佰元、郭亞德貳佰元、郭清吉貳佰元、郭紅碹貳佰元、郭炳明貳佰元、郭賽月貳佰元、傅子港貳佰元、傅金源貳佰元、傅振坤貳佰元、傅水圭貳佰元、傅子榮貳佰元、傅亞味貳佰元、沈啓喜貳佰元、沈鈴富貳佰元、沈漢强貳佰元、沈坤豐貳佰元、沈舜卿貳佰元、洪文華貳佰元、洪根德貳佰元、洪添財貳佰元、洪偏迪貳佰元、洪亞忠貳佰元、洪平春貳佰元、洪文通貳佰元、洪亞標貳佰元、洪秀春貳佰元、洪亞妹貳佰元、顏成光貳佰元、顏增培貳佰元、顏英貳佰元、顏榮華貳佰元、顏呈祥貳佰元、曾亞池貳佰元、曾成興貳佰元、曾瑞發貳佰元、曾坤元貳佰元、葉水河貳佰元、葉加添貳佰元、葉亞嬌貳佰元、葉義功貳佰元、葉便貳佰元、唐麗華貳佰元、唐連基貳佰元、唐亞治貳佰元、潮興菜館貳佰元、興利食品廠貳佰元、合發利公司貳佰元、愛華百貨商店貳佰元、海皇清湯貳佰元、星華茶室貳佰元、合順園茶室貳佰元、建成合記貳佰元、美燕京理髮院貳佰元、德發茶室貳佰元、青天飲冰室貳佰元、紅山如意齋貳佰元、偉業貿易公司貳佰元、新聯興寶記貳佰元、同與發寶號貳佰元、全民洋服貳佰元、藝升録影貳佰元、快樂閩劇團貳佰元、雙飛燕閩劇團貳佰元、太陽運輪貳佰元、牛車水化妝中心貳佰元、新源美寶號貳佰元、大光明寶號貳佰元、長江茶室貳佰元、義成寶號貳佰元、雄發魚丸麵貳佰元、大豐魚丸麵貳佰元、金燕清湯貳佰元、亞發冷藏食品貳佰元、福春藥行貳佰元、謀利成寶號貳佰元、QEK7070 貳佰元、陳秀瓊貳佰元。

麟山亭重修委員会

顧問：楊振華 BBM（L）；會務顧問：吴開書 PBM；醫藥顧問：吴榮國；正主席：張亞能；副主席：鄭士成；正總務：陳天中；副總務：蔡梅案；正財政：陳木生；副財政：周江林、陳亞源；募捐：詹亞猪、陳祥興；直賬：（正）陳泳金、（副）許再福；委員：王亞猪、黄進寶、石永江、蔡福財、洪亞獅、陳宗明、陳賢金、陳新華、陳憲强。

以上芳名共捐來銀壹拾玖萬貳仟壹佰貳拾元正，又對捐款貳佰元以下者共捐來銀叁萬捌仟捌佰捌拾玖元正，計貳條總共銀貳拾叁萬壹仟零玖元正。

對修理費及開光總支出貳拾貳萬玖仟伍佰玖拾叁元捌角柒占正，計貳拾貳萬玖仟伍佰玖拾叁元捌角柒占正，對除以外尚存銀壹仟肆佰壹拾伍元壹角叁占正。

一九八七年四月二日立。

〇二九　道教城東亭神后碑志

【碑刻名稱】道教城東亭神后碑志

【材　質】石材

【形　制】長方形立碑

【尺　寸】長一百二十厘米、寬六十厘米

【書　體】楷書

【碑　額】雙龍戲珠

【碑　題】神后碑志

【碑文撰者】無

【碑文書丹】無

【立 碑 者】無

【立碑時間】乙酉年（一八八五）

【存　佚】現存

【地　點】越南河内城東亭

【碑刻録文】

神后碑志

河城第二户東城市村翰林院檢籍鄭文政，竊念古今義大，繼序不忘骨肉情深，捐資寄忌。投于本村真天觀寺，遵奉例定寄后吉忌，愿己出銀壹千元。現有會同耋耄、官員，同村準□認□□銀生息訂明，立碑于前輩祠堂左邊奉祀。□年忌日，禮儀班摘取息銀六十元，隨時對錢整辦禮物、金銀、香花、芙酒、燈茶、果品，或翰音，或三牲，或齋盘，先恭獻佛聖前輩，次以向碑前行禮，事清貳甲及子孫内外均蒙餘惠。是故立碑爲志也，其名號忌日恭陳于左。

親姊阮門亞□鄭貴氏諱未號妙馨安人之靈神位，辛未年元月初二日戌時生，辛卯年二月初四日辰時皈西。

乙酉年中元前福生日立碑志。

○三○　大山脚玄天廟募題捐助建廟碑

【碑刻名稱】大山脚玄天廟募題捐助建廟碑

【材　質】石材

【形　制】方形碑

【尺　寸】長八十六厘米、寬八十六厘米

【書　體】楷書

【碑　額】無

【碑　題】募題捐助建廟芳名

【碑文撰者】無

【碑文書丹】無

【立 碑 者】玄天廟董事人等

【立碑時間】清光緒十二年（一八八六）

【存　佚】現存

【地　點】馬來西亞檳城大山脚伯公埕玄天廟

【碑刻録文】

募題捐助建廟芳名

匡理黃陳慶捐銀四佰陸拾伍大元正；萬安公司王明德、林寗綽捐銀四佰元正；劉珠合捐銀壹佰元；湯金房捐銀壹佰元；温娘田捐銀五拾元；宋帝福捐銀五拾元；彭志中捐銀五拾元；陳南和捐銀叁拾元；張清宙捐銀叁拾元；陳叻合捐銀叁拾元；鄭睿達捐銀叁拾元；黃躍松捐銀貳拾五元；邱娘度捐銀貳拾五元；許萬英捐銀貳拾五元；許萬澄捐銀貳拾五元；周和安捐銀貳拾五元；方石保捐銀貳拾五元；湯火進捐銀貳拾五元；曾錦合捐銀貳拾元；王海山捐銀貳拾元；葉連貴捐銀貳拾元；謝雙玉損銀貳拾元；同昌號捐銀貳拾元；陳換合捐銀拾五元；詹雲合捐銀拾五元；何汝成捐銀拾五元；胡水合捐銀拾五元；鍾樓合捐銀拾五元；瑞茂號捐銀拾貳元；張帖合捐銀拾貳元；李丕淵捐銀拾貳元；合利公司捐銀拾元；彭金聲捐銀拾元；楊富合捐銀拾元；王長合捐銀拾元；陳長合捐銀拾元；朱雲秀捐銀拾元；同利號捐銀拾元；同順號捐銀拾元；彭三才捐銀拾元；甄福慶捐銀拾元；鮑關瑞捐銀拾元；曾木星捐銀拾元；廣成利、陳泗合、温店合、張辛貴、方穗合、吳芬合、謝世足、官接合、葉雲高、朱捷元、譚壽合、吳默合、劉新福、鍾文合、温金交、譚水安、温錦昌、湯春相、伍學琰、練滿合，以上捐銀拾元；鄭三合、葉德進、李揚進、陳申合、黃神烈、振興號、張亞祐、曾泗興、龔亞池、李金秋、楊賓賀、張和利、龔亞佳、林石連、吳文垣、曾文瑞、田亞谷、吳哲喜、黃禄合、蔡永禄、黃安合，以上捐銀叁元；黃泗合、廣泰利、葉四合、陳長宗、連齊旺、孔亞水、黃新勝、詹名郁、郭林佑、黃錦瑞、彭水和、譚陳富、陳來秀、陳觀德、韓亞錫、温涯合、羅義就、楊娘政、汪亞耀、張丙秀、官起得、官耀合、官十保，以上捐銀叁元；孫觀興、傅元龍、張芋合、吳亞葉、吳閏生、鍾環二、陳德霞、陳玉明、鄭新意、鄭娘萬、陳亞旺、方亞順、唐亞模、盧亞轉、張賜合、陳福合、黄源德、田朝合、鄭和昌、古亞政、楊康合，以上捐銀叁元；梁亞壬、李捷謙、楊亞典、泉成號，以上捐銀叁元。

光緒拾貳年歲次丙戌仲冬之月穀旦。

〇三一　古晉上帝廟重修碑記

【碑刻名稱】古晉上帝廟重修碑記
【材　質】石材
【形　制】長方形立碑
【尺　寸】長一百六十二厘米、寬六十八厘米
【書　體】楷書
【碑　額】無
【碑　題】重修碑記
【碑文撰者】無
【碑文書丹】無
【立 碑 者】義安郡司事等
【立碑時間】清光緒十五年（一八八九）
【存　佚】現存
【地　點】馬來西亞古晉上帝廟
【碑刻録文】

重修碑記

竊維宮廟之設，所以妥侑神靈、錫兹祉福，典至鉅也。我商等別鄒魯之鄉，入荆越之地，則見赫赫上帝，駿德達於遐方，濯濯厥靈，鴻功振於殊俗。感神德之帡幪，愧廟垣之未立，心傷目擊，未免黯神抱痛耳。衆乃顧而起曰：「吾聞神聰明正直，福仁禍淫。夫仁人之安宅也，有神在，苟無廟宅以立之，其何以無貽神明羞？」由是人心雀躍，皆萌作廟之思；衆志豚誠，願懷築宮之意。

同治二年癸亥葭月間，遂卜其地於亞荅街處，即顏其額曰「上帝廟」焉。斯時，辱在羈人，藉俎豆以求佑，何知婦女，習拜跪以告虔。求亥市之金，卜符乎滿，來丁男之問，吉叶象乩，無不感之人心，無不神之靈應。竊謂乃寢既歌，即極之百世，百年應無壞宗子之城耳。詎間癸未間坡遭回禄，廟成烏有之鄉；時當祝融，宇皆不毛之地。濯濯若彼，潔已比於童山；烈烈如焚，容已滅於火帝。時有過而見者，莫不踴躍争先，出其言以示我邦衆曰：「我上帝巨鎮海邦，聲靈赫濯，歷古如昭矣；况夫商等列廛肆以鳩居，屢蒙神佑，寄异方而燕處，共荷神庥。倘當此火滅之秋，不復起再造之想，將地成白壤，適攖神怒之加；土皆菁蕪，何堪馨香之祝。」丁亥，衆再捐其項，購宇買基，以爲上帝廟所。至己丑春慶落成。新廟奕奕，屋無嘆夫瞻烏；聿宇皇皇，居己安夫息燕。我商人締造有志，既集腋以成裘；彼上帝靈爽式憑，定降祥於旅客。是爲序。

大清光緒十五年歲次己丑孟冬月吉日，義安郡司事等仝立。

〇三二　三馬林達天儀宮序碑

【碑刻名稱】三馬林達天儀宮序碑
【材　質】石材
【形　制】長方形立碑
【尺　寸】長一百三十厘米、寬九十八厘米
【書　體】楷書
【碑　額】光緒癸卯年通告
【碑　題】天儀宮序
【碑文撰者】董事陳豐茂等
【碑文書丹】無
【立 碑 者】天儀宮董事陳宗玉等
【立碑時間】光緒三十二年（一九〇六）
【存　佚】現存
【地　點】印度尼西亞加里曼丹三馬林達三教天儀宮寺廟
【碑刻録文】

天儀宮序光緒癸卯年通告

蓋聞立久之基者，始必有所倡，其終必有所繼，而後功不敗於金城。若我華人於高低埠建立天儀宮，其彰明較著也。

夫天儀宮，乃崇奉天上聖母暨玄天上帝、關聖帝君諸神像耳。當夫未立宮之初，我華人之處此土，早已共沐諸神呵護之恩，而同具丕顯，亦臨無射，亦保之志。時有雷珍蘭黄君魁之者，見衆情之踴躍，爰昌立以昭垂，議以烟賭兩暌得利公款五萬餘盾，充爲築造之需，我華人罔不鼓掌稱善。於是選擇形勝，諏告興工。行將拭目以觀厥成，不圖創告略備，而黄君溘然登仙閣，坡方嘆息久之。而且公款賬目，無從稽查，徒增浩嘆已耳。嗣幸新任雷珍蘭陳君宗玉，不忍斯廢，乃慨然引爲己責，謂前款雖無可稽查，而集資可以續全。因即邀集同志，募捐鉅款，闔埠踴躍輸將，集腋遂以成裘，由是續興土木，未幾而厥功告竣。《詩》所謂經之營之，不日成之，有如是也。然而廟貌一新，觀瞻永肅，藉非始有所倡，終有所繼，亦不能此。而要皆列位神聖之默爲指使，闔埠成慶，毋儀所願，靈爽式憑，垂庇商獲倍利，家慶平安，長受無疆之福，斯又我華人所馨香默祝者爾。是爲序。

董事：陳豐茂、陳合意、萬成源、陳瓊芳。

高低重修天儀宮題捐并開費條段。

萬成源喜捐銀一千四百盾、豐茂公司喜捐銀一千二百盾、魁元號喜捐銀一千二百盾、元隆烟暌喜捐銀□□□□□□□、吉成豐喜捐銀四百八十三盾九、萬利發喜捐銀□□□□□□□、廣生隆喜捐銀三百七十五盾、山仰棧喜捐銀三百五十盾、萬發順喜捐銀三百盾、萬茂號喜捐銀二百五十盾、萬必成喜捐銀二百三十盾、德芳號喜捐銀一百七十五盾、曾清達喜捐銀一百七十五盾、源安號喜捐銀一百五十二盾五、隆裕號喜捐銀一百五十盾、張亞綸喜捐銀一百五十盾、義記號喜捐銀一百五十盾、興盛號喜捐銀一百二十五盾、昌城號喜捐銀一百零五盾、宜和號喜捐銀一百零五盾、萬慶號喜捐銀一百盾、葉田英喜捐銀一百盾、黃麗永喜捐銀九十盾、義成號喜捐銀八十五盾、成美號喜捐銀八十盾、連金端喜捐銀七十五盾、順成美喜捐銀七十五盾、陳亞七喜捐銀七十五盾、顏振源喜捐銀七十盾、福隆號喜捐銀七十盾、黃清田喜捐銀七十盾、萬泉豐喜捐銀六十盾、方其昌喜捐銀六十盾、黃景升喜捐銀六十盾、廣利源喜捐銀五十七盾半、振豐號喜捐銀五十五盾、源興號喜捐銀五十五盾、成德號喜捐銀五十三盾、桂盡號喜捐銀五十盾、豐安號喜捐銀五十盾、隆源號喜捐銀五十盾、朱禄儒喜捐銀五十盾、陳義利喜捐銀五十盾、福成源喜捐銀五十盾、太順號喜捐銀四十盾、隆茂號喜捐銀四十盾、同仁堂喜捐銀四十盾、和隆號喜捐銀四十盾、忠和號喜捐銀三十五盾、福茂號喜捐銀三十五盾、廣南升喜捐銀三十五盾、陳修舍喜捐銀三十二盾半、森源號喜捐銀三十盾、黃振玉喜捐銀三十盾、興發號喜捐銀三十盾、李和盛喜捐銀三十盾、頂豐茂喜捐銀三十盾、金錦春喜捐銀三十盾、源成號喜捐銀三十盾、新永三喜捐銀三十盾、碧瑞號喜捐銀三十盾、廣華盛喜捐銀三十盾、黃禮德喜捐銀三十盾、瑞生號喜捐銀二十五盾、施大英喜捐銀二十五盾、慶吉號喜捐銀二十五盾、隆德號喜捐銀二十五盾、永保禎喜捐銀二十五盾、碧合號喜捐銀二十五盾、東興號喜捐銀二十五盾、陳再保喜捐銀二十五盾、成茂號喜捐銀二十五盾、廣萬豐喜捐銀二十五盾、源美號喜捐銀二十盾、邱壬癸喜捐銀二十盾、長和號喜捐銀二十盾、廣利順喜捐銀二十盾、萬順成喜捐銀二十盾、永豐美喜捐銀二十盾、羅上才喜捐銀二十盾、福振順喜捐銀二十盾、詹經涌喜捐銀二十盾、三和號喜捐銀十五盾、詹經驥喜捐銀十五盾、詹裕隆喜捐銀十五盾、東山號喜捐銀十五盾、廣和發喜捐銀十三盾、寶昌號喜捐銀十三盾、盧尚扶喜捐銀十二盾半、福盛號喜捐銀十二盾半、黃春令喜捐銀十二盾半、黃宗建喜捐銀十盾、林坤永喜捐銀十盾、李炳南喜捐銀十盾、長美號喜捐銀十盾、高自興喜捐銀十盾、泰和號喜捐銀十盾、德順發喜捐銀十盾、益成號喜捐銀十盾、關春風喜捐銀十盾、陳光門喜捐銀十盾、薛疋官喜捐銀十盾、南興隆喜捐銀十盾、郭明盛喜捐銀十盾、林顯顯喜捐銀十盾、廣泰隆喜捐銀十盾、陳氏喜捐銀十盾、蘇如春喜捐銀十盾、張宗遍喜捐銀十盾、陳雲寅喜捐銀十盾、永發號喜捐銀十盾、洪金盛喜捐銀十盾、鄭光輝喜捐銀十盾、李三姑喜捐銀十盾、吴濟世喜捐銀十盾、長源號喜捐銀十盾、廣益號喜捐銀十盾。

計一百一十七條，銀一萬二千二百九十二盾；二合共銀一萬二千七百四十五盾。

一　開敦敏油漆工料去銀。

一　開裝佛司阜工料去銀。

一　開□工去銀。

一　開長八仙桌□□灼鍾戴。

計四條，銀一萬二千四百七十盾。

收兑農成做醮燈二十九支銀六十盾、收兑亞答來銀二十二盾、收兑銅□銀一百一十九盾、收兑烏淋二尾來銀十四盾、收造橋退來銀五十盾。

右五條，銀二百七十三盾。

總合共銀□□□盾，對除外存銀貳佰六拾盾。

光緒卅二年歲次丙午四月吉日，董事陳宗玉、陳合意、陳傳璋、陳瓊芳敬立。

四會□□□□。

〇三三　重修三馬林達天儀宫序兼樂捐芳名碑

【碑刻名稱】重修三馬林達天儀宫序兼樂捐芳名碑

【材　質】石材

【形　制】長方形立碑

【尺　寸】長一百三十厘米、寬九十八厘米

【書　體】楷書

【碑　額】中國十貳年重修

【碑　題】重修天儀宫叙

【碑文撰者】無

【碑文書丹】葉啓明

【立 碑 者】天儀宫董事陳合意等

【立碑時間】民國十二年（一九二三）

【存　佚】現存

【地　點】印度尼西亞加里曼丹三馬林達三教天儀宫寺廟

【碑刻録文】

重修天儀宮叙 中國十貳年重修

傳曰「誠無不格」，惟至誠可以感神，神道變化其大矣哉。本埠天儀宮者，係建自前清末季，爲黄君魁元所首倡，陳君宗玉所落成。宮中崇奉天上聖母、真武帝、關壯繆諸神聖，香火靈感昭著，顯應不爽。計自創建於兹，垂二十餘年，埠衆蒙神默祐，闔境平安，商業興隆，實式憑之今也。年湮日久，廟宇窳壞，若不亟圖重修，必至行見傾圮。尤幸陳君宗玉尚然矍鑠，不忍以手成之巨觀，眼見其剥落，特於夏曆庚申蒲夏朔旦，邀集埠衆，提議修葺。僉云凡事非財不行，無力不舉，宜先派員擔任勸捐，籌足財力，事方有濟。於是憑神筶卜，枚舉勸捐員十二位，刻日分頭募捐。仰荷諸埠衆善信，踴躍輸將，籌集巨款，芳名另列。財既聚矣，工當興矣，惟是董事者未足其人。爰再公舉陳君合意爲爐主，管理諏吉興工暨慶成建醮事；張君泰松爲總董，監察重修一應事；郭君棟梁爲總辦，料理鳩工應材事；陳君慶蓮爲財政，掌理一切進支。諸君不憚煩勞，和衷共濟，誠心幹辦，居然廟宇簇新，美奂堪譽。而今後不特神聖賴以安居，則我善信亦有可崇拜矣。民國信教自由，律有明條，華僑國萃，標識聊壯觀瞻，重修完竣，用是爲叙。

董事陳合意、郭棟梁、張泰松、陳慶蓮仝立。

善信樂捐芳名：

永豐號捐銀一千二百盾；豐山號捐銀五百盾；萬成號捐銀五百盾；楷記號捐銀五百盾；萬茂號捐銀五百盾；林三悌捐銀二百盾；益隆興捐銀二百盾；瑞豐號捐銀一百五十盾；東興號捐銀一百五十盾；豐成號捐銀一百五十盾；吴義興捐銀一百五十盾；振民興捐銀一百五十盾；東婆羅洲影戲演贈一夜一百四十五盾十一；林三悌娘捐銀一百

盾；王家植捐銀一百盾；廣生隆捐銀一百盾；萬發順捐銀一百盾；恒泰公司捐銀一百盾；瑞興號捐銀一百盾；鄭承祐捐銀一百盾；萬源號捐銀七十五盾；豐遠號捐銀六十五盾；曾清達娘捐銀六十五盾；福成和捐銀六十五盾；金永和捐銀五十五盾；張順疇母捐銀五十盾；福南興捐銀五十盾；宜和號捐銀五十盾；南興號捐銀五十盾；吳昌城捐銀五十盾；廣南升捐銀五十盾；魁元娘捐銀五十盾；陳水浩捐銀五十盾；吳金桂捐銀五十盾；施大英捐銀五十盾；陳合意捐銀五十盾；陳瓊芳捐銀五十盾；陳水改捐銀五十盾；林三和捐銀五十盾；福森泉捐銀五十盾；黃大中捐銀五十盾；建成號捐銀四十五盾；祥興號捐銀四十五盾；同仁堂、金泰源、順興號、萬必成、瑞利號、陳長棧、振裕號、林坤永、福盛號、魏庚福、萬美號，以上十一名各三十盾；萬和興、萬泉號、王美成、峰美號、金德美、源盛號、興昌號、魏選昌、李德良、二合公司、謝來木、萬和隆、丁善玉、潘福春、廣永隆，以上十五名各二十五盾；黃英章、陳章魁、福順隆、萬泉豐、陳水棹、黃春令、豐源號、潘振基、沈來河、廣同盛、黃鍊元、魏清超、陳蟹蟹，以上十三名各二十盾；潘福德、吳傳備、張遠輝、林來順、洪長蕓、盧尚銓、吳敬武、南合號、永萬興、陳天水、春成號、廣華隆、張仲發、新永成、張文昌、陳承源，以上十六名各十五盾；林榮通、萬興隆、泉美號、泉源號、泉源棧、成興號、林和智、豐隆號、黃粉土、廣安堂、方玉卿、張潮發、盧炳灼、楊水生、張祥文、黃祝鐵、郭牛拇、醉仙樓、隆發號、陳守秋、廣裕隆、林金種、張南薰、三和興、邱祥往、萬芳號、林南哥、陳守池、吳基俊、洪豐振、林有德、萬成豐、源美號、林青雲、魏清松、關如君、廣發綸、洪豐記、黃朝彬、張啓瑞、張鳥妹、劉怡南、葉祖綏、葉安君、潘耀君、同昌號、林興盛、楊紅紅，以上四十八名各十盾；零星捐計二百八十七名共八百四十九盾二十五；吳義仁捐木料估四百盾；總共九千四百零九盾三十二。

一　收歷年賭捐寄中華會館來九千三百九十五盾五十二。

一　收賭捐來銀四十盾。

一　收慶成平安斗燈捐來五百八十盾半。
四段共一萬九千四百二十五盾四十二。
一　支木料磚瓦鐵釘沙土共一千五百四十盾二十四。
一　支油漆土水木匠工資共□□□□□□□□。
一　支雜用繩亞答共□□□□□□□□。
一　支慶成費去銀□□□□□□□□。
一　支道士費去銀□□□□□□□□。
五段共二萬零七百一十二盾四十八。
對除外不敷，中華會館預先墊足，刻石費未入。
葉啓明書，陳稱奇刊。

〇三四　重修天儀宮捐款芳名榜碑

【碑刻名稱】重修天儀宮捐款芳名榜碑

【材　質】石材

【形　制】長方形立碑

【尺　寸】長七十八厘米、寬六十五厘米

【書　體】楷書

【碑　額】無

【碑　題】重修天儀宮捐款芳名榜

【碑文撰者】無

【碑文書丹】無

【立 碑 者】天儀宮董事部

【立碑時間】一九五一

【存　佚】現存

【地　點】印度尼西亞加里曼丹三馬林達三教天儀宮寺廟

【碑刻録文】

重修天儀宮捐款芳名榜

茲將喜捐芳名列左（恕不稱呼）：

吳永輝捐壹仟伍佰盾；久大公司捐壹仟伍佰盾；豐茂捐壹仟肆佰伍拾盾；永豐捐壹仟盾；金美興捐壹仟盾；（下略）

茲將總進支開列于後：

收聯合手先募捐玖佰捌拾伍盾，收本石碑壹佰叁拾伍名計捐銀叁萬壹仟肆佰伍拾壹盾，收用餘木料、油漆計兑銀伍仟零柒拾柒盾伍角，收柴牌伍佰捌拾伍名計捐銀捌仟捌佰叁拾壹盾伍角，四柱共捐收銀肆萬陸仟叁佰肆拾伍盾。

支開修理宮埋天井雜費銀柒仟捌佰貳拾貳盾、支開木料木瓦銀壹萬柒仟陸佰柒拾盾、支開鐵釘油漆工資銀壹萬陸仟肆佰貳拾盾、支開電燈安置銀壹仟貳佰叁拾叁盾、支開刻石碑銀壹仟伍佰盾，五柱共支開銀肆萬肆仟陸佰肆拾伍盾。

對除進支外尚餘銀壹仟柒佰盾正。

公元壹仟玖佰伍拾壹年拾貳月吉旦歲次辛卯，董事部披露。

〇三五　重修天儀宮序碑

【碑刻名稱】重修天儀宮序碑
【材　質】石材
【形　制】長方形立碑
【尺　寸】長七十八厘米、寬六十五厘米
【書　體】楷書
【碑　額】無
【碑　題】重修天儀宮序
【碑文撰者】無
【碑文書丹】無
【立 碑 者】天儀宮江頌九、黄天温、陳彰紳等
【立碑時間】一九五一
【存　佚】現存
【地　點】印度尼西亞加里曼丹三馬林達三教天儀宮寺廟
【碑刻録文】

重修天儀宮序

夫吾華僑所馨香崇奉者，天儀宮聖母暨諸神祇，悠矣久矣。而廟宇是由先進諸僑賢，始建於前清光緒卅二年，賡而重修於民拾貳年。惟自民卅壹年，日本南侵，發動二次世界大戰，直至民卅四年，聯軍反攻。斯時也，廟宇附近前後左右，無不遭受炸彈轟炸，以致廟宇周圍板墻，受其强烈炸力震動而傾斜。幸賴本宮所奉天上聖母諸神靈赫，廟宇因之不致立即倒塌，且得尚可修葺。同人等追念先輩，倡創維艱，及保留古迹公物起見，不忍視其傾廢，爰集本埠各組同僑，議舉代表，組織重修董事會。即席公推董事十四人，聯同本年度頭家爐主，協同進行募捐，及處理諏吉興工一切事務。復蒙各埠熱心同僑，全體善男信女，慨解仁囊，俾得於本年農曆吉旦鳩工修理，則斯廟重存簇新觀瞻者，乃諸同僑熱誠樂捐所成也。是爲叙。

頭家：江頌九；爐主：黃天温；董事：陳彰紳、黃成匣、陳彰洲、陳廷積、江文九、張社準、吴木欺、陳汀來、楊廷臣；監工：洪舟成、鄭鴻興、林漢强；財政：陳珠官；會計：蔡金發；幹事：莊清輝。

公元壹仟玖佰伍拾壹年十二月吉旦，歲次辛卯葭月。

〇三六　芝朥札南清宮樂捐牌

【碑刻名稱】芝朥札南清宮樂捐牌
【材　質】木材
【形　制】長方形横牌
【尺　寸】長一百二十厘米、寬九十八厘米
【書　體】楷書
【碑　額】無
【碑　題】南清宮
【碑文撰者】無
【碑文書丹】無
【立　碑　者】南清宮總理潘振泰等
【立碑時間】清光緒三十三年（一九〇七）
【存　佚】現存
【地　點】印度尼西亞中爪哇芝朥札南清宮
【碑刻録文】

南清宮

茲將捐緣芳名列左：

公司潘振泰捐和銀伍佰盾正、潘振昌官捐銀伍佰盾正、李維遠官捐銀叁佰七十五盾、鄭捷標官捐銀叁佰七十五盾、李維雀官捐銀叁佰七十五盾、馬啓泰官捐銀叁佰七十五盾、許高順號捐銀叁佰七十五盾、林亞鐵官捐銀叁佰七十五盾、王文源官、王文福官捐銀壹佰八十七盾五、黃九如官捐銀壹佰五十一盾五、潘益喜官捐銀壹佰二十五盾、李前給官捐銀壹佰二十五盾、潘益才官捐銀壹佰二十五盾、陳吉忠官捐銀壹佰盾正、林添德官捐銀壹佰盾正、朱榮辭官捐銀捌拾盾正、莊定山官捐銀柒拾盾正、潘知母官捐銀柒拾盾正、吴長發官捐銀陸拾伍盾、蘇戽斗官捐銀陸拾二五盾正、黃炳輝官捐銀陸拾二五盾正、王迎賓官捐銀陸拾盾正、胡漳魁官捐銀伍拾七五盾、莊英才官捐銀伍拾盾正、盧振壽官捐銀伍拾盾正、蘇經存官捐銀肆拾七盾五正、石昆耀官捐銀肆拾盾正、李騰慶官捐銀叁拾七五盾、李有慶官捐銀叁拾七盾五正、蘇莫石官捐銀叁拾一盾二五正、朱天生官捐銀叁拾一盾二五正、王景全官捐銀叁拾一盾二五正、楊汝源官捐銀叁拾一盾二五、李清江官捐銀叁拾一盾二五、廣裕生號捐銀叁拾一盾二五、李雒泰官捐銀叁拾盾正、何中榮官捐銀叁拾盾正、莊紹符官捐銀叁拾盾正、蘇益東官捐銀叁拾盾正、李維抵官捐三〇盾、梁在記官捐銀貳拾捌盾、中興號捐和銀貳拾伍盾、林□麟官捐銀貳拾伍盾、馬啓前官捐銀貳拾伍盾、張景才官捐銀貳拾伍盾、黃德當官捐銀貳拾伍盾、林仁德官捐銀貳拾伍盾、郭紹南官捐銀貳拾伍盾、李集慶官捐銀貳拾盾正、郭登岸官捐銀貳拾盾正、陳仙石官捐銀貳拾盾正、沈如林官捐銀貳拾盾正、洪登文官捐銀貳拾盾正、蘇如談官捐銀貳拾盾正、潘振芳官捐銀貳拾盾正、黃景隆官捐銀壹拾玖盾、林金釵官捐銀壹拾玖盾、和興號捐和銀壹拾玖盾、施春和官捐銀壹拾玖盾、鄭寶美官捐銀壹拾玖盾、楊貂基官捐銀壹拾柒盾、黃溪松官捐銀壹拾伍盾、李維友官捐銀壹拾二盾五、蘇昆萬官捐銀壹拾二盾五、陳勘額官捐銀壹拾二盾五、蔡健美官捐銀壹拾二盾五、李前急官捐銀壹拾二盾五、潘永坤官捐銀壹拾二盾五、李維捲官捐銀壹拾二盾五、沈得意官捐銀壹拾二盾五、許振聲官拾二盾五、蘇朝尚官拾二盾五、吳有陽官拾一盾二五、蘇清執官拾盾二五、郭建財官拾盾二五、李千辭官捐銀壹拾盾正、徐發寧官捐銀壹拾盾正、沈正春官捐銀壹拾盾正、楊乘龍官捐銀壹拾盾正、馬明海官捐銀壹拾盾、王登源官捐銀壹拾盾正、李三全官捐銀壹拾盾正、陳基得官捐銀壹拾盾正、胡章美官拾盾、黃盛官拾盾、莊莫吉官拾盾、楊光票官拾盾、蘇先幾官拾盾、邱芋根官拾盾、鄭雨衆官拾盾、林發財官拾盾、郭錦鑾官拾盾、雅女黃夜捐拾盾、李前件官拾盾、吳炎水官捌盾、萬瀛洲官七盾二五、許針回官七盾二五、蘇天送官六盾二五、許開順官陸盾、曾宗生官陸盾、徐青連官捐銀伍盾正、潘長才官捐銀伍盾正、黃景連官伍盾、鄭良發官伍盾、蔡建富官伍盾、潘文厘官伍盾、林基元官伍盾、林長才官伍盾、雅女在智官伍盾、陳奢官伍盾、李前松官伍盾、潘自東官伍盾、徐厥忠官伍盾、許有通官伍盾、朱瑞慶官伍盾、蘇合同官伍盾、許永趯官伍盾、林古錐官伍盾、楊光美官伍盾、唐恒泰官伍盾、柯景全官伍盾、郭雙龍官伍盾、鄭輝田官伍盾、潘油慜官肆盾、潘振澤官捐銀肆盾正、黃玩生官肆盾、李前合官肆盾、潘鳥唇官捐三盾五、郭英才官叁盾、林咱人官叁盾、薛岳龍官叁盾、鄒采貫官叁盾、郭錦泉官二盾五、林榮心官二盾五、李奇生官二盾五、張得水官二盾五、鄒元輝官二盾五、徐茂林官二盾五、盧振福官二盾五、施天德官捐二盾五、黃贊賢官捐二盾五、施天福官捐二盾一、顏文旦官貳盾、郭禾米官貳盾、吳詩田官貳盾、李元財官貳盾、施福禮官貳盾、鄭求成官貳盾、黃中發官貳盾、陳禮木官貳盾、蘇緒九官貳盾、李亞四官捐壹盾五、李元福官壹盾、歐天福官壹盾、黃嫣蔭官壹盾、潘紅桔官壹盾、范順意官壹盾，統共捐銀陸仟肆佰肆拾捌盾伍角。

總理：潘振泰、李維遠；董事：蘇厗斗、胡章魁、許振杰、楊汝源、鄭捷標、李維雀。

〇三七　重修老本頭廟序碑

【碑刻名稱】重修老本頭廟序碑
【材　質】石材
【形　制】長方形立碑
【尺　寸】長一百一十厘米、寬五十六厘米
【書　體】楷書
【碑　額】無
【碑　題】重修老本頭廟序
【碑文撰者】澄海鄭寄雲
【碑文書丹】無
【立 碑 者】大本頭公廟董事人等
【立碑時間】民國三十二年（一九四三）
【存　佚】現存
【地　點】泰國曼谷大本頭公廟
【碑刻録文】

重修老本頭廟序

老本頭廟爲我潮僑在泰京公共信奉之廟宇。自民國五年重建後，閱時至今已歷廿八載，年久失修殘破不堪，善信士女常引爲憾。去冬寄雲被舉爲潮州會館主席，特召集執監委員聯席會議討論再行重修以壯觀瞻。當蒙全体執監委員之同意，一致議決予以通過，并推選張蘭臣、陳振敬、許仲宜、陳澤榮、廖鞫初、余融初、盧慼川、陳梧賓、許少鋒、謝毅庵諸君暨寄雲等十一人爲修廟委員負責修廟事宜。當先向警方請准募捐，先後共募得捐款二萬七千三百六十餘銖。工程自今春開始，直至秋末方告完竣修葺。續共支去三萬六千餘銖，收支相抵不敷達八千餘銖。該款經將同僑救濟水□餘款三千七百九十餘銖及同僑貸助會館會□項下撥出以資彌補。玆值工事告成，爰將各善信捐款在五十銖以上者芳名勒石以垂紀念，藉揚仁風，是爲序。

中華民國卅二年十月一日，澄海鄭寄雲識。

〇三八　發起興建泗水北極廟爲玄天上帝廟宇之略志碑

【碑刻名稱】發起興建泗水北極廟爲玄天上帝廟宇之略志碑
【材　質】石材
【形　制】圓形碑
【尺　寸】直徑一百二十六厘米
【書　體】楷書（華文）
【碑　額】無
【碑　題】發起興建泗水北極廟爲玄天上帝廟宇之略志
【碑文撰者】北極廟董事部
【碑文書丹】無
【立 碑 者】北極廟董事部
【立碑時間】一九五二
【存　佚】現存
【地　點】印度尼西亞東爪哇泗水北極廟
【碑刻録文】

發起興建泗水北極廟爲玄天上帝廟宇之略志[1]

竊泗水興建此北極廟之動機，乃由顔萬金信士於孔子二四八六年因感上帝之顯赫，而萌欲建廟宇以垂念，第以孤掌難鳴。至孔子二四九三年而獲上帝之靈佑，遂得許承禎信士而輔助，正所謂志同道合，心無二致，虔誠祈禱，望其夙願早酬，以謝神庥。豈昇風雲四起，哀鴻遍野，素願其何能得酬哉？迨至孔子二四九七年，忽接許信士自德禮的氏來函，内稱彼在泗水斜加蘭街，有七四號及七六號之空屋地壹所，願捐建上帝公之廟宇。顔信士遂薰沐叩求上帝指示，果蒙笑納。其時嗎琅埠葉爵妹齋姑聞兹善舉，遂派人來泗，與顔信士接洽，謂渠願獻巨款，捐建廟宇。但願爲主持，以事上帝，顔信士以事關大衆，立與許信士洽商，而後叩求上帝賜决，果蒙接納。始承諸葉齋姑參加興建，乃准爲主持。延至孔子二五零一年，即共同計劃繪圖申請之事。至孔子二五零二年辛卯三月初三日，始蒙市政府批准，即照圖案，由韓順龍工程局包建。其建築及其他費用，均由許、顔二信士及葉齋姑捐獻，人有善願，天必從之。廟宇落成，千秋遺迹，顯示上帝之昭格不爽，而庇蔭黎庶於無疆矣。敬志數言，以勵來兹。

孔子二五零三年，歲次壬辰五月廿五日，本廟董事部謹勒。

[1] 仅录中文部分，外文部分从略。

〇三九　三水會館購置屋業序言牌

【碑刻名稱】三水會館購置屋業序言牌

【材　質】金屬

【形　制】長方形横牌

【尺　寸】長七十六厘米、寬六十一厘米

【書　體】楷書

【碑　額】無

【碑　題】序言

【碑文撰者】蔣文甫

【碑文書丹】無

【立 碑 者】三水會館董事會

【立碑時間】一九六七

【存　佚】現存

【地　點】新加坡三水會館

【碑刻録文】

品玖拾玖元、葉啓新一九六四年秋祭投品貳拾壹元、其他零星不上拾元之捐款共壹拾伍元，第一期籌募新會所基金，總收壹萬柒仟捌佰貳拾元零玖角。

新嘉坡三水會館第一期籌募新會所基金委員會：

顧問：彭維清、李玉棠、錢少屏，正主席：盧庭蘇；副主席：盧顯昌、關耀森、陸文領、唐國平；總務：陸文權；副總務：黎乃棠、陸强；財政：岑禮和；正文書：蔣文甫；副文書：何富源、潘慧枝；宣傳主任：馮仕榮；宣傳組員：鄧海、麥浩興、梁汝昌、胡耀明；組織：葉焯均、范枝南；正調查：陸念安；副調查：郭兆琦；交際主任：何文忠；交際組員：張福勤、李偉洪；募捐正主任：唐炎書；募捐副主任：麥秋；募捐組員：曾汝積、郭三、錢寶然、羅惠明、唐國祥、何錦榮、葉燊才、葉啓新、陆邦、李俊、李義、杜翕和、李可濤，女委員：陳鈞平、岑桂容。

公元一九六七年冬立。

〇四〇　新加坡三水會館籌建新會所同鄉熱心樂捐芳名録牌

【碑刻名稱】新加坡三水會館籌建新會所同鄉熱心樂捐芳名録牌

【材　　質】金屬

【形　　制】長方形横牌

【尺　　寸】長一百三十厘米、寬九十一厘米

【書　　體】楷書

【碑　　額】無

【碑　　題】新加坡三水會館籌建新會所同鄉熱心樂捐芳名録

【碑文撰者】無

【碑文書丹】無

【立 碑 者】三水會館董事會

【立碑時間】一九六七

【存　　佚】現存

【地　　點】新加坡三水會館

【碑刻録文】

新加坡三水會館籌建新會所同鄉熱心樂捐芳名録

嘗聞興大業者，當合衆志以成城。欲扛鼎者，胥賴衆擎而易舉。溯我三水邑人，生聚星島，實繁有徒，或爲商賈，或作工農，各守本分，於國於家，不無小補。過去爲求使散者聚而疏者親，乃藉前謨之美，肇啓館宇，已百年於兹矣。其間因環境改變，致會址數易；近址復因市區重建，遭政府徵用，除舊布新，則事固有刻不容緩者也。同人等隨即奮起，籌措齊於一心，另覓吉地建造四層大廈，巍峨壯觀，規模輒備，足供春秋修祭祀之誠，暇日作州閭之會，漪歟盛哉！在籌備期中，幸獲同人慷慨解囊，傾力襄贊，始底於成。如斯美意，合應鏤金刻志，表彰盛德，方可永垂不朽也。是爲序。

陸文領	$7625.00	何富源	$4400.00	陸顯昌	$4097.00	鄧　海	$3300.00
錢少屏	$3100.00	郭兄弟公司	$3100.00	岑禮和	$3000.00	陳佐輝	$3000.00
冼　良	$3000.00	彭維清	$2700.00	何富森	$2500.00	黄永權	$2150.00
盧庭蘇	$2050.00	唐上全	$2009.00	余耀成	$2000.00	關耀森	$2000.00
胡炎强	$1720.00	冼柏生	$1540.00	黎乃棠	$1500.00	范德霖	$1200.00
錢寶泉	$1150.00	岑美嬋	$1120.00	余耀洪	$1100.00	陸志明	$1055.00
李錫波	$1050.00	陸文權	$1050.00	張福勤	$1030.00	陳顯靈	$1020.00
李新南	$1010.00	劉仕和	$1010.00	盧世佳	$1000.00	岑禮恩	$1000.00
葉彩才	$1000.00	鄧裕啓	$1000.00	陸文忠	$1000.00	郭福明	$1000.00

郭福安	$1000.00	郭福林	$1000.00	王有好	$1000.00	黎寬年	$1000.00
蔡沛德	$1000.00	蔡新強	$1000.00	蔡允成	$1000.00	何文忠	$1000.00
蔡少文	$1000.00	何偉成	$1000.00	錢耀芹	$1000.00	何維新	$1000.00
李錫康	$1000.00	李錫祥	$1000.00	蔡德榮	$1000.00	謝寶林	$1000.00
黃麗玲	$1000.00	張廣財	$1000.00	陳宇宙	$1000.00	關文亞帶	$1000.00
郭威海	$1000.00	陳偉真	$1000.00	李白妹	$1000.00	唐國平	$800.00
錦興棧雲南	$800.00	何錦榮	$750.00	蔡福流	$700.00	林智禮	$700.00
彭世清	$700.00	麥志能	$650.00	羅偉明	$650.00	錢亞娟	$600.00
唐國基	$550.00	錢震順	$550.00	盧其靳	$550.00	何堯新	$550.00
馬六甲三水同鄉	$530.00	姚瑞芳	$530.00	李乾森	$520.00	吳耀文	$500.00
陸炳全	$500.00	李啓全	$500.00	潘四妹	$500.00	蔣亞明	$500.00
李玉棠	$500.00	麥浩興	$500.00	陸項成	$500.00	冼寶林	$500.00
杜蓮好	$500.00	蔣麗金	$500.00	蘇 二	$500.00	蔡廣珍	$500.00
盧惠馨	$500.00	司徒慧玲	$500.00	盧其相	$500.00	蔣蓮英	$500.00
莫瑞興	$500.00	何 義	$500.00	錢國强	$500.00	麥永祥	$500.00
林志雲	$500.00	謝 棠	$500.00	謝李二妹	$500.00	盧 四	$500.00
胡耀明	$450.00	盧 强	$450.00	郭兆琦	$430.00	陳鈞平	$400.00
李啓發	$400.00	李可濤	$400.00	潘宗禮	$400.00	麥 秋	$400.00

錢　芳	$350.00	唐景源	$350.00	錢　綿	$350.00	李金全	$330.00
唐炎書	$330.00	譚維南	$320.00	蔣文南	$320.00	陸　强	$320.00
胡桂香	$310.00	李梓釗	$304.00	李偉洪	$300.00	陳振英	$300.00
陸慶安	$300.00	葉桂崧	$300.00	程　佳	$300.00	陸福興	$300.00
魯福基	$300.00	朱貴賢	$300.00	黎　漢	$300.00	李　華	$300.00
冼贊堯	$300.00	潘慧枝	$300.00	鄭卓英	$300.00	劉亞鋭	$300.00
麥紹權	$300.00	陳翠蓮	$300.00	于耀福	$300.00	李文澤	$300.00
曹福林	$300.00	關家洪	$300.00	關錢桂嫺	$300.00	李鎣生	$300.00
林燕輝	$250.00	黃　昌	$200.00	葉錦英	$200.00	范枝南	$200.00
何國秋	$200.00	李　義	$200.00	蔣德祺	$200.00	杜鑫和	$200.00
錢祺生	$200.00	莫　海	$200.00	陳板富	$200.00	莫國雄	$200.00
李永康	$200.00	蔣有生	$200.00	陸　邦	$187.25	林亞蘇	$180.00
陸准成	$170.00	唐國祥	$160.00	錢寶然	$150.00	蔣國良	$150.00
楊炳南	$150.00	盧炳球	$150.00	何啓昌	$140.00	吳巧佳	$120.00
莫　北	$120.00	黃亞五	$120.00	何亞順	$115.00	胡桂森	$110.00
黃　陶	$110.00	陸彩葵	$105.00	黃　蘇	$100.00	余景森	$100.00
關仕棠	$100.00	劉翠嫻	$100.00	馮仕燊	$100.00	李　俊	$100.00
葉　均	$100.00	錢亞四	$100.00	李亞嫻	$100.00	黎海棠	$100.00

譚明章　$100.00
岑桂容　$100.00
彭大文　$100.00
岑富森　$100.00
錢亞愛　$100.00
曾植生　$100.00
盧樹威　$100.00
程　耀　$80.00
林亞伍　$70.00
郭　三　$70.00
李蓮有　$60.00
盧禮全　$55.00
盧　奎　$50.00
葉合全　$50.00
譚福良　$50.00
劉錦源　$50.00
李三妹　$50.00
潘桐芳　$50.00

何月卿　$100.00
李鏡英　$100.00
李森才　$100.00
盧少金　$100.00
陳　洪　$100.00
陳永淦　$100.00
歐陽炳潮　$100.00
陳慶輝　$80.00
董居基　$70.00
梁枝榮　$70.00
李鳳馨　$60.00
葉　炳　$50.00
莫振雄　$50.00
潘清華　$50.00
郭秒珍　$50.00
蕭錫培　$50.00
范　香　$50.00
董剛奎　$50.00

李河機　$100.00
李漢輝　$100.00
梁　崧　$100.00
甘玉嬋　$100.00
李仲鈞　$100.00
鄭培英　$100.00
盧鉅江　$100.00
曾汝積　$70.00
鄧學鵬　$70.00
姚金和　$70.00
桓燦玲　$60.00
黃海貴　$50.00
李仲堯　$50.00
王亞五　$50.00
劉潤棠　$50.00
黃裕寧　$50.00
岑福洪　$50.00
蔡蘇勝　$50.00

唐泗記　$100.00
杜貴强　$100.00
葉福熙　$100.00
陳鴻禧　$100.00
王蓮好　$100.00
劉　三　$100.00
何傳校　$90.00
陳紹彬　$70.00
蕭國良　$70.00
羅　文　$70.00
盧培生　$60.00
麥桂芳　$50.00
黃洪輝　$50.00
梁偉英　$50.00
陸荔源　$50.00
曹明記　$50.00
何富强　$50.00
何永明　$50.00

鄭景民 $50.00
彭丞文 $40.00
蔣亞四 $40.00
明遂源 $30.00
蔣如敬 $30.00
盧樹棠 $30.00
謝慶猷 $30.00
蔡　文 $30.00
錢亞崧 $30.00
朱亞海 $30.00
李玉蓮 $25.00
羅國錦 $20.00
何　蘇 $20.00
郭　輝 $20.00
鄧蓮娣 $20.00
黃繼全 $20.00
周勝好 $20.00
葉志升 $20.00

唐兆興 $50.00
郭友耀 $40.00
劉繼新 $40.00
陸福章 $30.00
黃瑞蘭 $30.00
蔣榕昌 $30.00
葉亞嬌 $30.00
李三球 $30.00
駱亞扁 $30.00
譚庭炎 $30.00
錢能任 $20.00
何勵中 $20.00
范烈强 $20.00
李　榮 $20.00
姚金垣 $20.00
王蓮好 $20.00
梁福洪 $20.00
譚麗桃 $20.00

盧　忠 $42.00
盧鉅成 $40.00
李殿昭 $40.00
何　參 $30.00
曾覺剛 $30.00
黃亞諫 $30.00
梁同璋 $30.00
鄧學雷 $30.00
李　賢 $30.00
羅亞桃 $25.00
鄧耀忠 $20.00
蔣鑾端 $20.00
何時開 $20.00
陸念安 $20.00
蔡國榮 $20.00
盧亞二 $20.00
盧　新 $20.00
葉志銳 $20.00

曹耀光 $40.00
葉建成 $40.00
黎民鋒 $30.00
謝亞二 $30.00
陳福如 $30.00
歐達生 $30.00
李亞彩 $30.00
程銳芬 $30.00
李枝發 $30.00
李秀全 $25.00
陳顯新 $20.00
韓　聯 $20.00
陳　桐 $20.00
梁汝昌 $20.00
黃錦屏 $20.00
胡亞妹 $20.00
龔錦全 $20.00
仲　和 $20.00

盧汝棠	$ 20.00	麥培芬	$ 20.00	曾伯康	$ 20.00	盧庭禧	$ 20.00
盧玉嫻	$ 20.00	莫亞帶	$ 20.00	郭卓庭	$ 20.00	蔣慎賢	$ 20.00
洗照黎	$ 20.00	蔣天泰	$ 20.00	韓　蘇	$ 20.00	陳桂生	$ 20.00
葉保財	$ 20.00	何錫埠	$ 20.00	盧鴻桂	$ 20.00	陶梓標	$ 20.00
陸來泰	$ 20.00	洗頌卿	$ 20.00	何亞炳	$ 20.00	楊錫流	$ 20.00
黎煜南	$ 20.00	岑玉嫻	$ 20.00	麥加棉	$ 20.00	莫五賢	$ 20.00
羅國錦	$ 20.00	潘夭妹	$ 20.00	葉亞桂	$ 20.00	黃昆泉	$ 20.00
范　成	$ 20.00	盧　達	$ 20.00	馮志華	$ 20.00	馮炳才	$ 20.00
王慶洪	$ 20.00	盧長文	$ 20.00	謝鼎勛	$ 20.00	莫和貞	$ 20.00
李霖王	$ 20.00	黃紹榮	$ 20.00	李合心	$ 20.00	李鎮洪	$ 20.00
梁亞好	$ 20.00	林亞娟	$ 20.00	林六妹	$ 20.00	陳汝英	$ 20.00
陸文章	$ 20.00	謝鍵開	$ 20.00	李振流	$ 20.00	何龍佳	$ 20.00
陸明新	$ 20.00	何文興	$ 20.00	譚　猷	$ 20.00	黃炳基	$ 20.00
譚振聲	$ 20.00	曹耀光	$ 20.00	莫二妹	$ 20.00	陳偉明	$ 20.00
余湛芬	$ 20.00	李德强	$ 20.00	李百州	$ 20.00	莫亞容	$ 20.00
譚應恂	$ 20.00	李貴華	$ 20.00	岑翠姬	$ 20.00	林福炎	$ 15.00
李翠霞	$ 15.00	何　耀	$ 15.00	葉啓康	$ 15.00	鄧紹煒	$ 15.00
潘　海	$ 15.00	韓景漢	$ 15.00	錢　斌	$ 15.00	鄧妹仔	$ 15.00

馮英才 $13.00
冼惠嫻 $10.00
陳富英 $10.00
錢就安 $10.00
蔡國玲 $10.00
關澤棠 $10.00
葉　基 $10.00
謝　佳 $10.00
林　妹 $10.00
陳錦如 $10.00
林亞容 $10.00
葉亞嫻 $10.00
胡　九 $10.00
岑榮衍 $10.00
盧煥金 $10.00
胡炎昌 $10.00
劉成恩 $10.00
周少金 $10.00

朱　本 $10.00
梁文球 $10.00
盧用桂 $10.00
權　牛 $10.00
朱　燦 $10.00
關漢釗 $10.00
葉學年 $10.00
李汝棠 $10.00
葉瑞清 $10.00
黃尤居 $10.00
林　玉 $10.00
唐業環 $10.00
鄧亞六 $10.00
黃蘇蝦 $10.00
錢　蘇 $10.00
何　意 $10.00
植亞冬 $10.00
程有財 $10.00

黃　樞 $10.00
麥　蘇 $10.00
唐鋭華 $10.00
林錦棠 $10.00
唐國初 $10.00
盧瑞意 $10.00
潘用心 $10.00
潘　蘇 $10.00
程玉佳 $10.00
李　昌 $10.00
羅亞心 $10.00
譚四妹 $10.00
陸瑞意 $10.00
植亞全 $10.00
胡天時 $10.00
劉　七 $10.00
葉亞桂 $10.00
蔡湛樞 $10.00

胡　輝 $10.00
岑金明 $10.00
劉　貴 $10.00
李學漢 $10.00
李　光 $10.00
岑玉玲 $10.00
陸少蘭 $10.00
鍾亞卿 $10.00
陳森如 $10.00
陳亞四 $10.00
葉其昌 $10.00
龔香娟 $10.00
袁祖倫 $10.00
陳玉蓮 $10.00
胡天佑 $10.00
譚泉基 $10.00
鄧盛貴 $10.00
楊蓮好 $10.00

葉桂芬	$10.00
梁　華	$10.00
羅桂容	$10.00
宗怡安	$10.00
歐　三	$10.00
莫煥好	$10.00
莫桂枝	$10.00
黃潤妹	$10.00
唐二妹	$10.00
盧金容	$10.00
陸耀滔	$10.00
何鳳英	$10.00
黃亞開	$10.00
蔡福臨	$10.00
盧亞年	$10.00
劉瑞葵	$10.00
林和章	$10.00
曹惠慈	$10.00
盧柏忠	$10.00
劉國偉	$10.00
關　蘇	$10.00
李亞富	$10.00
歐瑞蘭	$10.00
吳美媛	$10.00
李　鳳	$10.00
岑瑞興	$10.00
劉　貴	$10.00
盧有平	$10.00
岑二妹	$10.00
李錦添	$10.00
曹瑞心	$10.00
林維賢	$10.00
彭四妹	$10.00
歐陽業	$10.00
李　滿	$10.00
裴二妹	$10.00
葉永昌	$10.00
范　財	$10.00
鄧潤金	$10.00
莫啓基	$10.00
鄧亞金	$10.00
盧鳳好	$10.00
梁鳳好	$10.00
李柏年	$10.00
余鳳媛	$10.00
鄧裕標	$10.00
林玉霞	$10.00
周瑞金	$10.00
吳亞蘭	$10.00
黃亞滿	$10.00
李亞弟	$10.00
譚日芳	$10.00
冼炳林	$10.00
錢世民	$10.00
蔡耀流	$10.00
李二妹	$10.00
賴俊全	$10.00
郭玉蘭	$10.00
莫邁好	$10.00
陸亞楠	$10.00
何釗年	$10.00
李志霞	$10.00
曹耀祖	$10.00
何三妹	$10.00
盧祖華	$10.00
黃　才	$10.00
唐五妹	$10.00
龔桂鎮	$10.00
梁友金	$10.00
莫亞柳	$10.00
陸民生	$10.00
劉白妹	$10.00

何溢昌 $10.00
楊　錦 $10.00
葉秀蘭 $10.00
植湛昭 $10.00
于靄華 $10.00
盧政坤 $10.00
錢翠屏 $10.00
陸妙蘭 $10.00
張二妹 $10.00
錢燕揚 $10.00
林耀東 $10.00
合計 $150037.75

黃亞四 $10.00
錢寶安 $10.00
廖　基 $10.00
蔡六妹 $10.00
王亞金 $10.00
黃　洪 $10.00
謝寶細 $10.00
林金源 $10.00
周瑞心 $10.00
陳肖瓊 $10.00

黃亞娥 $10.00
譚　義 $10.00
黃香蓮 $10.00
冼聚富 $10.00
潘燦榮 $10.00
梁錦榮 $10.00
謝賜熏 $10.00
何　蘇 $10.00
黃秀英 $10.00
何　康 $10.00

曾兆華 $10.00
劉　初 $10.00
曾月容 $10.00
梁亞皆 $10.00
潘培基 $10.00
劉安好 $10.00
梁雪梅 $10.00
何繼強 $10.00
葉亞崧 $10.00
程允成 $10.00

〇四一　三水會館「萬古綱常」匾

【碑刻名稱】三水會館「萬古綱常」匾

【材　質】木材

【形　制】長方形横匾

【尺　寸】長一百八十二厘米、寬六十四厘米

【書　體】楷書

【碑　額】無

【碑　題】萬古綱常

【碑文撰者】無

【碑文書丹】何心田

【立 碑 者】鄧壽屏等

【立碑時間】清光緒二十九年（一九〇三）

【存　佚】現存

【地　點】新加坡三水會館

【碑刻録文】

萬古綱常

光緒二十九年癸卯夏日。

倡建值理：鄧壽屏、岑章、陸祥、陸文釗、何心田、冼聯、黎閏生、程懷、麥吉雲。

何心田書。

〇四二　三水會館「重結精神」匾

【碑刻名稱】三水會館「重結精神」匾

【材　質】木材

【形　制】長方形横匾

【尺　寸】長一百八十二厘米、寬六十四厘米

【書　體】楷書

【碑　額】無

【碑　題】重結精神

【碑文撰者】無

【碑文書丹】無

【立 碑 者】雪蘭莪三水會館

【立碑時間】一九七九

【存　佚】現存

【地　點】新加坡三水會館

【碑刻録文】

重結精神

星洲三水會館重修開幕慶典。

雪蘭莪三水會館敬贈。

〇四三　潮州八邑會館四十周年慶匾

【碑刻名稱】潮州八邑會館四十周年慶匾

【材　質】木材

【形　制】長方形横匾

【尺　寸】長二百四十三厘米、寬七十三厘米

【書　體】「馬來西亞新加坡潮州公會聯合會」一行爲篆書，餘爲隸書

【碑　額】無

【碑　題】無

【碑文撰者】無

【碑文書丹】無

【立 碑 者】馬來西亞新加坡潮州公會聯合會等

【立碑時間】一九六九

【存　佚】現存

【地　點】新加坡潮州八邑會館

【碑刻録文】

發揚光大

新加坡潮州八邑會館四十周年暨新加坡開埠一百五十周年紀念雙慶志喜。

馬來西亞新加坡潮州公會聯合會：檳榔嶼潮州會館、雪蘭莪潮州（八）邑會館、沙芭山打根潮州會館、古晉潮州公會、柔佛潮（州八）邑會館、詩巫潮（州）公會、馬六甲潮州會館、霹靂韓江公會、麻坡潮州會館、下吡叻韓江公會、森美蘭潮州會館、沙芭斗湖義安郡公會、大山脚韓江公會、昔加末潮州會館、霹靂邦咯韓江公會、登喜樓潮州會館、關丹潮州會館、和豐韓江公會、吉蘭丹潮州會館、居鑾潮州會館、峇株巴轄潮（州）會館、居林韓江公會、吧生濱海潮州（八）邑會館、沙芭納閩義安郡公會、馬登巴冷美羅韓江公會、笨珍潮州會館、彭亨淡馬魯屬潮州會館、甘馬挽潮州會館、沙芭亞庇潮（州）聯誼社、（北）吡叻韓江公會、南亞潮（州八）邑會館、柔佛東甲潮州會館、砂朥越達島潮州公會、北根潮州會館，同賀。

公元一九六九年□月。

〇四四　寥內武當山齊雲岩紫霄宫元帝牌銘

【碑刻名稱】寥內武當山齊雲岩紫霄宫元帝牌銘
【材　質】木材
【形　制】長方形横牌
【尺　寸】長九十八厘米、寬五十六厘米
【書　體】楷書
【碑　額】無
【碑　題】齊雲岩紫霄宫元帝牌銘
【碑文撰者】［明］唐伯虎
【碑文書丹】洪水池
【立 碑 者】武當山董事人等
【立碑時間】一九七八
【存　佚】現存
【地　點】印度尼西亞寥內武當山
【碑刻録文】

齊雲岩紫霄宫元帝牌銘

元天元聖玉虚師相仁威上帝蕩魔天尊者，顓帝之神，水德繼王；在先天則正位乾符，禦北斗則斟酌元氣。職領紫微之右坦，則并天乙太乙之座；宿列虚星之分野，則總司命司禄之權。劫當開泰之中，天啓聖靈之孕；幽明協相，上下相流；凝二五之精以有生，建三一之道以度世；誕聖王官，出胎母脅；寶光所照，三辰爲之失色；天靈護持，六種爲之震動，洎乎髫年，辭親就道，東游震土，元君指迷；受錫劍於天帝，悟磨杵於神姥。折梅枝而寄梛，升霄峰以圓功；虎將護壇，神龍捧足。於是叩金扉而遐升，當玉陛而稽首；受命上清，敷惠下土。分判人鬼，資大禹鑄鼎之功；馘除妖魔，繼黄帝鳴鼓之戰。較迹天曹，複居坎位；展旗捧劍，乾樞開黑帝之宫；元龜赤蛇，坤軸辟元都之府；歷朝顯應，有感必通。恭維我太祖高皇帝，德符天地，功配唐虞；用夏變夷，易亂以治，偃武修文，而萬國咸寧；燔柴痊玉，而有神歆享；歷數在躬，卜宅中夏。誕及太宗皇帝，纘承祖考，欽若昊天，實藉神威，以翼聖躬；爰由冥力，以靖多難。風行電掃，而天日開明；虎嘯龍吟，而江山變色；蓋精靈通乎造化，誠慶達乎神祇也。是以敕命重臣建宫福地，丁夫百萬，星霜再周；金碧極輝煌之盛，香火盡嚴奉之誠；蓋所以答神貺宅威靈，今之太岳中和山是也。是以民莫不敬且信，有感必通，離宫别館，遍於天下；名山大川，尤多顯靈。蓋神藉山川之靈氣，乃可以應億兆之祈求，故其居處無常，周游靡止。若夫互人之國，上下於天；女媧之墓，浮沉于水；神化者不可以理測其端，妙應者不可以言達其旨。是以齊雲岩紫霄崖有元帝之行宫焉，其創始落成，别有記序；養素道人汪泰元，以僕業工呫嗶，托戴生昭來乞叙文。竊以爲殷薦望秩，帝王所以奉天地山川；攘祀蒸嘗，億庶所以報祖宗神鬼；莫安宗社，底宅家邦，厥旨微矣。矧夫元天元聖，作鎮北極；應化本朝，統五帝之尊，履九官之始；除邪鎮惡，降福禳灾；爰建行宫，允安兆姓也。僕雕蟲末學，難盡揄揚；草木微才，豈能著述？涓埃無益於山海，螢爝奚補於日月；吮毫增驚，撫案知慚；薰沐以撰斯文，稽首係之以頌。

頌曰：

元天元聖，仁威上帝，作鎮北極，斟酌元氣。
五雷都司，九天奕使，七曜旋時，五福治世。
平安水土，調攝神靈，展旗捧劍，掣電揮霆。
虛皇敕命，至德實凝，敷惠下土，兆宅上清。
赤蛇元龜，將列水火，福善禍淫，月右日左。
先天治乾，面明向午，安定山海，亘今及古。
恭維我朝，太祖太宗，惟神輔弼，國祚無窮。
名山大川，爰建靈宫，金銀照耀，珠碧輝崇。
再拜稽首，小子作頌，上述威靈，下贊神用。
磨礱磉礎，刊鐫龍鳳，百萬斯年，於昭示衆。

明朝唐伯虎遺文，洪水池敬録。

公元一九七八年歲次戊午桂月吉日。

七　關聖帝君

○四五　重建寧陽會館石碑

【碑刻名稱】重建寧陽會館石碑

【材　　質】石材

【形　　制】長方形立碑

【尺　　寸】長一百三十七厘米、寬七十一厘米

【書　　體】楷書

【碑　　額】無

【碑　　題】重建寧陽會館石碑

【碑文撰者】甲辰恩科举人余廷润

【碑文書丹】無

【立　碑　者】大總理温道柏等
【立碑時間】清道光二十八年（一八四八）
【存　　佚】現已不存①
【地　　點】原存於新加坡寧陽會館
【碑刻録文】

重建寧陽會館石碑

寧陽闔邑庶姓，來集於新州者，實繁有徒，或爲工匠，或爲商賈，亦各安分呈能有幹，有年於兹土矣。但思遠適异鄉，散不合之而聚，疏不聯之使親，得毋離志解體，休切不相乎？賴我聖朝天子，澤普祥和之化，仁義經濟布教於天下。竊以謂人衆固貴齊於一心而能一之，具尤捷見於公館，夫是館也，豈曰小須哉？延藉前謨之烈，肇啓其宇第，歲月既深，漸就傾圮。是以闔邑同心酌議，樂開勸捐之規，重建寧陽會館，增圖式新，依址仍舊，精工幾列，規制咸宜。道光戊申歲冬十一月而館告成，適以時和會群分者於斯，類聚者亦於斯，敬建神靈而奉祀之，以介眉壽，以迓鴻庥。正堂廣大高明，武帝諸神坐焉；附祠清静幽閑，先主位焉。蓋以上答神恩，下以妥先靈者，須在是矣。至於祭畢而宴，毋分族姓之强弱，毋論人數之多寡，相視當如一家，四海之内皆兄弟，况生同厥邑者乎！間有情事不均，衆從公館理處，以正綱常，以息怨怒。由是在家者，可以安心而無憂；羈栖者，亦聽得

① 吴華所撰《新嘉坡華族會館志》稱該碑曾存放于新加坡國家博物館，然今查無實物。

所而無患，而可久可大之規模由此基矣。是爲序。

甲辰恩科舉人余廷潤拜題。

大總理：温道柏；副總理：梁德環；值事：劉大就、趙文炳、黄胤尊、陳良捷、梅簡瑞、曹君測、黄牛；勸題：梁松筠、伍晃學、江允瑞、李金慶、李金、鄧祐、林南長、雷財、曾箕璿、梅扳、朱昌滿、梅南振、劉重倉、趙植、陳顯、余宣照、黄基美、邱百盛、伍昌寬、甄穩、阮挺宏、曹洪、黎源添、陳美、馮毛。

兹將捐題銀兩芳名開列於後：

温道柏捐銀陸拾元；梁洪基捐銀叁拾元；彭健慶捐銀貳拾貳元；梁亨財捐銀壹拾伍元；江球瑞捐銀壹拾貳元；梅扳捐銀壹拾元；梅四捐銀壹拾元；陳南斗捐銀柒大元；梁壬中捐銀柒大元；梁松筠捐銀陸大元；梁三益捐銀伍大元；梁仲穩捐銀伍大元；吕輔德捐銀伍大元；趙四捐銀伍大元；趙南和捐銀伍大元；陳崇禮捐銀伍大元；趙文炳捐銀伍大元；曹洪捐銀伍大元；曹箕璿捐銀伍大元；朱昌滿捐銀伍大元；黎源添捐銀伍大元；梅騷捐銀伍大元；梅乃盛捐銀伍大元；趙廣植捐銀伍大元；劉典學捐銀伍大元；趙焕和捐銀伍大元；劉柏捐銀伍大元；梅亮耀捐銀伍大元；黄神祐捐銀伍大元；伍榮秀捐銀伍大元；曹君侯捐銀伍大元；梅蘭瑞捐銀四大元；曹北森捐銀四大元；伍九思捐銀四大元；陳奕捐銀四大元；劉學炳捐銀四大元；周智捐銀四大元；梅發捐銀叁大元；劉公郁捐銀叁大元；黄長財捐銀叁大元；趙聰捐銀叁大元；黄桂芳捐銀叁大元；彭健郁捐銀叁大元；黄濃捐銀叁大元；雷珠捐銀叁大元；黄三女捐銀叁大元；阮康相捐銀叁大元；梁德仁捐銀叁大元；温桃捐銀叁大元；梅瑞造捐銀叁大元；曾耀祖捐銀叁大元；梅祖德捐銀叁大元；朱樂中捐銀叁大元；梅聖樂捐銀叁大元；朱强捐銀叁大元；黄朝衛捐銀叁大元；郭宏瓊捐銀叁大元；黄有成捐銀叁大元；吴如捐銀叁大元；梅秋捐銀叁大元；陳毓秀捐銀叁大元；彭基捐銀叁大元；梅南輔捐銀叁大元；何彦華捐銀叁大元；黄胤尊捐銀叁大元；曹秉財捐銀叁大元；黄牛捐銀叁大元；

曹符成捐銀叁大元；黃基羡捐銀叁大元；曹作龍捐銀叁大元；余宜照捐銀叁大元；曹歡龍捐銀叁大元；陳顯捐銀叁大元；曹龍莫捐銀叁大元；黃尊瑲捐銀叁大元；曹北海捐銀叁大元；黃廷滿捐銀叁大元；李芳捐銀叁大元；伍晃學捐銀叁大元；伍榮創捐銀叁大元；梅南振捐銀叁大元；伍喜捐銀叁大元；甄穩捐銀叁大元；伍牛捐銀叁大元；梅義捐銀叁大元；伍業文捐銀叁大元；梁文儒捐銀叁大元；劉英捐銀叁大元；陳賢識捐銀貳大元；陳麟捐銀貳大元；陳群弟捐銀貳大元；陳南盛捐銀貳大元；陳華捐銀貳大元；陳旺捐銀貳大元；陳百貴捐銀貳大元；陳業捐銀貳大元；陳賀捐銀貳大元；陳忠捐銀貳大元；陳北伸捐銀貳大元；陳四捐銀貳大元；陳庚寬、黃金寶、梅連英、陳彩、黃乾富、梅三光、陳耀宗、黃如、梅耀問、陳五桂、黃牛仔、梅壽、陳高寧、黃南祐、梅耀妥、陳如、黃長、梅光大、陳百子、黃三連、梅齊威、陳澤、黃百齡、梅南保、陳華炳、黃華炳、梅龍高、陳福臨、黃連元、梅靈、黃尊厚、黃作、梅財、黃齊慶、黃東成、梅乃柏、黃狀、黃敬、梅邦、黃勇、黃添、梅遲保、黃三齊、黃遇財、梅南芳、黃水、黃秀、梅九、黃千盛、黃霜、梅金遠、黃三、王柏、梅貯、黃璋、梅錫耀、梅遠湛、黃百子、梅宋、梅就遠、黃壬、梅三盛、梅耀臻、黃平、梅活、梁德流、梅滋、梁連弟、黃義、梅禄安、梅百興、黃丁壽、梅連習、梁樂、程春、程長、甘芳裕、袁勝、白九、白德、白有、廖弟、馮金叠、區文、區顯、任長、鄔帶、郭盛、侯宏、寧百興、寧玉，以上各捐銀貳大元。

道光貳拾八年歲次戊申仲冬穀旦立。

〇四六　重修寧陽會館石碑

【碑刻名稱】重修寧陽會館石碑

【材　質】石材

【形　制】長方形立碑

【尺　寸】長一百五十七点五厘米、寬八十一厘米

【書　體】楷書

【碑　額】無

【碑　題】重修寧陽會館石碑

【碑文撰者】邑人陳大衡金波氏

【碑文書丹】無

【立 碑 者】大總理知明衔黄彦廷等

【立碑時間】清光緒二十年（一八九四）

【存　佚】現已不存①

【地　點】原存於新加坡寧陽會館

① 吴華所撰《新嘉坡華族會館志》稱該碑曾存放于新加坡國家博物館，然今查無實物。

重修寧陽會館石碑

嘗聞善作者還須善述，善繼者必須善承。茲念我寧陽會館之所由來也，始於嘉慶年間。及至道光季年，已曾重修一次。今經數十年矣，將見棟宇傾頹，神容寞落，於是闔邑紳耆再倡修葺。諸事雖已告成，差堪妥善而增焕者，惟是所費甚鉅，非十易春秋莫易歸原，若將之何歟？自古謀大事者，必合衆志之成城；欲扛鼎者，非衆擎莫能易舉。是故衆議發部勸捐，庶幾分八功之流爲大川，合千燈之光混成一色。乃自發部之後，闔邑紳商士庶，慷慨慕義，踴躍從公，一唱百和，遂成集腋之裘，倒篋傾囊，稍效捐埃之報，使不有以志之，何以表樂助之心，共襄美舉之誠乎！夫有爲之前者而美無弗彰，有爲之後者而盛無不傳，因將并以示後之人，不畏難，不苟安，和衷共濟，有志竟成，則會館重新，神靈益顯，其往來於南洋者均沾平寧，水陸可卜，利益綿綿矣。是爲序。

邑人陳大衡金波氏拜撰。

大總理：知明銜黄彦廷；勸捐緣首：陳文護、梅天日、朱昌棟、黄振廷、陳典昭、何周華、甄永禧、林德溥、曹翔浩、陳大衡、袁仍釗、劉儒保、周振裘、黄如、黄廣運、黄朝輝。

黄彦廷翁捐銀壹百五十員、陳泗隆店捐銀壹百大員、梅端成店捐銀壹百大員、簡興隆店捐銀壹百大員、梅深耀翁捐銀伍十大員、萬源當捐銀貳十五員、成發當捐銀貳十五員、以義店捐銀貳十大員、鍾超灼捐銀貳十大員、就和店捐銀壹十五員、就義店捐銀壹十五員、新廣和捐銀壹十五員、裕和店捐銀壹十五員、成和店捐銀壹十五員、美和店捐銀壹十五員、新公和捐銀壹拾五員、義和店捐銀壹拾五員、甄永禧捐銀壹十員、振順店捐銀壹十員、伍源

英五大員、謙順店五大員、新錦興廠五大員、錦隆廠五大員、巨發廠五大員、益盛店五大員、黄朝輝五大員、黄
昭燮五大員、林德溥五大員、黄灼世四大員、益源店四大員、麗珍店四大員、黄勛廷四大員、廣合利三大員、朱
昌棟三大員、合和店三大員、陳宗衍三大員、陳大衡三大員、怡聚店三大員、恒和店三大員、廣遂昌三大員、陳
廣興三大員、廣源店三大員、成和打金店三大員、廣義隆三大員、金昌店三大員、同源店三大員、巧元店三大
員、梅楊三大員、廣榮安三大員、福寧堂三大員、袁仍釗三大員、麥蘭三大員、鄭彰慶三大員、鄭彰廣三大員、
梁柏桂三大員、彩珍店貳大員、新同利貳大員、陳宏明貳大員、陳華耀貳大員、怡泰店貳大員、廣生源貳大員、
泰源店貳大員、黄基業貳大員、陳源源貳大員、廣興昌貳大員、廣昌店貳大員、富華店貳大員、廣昌棧貳大員、
廣勝店貳大員、祥泰店貳大員、廣裕店貳大員、怡源店貳大員、周振裘貳大員、甄禄壽貳大員、伍桂芳貳大員、
梅楨乃貳大員、鄺植光貳大員、邱應焕貳大員、譚盛泰貳大員、阮經兆貳大員、梅天日貳大員、曹秉文貳大員、
吴秉綱貳大員、益隆店貳大員、曹福才貳大員、邱應積貳大員、邱金童貳大員、陳崇昭貳大員、伍宗盛貳大員、
林連長貳大員、陳奉日貳大員、林德鋭貳大員、趙深榮貳大員、黄棠世貳大員、李仁愛貳大員、黄世謙貳大員、
伍鴻鵬貳大員、黄世渭貳大員、鄭敬濂貳大員、廣益店貳大員、朱鴻裔貳大員、羅盛發貳大員、李護貳大員、
□□□□□、黄千歲壹大員、□勝堂壹大員、廣興隆壹大員、伍現田壹大員、陳福大壹大員、扶勝店壹大員、
張官勝壹大員、張仁福壹大員、榮生店壹大員、黄法廷壹大員、祥盛店壹大員、馬齊長壹大員、聯興店壹大員、
梅裕和壹大員。

光緒歲次甲午年吉日，衆等仝立石。

〇四七　寧陽會館改建記牌

【碑刻名稱】寧陽會館改建記牌
【材　質】銅材
【形　制】長方形横牌
【尺　寸】長一百五十三厘米、寬九十二厘米
【書　體】楷書
【碑　額】無
【碑　題】寧陽會館改建記
【碑文撰者】邑人黄載靈
【碑文書丹】黄載靈
【立 碑 者】黄樹芬等
【立碑時間】一九七〇
【存　佚】現存
【地　點】新加坡寧陽會館
【碑刻録文】

寧陽會館改建記邑人黄載靈撰并書

我寧陽會館肇造於清嘉慶二十五年，後新嘉坡開埠僅二年耳，實開華人社團之先。其館舍且免徵税，蓋以吾邑先賢曹公亞志，當新嘉坡開拓之始，鼓勇先登故，亦胙土酬庸之意也。顧會館草創，采椽不飾，制尚簡樸，至道光二十八年重建，增其式廓，規模以備。迨光緒三十二年重修①，踵事增華，崇飾舊觀，暇日以作州閭之會，春秋則修祭祀之誠。嗣而設義學以惠寒畯，倡互助以濟貧乏，善政美舉，滋益多矣。百數十年來，持之不懈，雖經世局之劇變，政制之屢更，吾會館固自若也。然法無一成而不變，事有因時而制宜，乃於公曆一九六四年九月十七日更張舊基，改從新構，至一九六六年工竣，一九七〇年九月廿七日開幕，矗立爲五層之樓宇，全改故貌，而寧陽會館之名實，今猶昔也。緬念前哲締造之勤，後賢繼事之烈，率由舊章，日新其德，斯足紀也。董是役之理監事，及捐資者贈器物者之名氏具書于後。

一九七〇年第一百四十八屆職員表：

産業受托人：黄樹芬、黄兆源、黄富南、陳國棟；名譽會長：黄兆珪、黄兆源、梅濃浩、伍瑞琴、伍英芳、黄時令；理事長：黄樹芬；副理事長：甄耀堂；總務主任：陳國棟；副總務主任：曹南昆；財務主任：梁肇元；中文書：黄載靈；英文書：伍善民；交際主任：陳兆羡；副交際主任：黄松景；體育主任：黄炎芳；副體育主任：黄啓之；教育主任：李文；副教育主任：黄汝楫；群育主任：梅啓豪；副群育主任：陳强；游藝主任：陳榮昌；副

① 據《重修寧陽會館石碑》落款時間，該館重修應爲清光緒二十年（甲午）。此記所書爲「光緒三十二年重修」，未知何所根據，或爲撰者誤記。吴華所撰《新嘉坡華族會館志》迻録《寧陽會館改建記》亦沿襲其誤，未予更正。

游藝主任：梁祝昌；婦女部主任：黃桂珍；副婦女部主任：陳澤霖；福利主任：鄺錦章；副福利主任：陳平記；理事：許鳴皋、黃文友、黃耀基、黃如歡、陳維鋭、翁立夫、黃富南、黃寶衡、梁均安、甄耀華、趙叔如、梁成基、黃章甫、馬錦珍、李英賢、陳孔甫、黃志光、陳鎮梁、黃塾、黃文華、陳琰、黃鍾杰；監事長：林衛民；副監事長：黃國才；監察：伍興記、梅啓靈、林權耀；稽核：劉晨鍾、梅廷相。

一九六四年至一九六九年歷届理監事名表：

伍學煒、吴浩恩、劉蕙霞、馮國慶、雷子占、馮桔耀、馮美棠、黃匡國、梁和、張鶴齡、譚錦芳、陳孟芳、陳孔雅、陳燦榮、朱錦壇、黃樹芳、何國豪、鄺森揚、黃連登、黃世鴻、陳瀚祈、梁汝發。

捐資者題名：

黃樹芬陸仟元；林衛民叁仟元；甄耀堂壹仟叁百元；譚啓鑾壹仟叁百元；黃炳均壹仟貳百元；黃富南、黃樹芳、黃兆珪、黃炳權、林權耀、鄺修文、伍瑞琴、馬六甲寧陽會館，以上各壹仟元；陳國棟、梅濃浩、黃寶衡、譚保良、鄺錦章，以上各捌百元；黃文友、黃炎芳、黃仕龍、黃鍾杰、甄耀華，以上各陸百元；黃國才、黃兆源、黃耀基、譚乃積、伍英芳、趙如南、甄常、馬立全、伍明、伍錦勛、黃塾，以上各伍百元；徐榮均、陳琰、曹近文、趙仕雄，以上各肆百元；王亞正叁百伍拾元；黃龍照、黃連登、譚揚、伍炤平、李焯、袁群昌、黃炳信、趙叔如、朱醒民，以上各叁百元；黃鴻登、李焕章、黃國濃、黃鐵伯、黃肇基、曹家館、余榮樂、伍國才、黃熤、曹傳金、陳志永、陳鳳祥、伍濟輿，以上各貳百元；陳榮昌、梁肇元、梅啓豪、黃汝楫、陳强、陳孔雅、陳維鋭、雷子占、梁均安、李卓榮、陳奎光、黃載靈、林德芳、鄭德培、黃崴華、馮美棠、陳平記、李英賢、曾龍琰、李文、李熤章、黃長滋、黃天佐、譚錦芳、劉晨鍾、陳彩月、劉尊鎰、蔡錦波、馮國慶、阮毅興、黃章甫、馮銓榮、馮沛森、黃鴻光、黃松景、曹翔慶、黃寶蓮、陳文新、伍善民、許鳴皋、陳孟芳、黃啓之、黃如歡、梅啓靈、梁成基、黃悅有、朱瑞藹、馬錦山、馬錦珍、梁和、朱福源、劉亞業、馬祝峰、曹子遠、黃歡利、丘金賽、黃任泃、黃達、林泮、翁景新、黃任經、黃錦植、余海籌、林德銳、譚泰昶、朱翹康、丘寿恩、黃毓瑞、譚華琮、陳金浩、陳然照、陳榮錦、廣南興有限公司、南興隆逑記，以上各壹百元；謝炳記柒拾元；陳韓祈、陳兆羨、陳燦榮、陳孔甫、林華祥、曹南昆、陳澤霖、馮廣令、李祖盛、朱文學、朱兆榮、謝煊坤、梁顯杰、陳定行、陳國明、甄燦宣、朱坤、黃國度、馮桔耀、伍三光、馮伯榮、阮建昆、甄嘉振、黃叔平、袁德、黃順昌、檳城瑞生金碹鋪，以上各伍拾元；陳金羨肆拾元；譚月愛、雷榮澤、雷耀培、雷耀倫、曹志强、黃光漢、甄連間、馬紹浩、黃光洲、馬正、吴浩思、伍于勃、梁致雲、伍仕郁、伍時修、譚勤大、林五、余元图、羅輝南，以上各叁拾元；鄭作均、陳亞秀、李玉珍、李寶光、黃桂珍、黃亞益、譚蔚亭，以上各貳拾元；陳載洪、黃道良、李開枝、劉國業、曹德、曹祝、陳明珠、黃錦榮、馮成立、馮美容、劉雙女、雷倫盛、陳裕昌、梁鴻源、余兆永、馬炳、陳樹榮、朱桃蓮、李鳳、梁松養、林伯衡、黃燦權、陳富强、翁連忠、謝耀彬、鄧銀好、余寶金、陳齊愛、陳携娣、陳保娣、陳翠瓊、陳鳳滿、黃錫光、黃深、黃醒世、伍積嬋、甄榮添、馬榮發、馬炳才、陳濃、鄺瑞玉、顔福、顔棟盛、梁日生、朱華元、陳順適，以上各壹拾元。

捐器物者題名：

譚啓鑾三百元；林衛民、梁均安、伍錦勛、雪蘭莪臺山會館，以上各貳百元；黃文友壹百伍拾元；梅啓豪、鄺錦章、黃墊、黃鍾杰、譚錦芳、譚乃積、劉亞業、朱醒民，以上各壹百元；黃啓之、雷子占、陳平記、余逸忠、關百祥、白振達、黃寶禎、林泮、馮國慶、馮羨榮，以上各伍拾元；鄺森揚、陳孔雅、黃汝楫、陳孟芳、楊漢池、黃如歡、陳强，以上各三拾元；劉晨鍾、梅廷相、李文、陳澤霖、馬錦珍、阮毅興、馬耀南，以上各貳拾元；黃載靈、陳孔甫、曹南昆、張鶴齡、陳維鋭、馬榮發、譚活、黃亞益、黃松景，以上各拾元。甄耀堂會議檯拾壹張；甄耀華會議檯拾壹張；黃炎芳摺椅壹打；黃仕龍摺椅壹打；譚琮茶櫃壹筒；梅濃浩風扇壹把及電鍾壹個；陳國棟布告箱壹座；黃章甫、黃實衡、伍善民、梁肇元，以上各風扇壹把；陳金枝電鍾壹個。

公歷一九七〇年九月穀旦。

〇四八　寧陽會館重建會所奠基儀式碑

【碑刻名稱】寧陽會館重建會所奠基儀式碑

【材　質】石材

【形　制】長方形立碑

【尺　寸】長五十九厘米、寬四十四厘米

【書　體】隷書

【碑　額】無

【碑　題】無

【碑文撰者】無

【碑文書丹】無

【立 碑 者】理事長譚啓鑾等

【立碑時間】一九九三

【存　佚】現存

【地　點】新加坡寧陽會館

【碑刻録文】

本會館坐落橋南路。原會所因被政府徵用，今以安祥路本館産業重建爲新會所。于一九九三年六月一日由第一六八届（一九九〇至一九九一年度）正副理事長主持奠基儀式，立碑永留紀念。

理事長正：譚啓鑾；理事長副：黄炎芳、李達聰。

〇四九　重建義安會館碑記

【碑刻名稱】重建義安會館碑記
【材　質】石材
【形　制】長方形立碑
【尺　寸】長一百六十八厘米、寬五十六厘米
【書　體】楷書
【碑　額】重建義安會館碑記
【碑　題】重建義安會館碑記
【碑文撰者】無
【碑文書丹】無
【立 碑 者】義安會館衆商
【立碑時間】清光緒二十八年（一九〇二）
【存　佚】現存
【地　點】越南胡志明市潮州義安會館
【碑刻録文】

重建義安會館碑記

竊聞太上有立德、立功、立言之説，然非常之功，非非常之人最難立；非常之業，非非常之人不易爲。故君子立德揚名於後世，當爲者靡不兢兢然，盡力而爲之者也。回憶昔人寄迹安南，經商營賈，拔萃超群者，指不勝數；所以同心同德創設會館，爲鄉情而適義，會梓誼以問安，故就吾郡古名爲會館名，安然有親親周密之義。堂上虔祀關聖帝君，以昭我人修德作善，當念桃園義高，要知梓里情篤，安于斯也。義誠，是乎於兹會館之設久矣，風殘年遠，雨域歲稠，殿宇盡覺頽毁，墻垣形見堊塞。我人日睹而心憐，能無浩嘆慚愧耶？矧夫情者不能忍，義者何能安哉？我輩樂游斯地，不可不極力倡首恢復，新猷以固承先啓後，揚名於後輩，亦冀後人殷殷如斯之盛傳焉。况革舊以翻新，係植福徵祥之義；地靈膺人杰，亦順時應運之安。於是公同妥議，爰立章程，鳩傭大作，鵲匠重興，曾經客臘，卜吉興工矣。舊基坐甲向庚，新座移壬朝丙，三進寬闊，四面堂皇，第建欸浩大，非拾萬巨資難獲成就，願我同人踴躍捐資，共襄美舉，一銜標紅，千載竹帛。蓋成美者有美報，造福者有福歸，我同人從此興隆，可計日而待也。是爲序。

倡建會館大總理：永裕豐、薛光順、池基進、錦裕號、陳吉盛、吴再合、許存興、陳益泰；大協理：通合號、杜順記、陳美盛、義興順、吴再盛、張遺合、楊合興、李成記、楊瑞源、郭榮興等拜。

光緒壬寅年端月吉日，義安會館衆商同啓。

〇五〇　重修義安會館碑記（一）

【碑刻名稱】重修義安會館碑記（一）

【材　　質】石材

【形　　制】長方形立碑

【尺　　寸】長一百六十八厘米、寬六十厘米

【書　　體】楷書

【碑　　額】無

【碑　　題】重修義安會館碑記

【碑文撰者】無

【碑文書丹】無

【立 碑 者】義安會館衆等

【立碑時間】清同治五年（一八六六）

【存　　佚】現存

【地　　點】越南胡志明市潮州義安會館

【碑刻録文】

重修義安會館碑記

全村捐助工金芳名開列于左：

鴻盛號喜捐銀貳拾五大元、萬福順喜捐銀貳拾五大元、劉順福喜捐銀貳拾五大元、楊心和喜捐銀貳拾五大元、盧成基喜捐銀貳拾五大元、楊美珍喜捐銀貳拾貳大元、萬泰號喜捐銀貳拾壹大元、陳福順舟喜捐銀貳拾大元、振順號喜捐銀貳拾大元、南盛號喜捐銀貳拾大元、許益記喜捐銀貳拾大元、益豐號喜捐銀貳拾大元、淦義號喜捐銀貳拾大元、黃美記喜捐銀貳拾大元、許圖喜捐銀貳拾大元、洪財喜捐銀貳拾大元、鄭乩雀喜捐銀貳拾大元、吳懷安喜捐銀貳拾大元、葉月喜捐銀貳拾大元、潘鄉魚喜捐銀貳拾大元、鄭進逢喜捐銀貳拾大元、邱春淑喜捐銀貳拾大元、李莫喜捐銀貳拾大元、程元金喜捐銀貳拾大元、蔡成記喜捐銀貳拾大元、桂記號喜捐銀貳拾大元、順成號喜捐銀貳拾大元、張源順喜捐銀貳拾大元、柯榮昌喜捐銀貳拾大元、盧成基喜捐銀貳拾大元、林盛吉堂喜捐銀壹拾九元、陳强侖喜捐銀壹拾九元、林端□喜捐銀壹拾七元、黃金喜捐銀壹拾七元、廖和合喜捐銀壹拾七元、劉福賜喜捐銀壹拾七元、茶□喜捐銀壹拾七元、□□合喜捐銀壹拾七元、林振盛喜捐銀壹拾七元、陳贊合喜捐銀壹拾七元、莊門陳氏喜捐銀壹拾七元、池利泉喜捐銀壹拾七元、辛長珠喜捐銀壹拾七元、鴻嘉寶喜捐銀壹拾七元、溫三合喜捐銀壹拾七元、蘇霸合喜捐銀壹拾七元、楊日喜捐銀壹拾七元、陳岸喜捐銀壹拾七元、陳□□喜捐銀壹拾七元、楊福順喜捐銀壹拾七元、陳蒂喜捐銀壹拾七元、陳功合喜捐銀壹拾七元、黃兖明喜捐銀壹拾七元、黃啓茂喜捐銀壹拾七元、陳鄉茂喜捐銀壹拾七元、周官勝喜捐銀壹拾七元、蔡成記喜捐銀壹拾七元、莊興記喜捐銀壹拾七元、余益淦喜捐銀壹拾六元、李平喜捐銀壹拾五元、氏寶謙喜捐銀壹拾五元、林武壽喜捐銀壹拾五元、林榮喜捐銀壹拾五元、黃名喜捐銀壹拾五元、陳頌利喜捐銀壹拾五元、江劉義喜捐銀壹拾五元、江龍源喜捐銀壹拾五元、莊進合喜捐銀壹拾五元、三順喜捐銀壹拾四元、順立喜捐銀壹拾叁元、張坤順喜捐銀壹拾貳元、張烓合喜捐銀壹拾貳元、詹西喜捐銀壹拾貳元、陳世林喜捐銀壹拾貳元、池馬喜捐銀壹拾貳元、楊杏林喜捐銀壹拾貳元、張美隆喜捐銀壹拾貳元、楊四合喜捐銀壹拾貳元、周攀喜捐銀壹拾貳元、莊財源喜捐銀壹拾貳元、黃二合喜捐銀壹拾貳元、羅扶喜捐銀壹拾貳元、蟻林喜捐銀壹拾貳元、蔡先合喜捐銀壹拾貳元、余閑一喜捐銀壹拾貳元、陳春喜捐銀壹拾貳元、施海源喜捐銀壹拾貳元、莊松合喜捐銀壹拾貳元、温振成喜捐銀壹拾貳元、唐松盛喜捐銀壹拾貳元、林奴合喜捐銀壹拾貳元、紀禄合喜捐銀壹拾貳元、沈運楊喜捐銀壹拾貳元、彭閃喜捐銀壹拾貳元、林勝喜捐銀壹拾貳元、余扁合喜捐銀壹拾貳元、黃太古喜捐銀壹拾貳元、陳開文喜捐銀壹拾貳元、杜兩興喜捐銀壹拾貳元、李貴章喜捐銀壹拾貳元、鄭玉喜捐銀壹拾貳元、胡發喜捐銀壹拾貳元、林榮萬喜捐銀壹拾貳元、許發興喜捐銀壹拾貳元、李門武氏喜捐銀壹拾貳元、莊義喜捐銀壹拾貳元、黃全□喜捐銀壹拾貳元、黃德合喜捐銀壹拾貳元、陳賢合喜捐銀壹拾貳元、范氏書喜捐銀壹拾貳元、曾有昌喜捐銀壹拾貳元、張元合喜捐銀壹拾貳元、陳五平喜捐銀壹拾貳元、陳二吉喜捐銀壹拾貳元、翁安居喜捐銀壹拾貳元、杜景記喜捐銀壹拾貳元、杜財合喜捐銀壹拾貳元、許邦□喜捐銀壹拾貳元、林銘盛喜捐銀壹拾貳元、陳和合喜捐銀壹拾貳元、吉仁堂喜捐銀壹拾貳元、陳勝利喜捐銀壹拾貳元、陳進興喜捐銀壹拾貳元、永順興喜捐銀壹拾貳元、□□喜捐銀壹拾貳元、天錫喜捐銀壹拾貳元、杜財合喜捐銀壹拾貳元、杜景合喜捐銀壹拾貳元、沈基進喜捐銀壹拾貳元、馬合利喜捐銀壹拾大元、添合喜捐銀五拾貫、順福堂喜捐銀五拾貫、意榮喜捐銀五拾貫、楊杏林喜捐銀五拾貫、陳順財喜捐銀五拾貫、李武合喜捐錢五拾貫、曾廣合喜捐錢五拾貫、温勇利喜捐錢五拾貫、端記喜捐錢五拾貫、莊坎合喜捐錢五拾貫、莊佳期喜捐錢五拾貫、莊武得喜捐錢五拾貫、莊氏合喜捐錢五拾貫、鍾立喜捐錢五拾貫、盧賜喜捐錢五拾貫、胡天相喜捐錢五拾貫、陳□喜捐錢五拾貫、謝克喜捐錢五拾貫、曾正喜捐錢五拾貫、莊品興喜捐錢五拾貫、楊立喜捐錢四拾貫、林有齊喜捐錢四拾貫、黃北喜捐錢四拾貫、楊裕記喜捐錢四拾貫、温世霞喜捐錢四拾貫、沈存記喜捐錢四拾貫。

同治五年十月吉日，義安會館衆等仝立。

〇五一　重修義安會館碑記（二）

【碑刻名稱】重修義安會館碑記（二）
【材　　質】石材
【形　　制】長方形立碑
【尺　　寸】長一百六十八厘米、寬七十二厘米
【書　　體】楷書
【碑　　額】無
【碑　　題】重修義安會館碑記
【碑文撰者】無
【碑文書丹】無
【立 碑 者】義安會館客幫衆商
【立碑時間】清光緒二十八年（一九〇二）
【存　　佚】現存
【地　　點】越南胡志明市潮州義安會館
【碑刻録文】

重修義安會館碑記

會館之建設久矣，其初爲潮客兩幫諸商董協力同心，創成基址。凡吾兩幫人等來南者，皆得賴以聯絡鄉情，會議商務；即今左右門眉，懸挂公所，潮客兩幫，相對輝映，所以壯會館之觀瞻也。取其爲義安云者，蓋以潮客自唐所來，人色非其親朋，即其故友。古人有言，朋友之道以義合，苟能以義合，固無不可以相安者。而是地又適以安南名，於是「義安」二字遂因之而成立。固當日潮客兩幫同人所斟酌盡善而創爲令名，并非有所沿襲而成也，明甚。溯至同治年間，曾經重葺。迄今閱時已久，爲風雨飄搖，覺瓦垣之頹廢。我兩幫董事諸公，乃復糾合衆商，倡議重修。遂於今上壬寅之歲始於前，癸卯之年落成於後。壯其規模而煥然一新，堂哉皇哉，真會館之巨觀也哉！余於今春之季，來游是邦，喜見會館之重新，尤喜兩幫人士之能相與有成；將見據兹勝地，佐以神靈，必使坐賈商蒸蒸日上，致富如陶朱者有人，輸財如卜式者有人，則不特爲會館之光，我國家亦與有榮施焉。

總理：余廣居、阮宏昌、梁福泰、陳錦記、潤德堂、謝生利；值事：駱泰隆、廣合利、姚福記、姚寬記、廣成興、廣興昌、萬福順、朱本立、黄恒茂、永合興、廣德安、永盛隆、張廣發、義和利、袁泗興、曾仁和、廣合祥、新同昌、張新福、均合盛、李日新、羅春霖、陳廣記、黄寶昌、汪公昌、廣裕利、怡昌泰、惠合成、合泰來、李發記、黄萬源、大和堂、廣發利、賴生源、泗和興、濟德堂、黄滔記、陳泰利、三和堂、廣和興、同利興、秀合泰、徐成斐、黄生利、吕桂和、復生堂、其生堂、萬安和、劉忠和、朱福記、杏春堂、温福記。

阮宏昌題銀叁仟伍百元；駱泰隆題銀叁仟叁百元；余廣居題銀貳仟伍百元；梁福泰題銀貳仟伍百元；陳錦記題銀貳仟大元；潤德堂題銀壹仟貳百元；謝生利題銀壹仟貳百元；廣合利題銀壹仟大元；萬福順題銀伍百大元；姚福

記題銀伍百大元；廣成興題銀伍百大元；廣興昌題銀叁百伍拾元；永盛隆題銀叁百大元；廣德安題銀叁百大元；永合興題銀貳百伍拾元；朱本立題銀貳百伍拾元；黃恒茂題銀貳百伍拾元；新同昌題銀貳百伍拾元；廣合祥題銀貳百叁拾元；曾仁和題銀貳百大元；袁泗興題銀貳百大元；義和利題銀貳百大元；張廣發題銀壹百伍拾元；黃寶昌題銀壹百伍拾元；陳廣記題銀壹百伍拾元；羅春霖題銀壹百四拾元；李日新題銀壹百元；均合盛題銀壹百元；張新福題銀壹百元；李發記題銀壹百元；合泰來題銀壹百元；惠合成題銀壹百元；怡昌泰題銀壹百元；廣裕利題銀壹百元；黃福興題銀壹百元；鍾鴻記題銀壹百元；簡陳氏題銀壹百元；汪公昌題銀壹百元；永合發題銀壹百元；濟德堂題銀壹百元；黃萬源題銀九拾元；余兩合題銀八拾元；蔡秀基題銀七拾元；源和昌題銀七拾元；胡合昌題銀七拾元；劉忠和題銀六拾元；江良輔題銀六拾元；謝祥利題銀六拾元；曾義利題銀六拾元；李泰來題銀六拾元；陳家盛題銀五拾元；温源昌題銀五拾元；梁德記題銀五拾元；千里明題銀五拾元；黃永興題銀五拾元；蔡德記題銀五拾元；羅大和題銀五拾元；蔡浩濟題銀五拾元；温元福題銀五拾元；萬全堂題銀五拾元；賴生源題銀五拾元；徐榮記題銀五拾元；和興號題銀五拾元；益元堂題銀五拾元；鍾勝華題銀五拾元；魏嘉能題銀五拾元；廣得利題銀五拾元；廣義利題銀五拾元；廣生源題銀五拾元；胡祥昌題銀五拾元；蔡恩祥題銀五拾元；廣發利題銀五拾元；黃萬源題銀五拾元；朱福合題銀五拾元；廖捷昌題銀五拾元；泗和興題銀五拾元；梁雙記題銀五拾元；温福安題銀五拾元；永祥發題銀四拾元；福祥號題銀四拾元；徐雙記題銀三拾元；嘉盛昌題銀三拾元；安泰號題銀三拾元；廣泰興題銀三拾元；黃生利題銀三拾元；楊長記題銀三拾元；陳金順題銀三拾元；劉義記題銀三拾元；謝祥興題銀三拾元；保壽堂題銀三拾元；彭明德題銀三拾元；徐成斐題銀三拾元；萬春堂題銀三拾元；李濟元題銀三拾元；李春盛題銀三拾元；廣福昌題銀三拾元；楊瑞彝題銀三拾元；陳壽仙題銀三拾元；黃福生題銀三拾元；晉德堂題銀三拾元；黃金盛題銀三拾元；林嘉濟題銀五拾元；林瑞玶、鍾乾七、楊興記，以上題銀三拾大元；梁三才、調元堂、張賢記、泗興隆、懷安堂、蔡茂求、梁惠成、曾林英，以上題銀貳拾五元；廣南金、徐養記、萬興昌、合茂昌、泰來號、梁贊記、楊玉和、回春堂、蔡壽南、廣明昌、黃北記、廣雲昌、永興號、張廣泰、張同記、廖庚福、仁愛堂、李來合、三昌泰、蔡賢文、鄺世光、彭怡和、黃滔記、郭大和、炭錦昌、黃榮盛、李富記、均泰號、泗興隆、蔡作新、梁官壽、徐裕綸、合發利、陳泰利、呂保記、萬安和、廣泰昌、廣協昌、黃和德、三興號、黃進合、三和堂、曾松合、朱成運、鍾盛合、裕安號、同利興、德生堂、壽春堂、永同發，以上題銀貳拾大元；鄧祥記、協和隆、鄭富記、生和號、勝昌號、勝華號、周祥記、張祿記、張萬興、李潤生、忠和號、怡隆號、應和利、林泰昌、梁官喜、楊恭記、李盛興、洪裕記、楊永泰、仁和堂、泰昌隆、廣興號、吳福記、其生堂、何安和、呂桂和、賴來記、周祥記、有利號，以上題銀壹拾五元；盛豐號、來發號、義記號、永茂昌、賴東鳳、張同和、謝意榮、廣聚昌、李恭鳳、蔡廣源、泗和泰、萬福記、梁運記、楊貴科、楊康記、梁官興、楊洪記、義勝號、劉吉亨、邱梯合、存濟堂、黃美和、永盛堂、陳昆琰、彭杏春、黎源昌、林遠和、廣公昌、羅新記、張源盛、泗昌利、黃運記、劉福記、同記棧、黃滿記、萬瓊號、萬泰號、義合號、張官貴、生濟堂、葉坤榮、吳仕記、楊來記、楊陳生、胡發興、梁帶興、廣濟堂、鄧生枝、王榮昌、廖順記、永勝興、林招記、廣和興、林保壽、古裕和、陳壽昌、蔡天保、陳復生、黎林記、濟安堂、人德堂、余啓興、彭安記、曾成昌、萬生堂、恒春堂、廣壽堂、正利號、陳德賢、協和泰、陳發記、曾秀記、梁勝記、劉生記、何廣記、黃志記、梁雲記、廖招記、鍾瑞祥、徐泉記、星隆號、泰興號、廣祥發、廣永興、廣南合、何順興、和昌泰、廖義利、林明定、鄧三合、李泗昌、藍發記、廣盛堂、廣生堂、萬安堂、安和興、張有記、羅榮發、蔡國珍、劉濟生、廣生堂、張德濟、陳義記、鄔廣隆、羅昌康、均泰號、和昌號、陳錦棠、陳萬春、張連合、劉廣和、梁海如、廣和號、鄭貴記、南昌號、興盛隆、楊源勝、羅亦昌、泗和昌、廣鴻昌、福濟堂、黃榮記、何七

合、協隆號、陳源盛、謝錫儀、徐保記、羅湛泉、吴運記、保和堂、董泰昌、楊怡安、張珍利、温鴻鵬、顧犇
記、卓金秀、乾記號、勝合號、邱兆奎、藍焕魁、曾意昌、鄧廣棧、鍾信莪、廣長春、廣祥泰、張興記、昌和
號、同吉號、悦昌號、鄒仕芬、宏濟堂、廣華昌、五昌和、何貴記，以上題銀壹拾大元；張榜記、廣泰興、黄榮
興、饒永吉、廖廣鴻、同濟堂、義興號，以上題銀六元；協泰號、同勝號、胡炳號、廣成號、張福記、合源號、
李發記、張滿貴、朱福記、闞順記、藍方記、曾來記、魏秀芳、盧祥記、邱進聲、江世相、謝雲清、和興號、集
福堂、江啓祥、義和合、劉安記、陳佐昌、德春堂、邱蘭馨、懷安堂、興隆號、滋元堂、袁定記、陳□□、曾海
記、曾義利、古秀記、曹洪記、黄生記、吴安記、惠濟堂、曾福利、徐火記、永榮號、張升急、刁義記、劉祥
記、邱連記、魏有記、徐貴記、黄德興、林吉興、濟仁堂、張陳姑、陳喜記、邱喜記、陳昌記、曾德記、蕭銘
石、陳三記、張興記、廣安堂、葉堤增、鄧林記、財記號、利九記、曾立庸、余順漢、翁福欽、吴計宗、朱容
記、葉三記、葉滿記、黄宅記、羅保記、陳先記、魏興記、蘇安利、劉萬成、廖鳳記、福順隆、南和盛、黄林
保、悦利號、廣祥泰、新同茂、逢春堂、廖貴記、鍾滿記、惠安堂、鍾子記、許培興、黄輝記、古來記、陳田
記、陳德記、黄容端、李蘭香、調元堂、廣盛堂、徐慶福、義隆號、劉彬記、長壽堂、陳發記、天安堂、張鴻泰、
長生堂、合順發、義同興、茂和堂、安濟堂、廣和盛、義和堂、賴康記、廣泰和、廣森利、陳亦利、陳廣發、陳
聯順、林金盛、安德堂、廣生堂、廣南興、邱南順、鄧益昌、黄芬記、廣新合、鄭甫雲、刁發記、彭勝記、廣仁
濟、何本源、李新興、葉長安、福濟堂、蔡昌霖、萬山和、怡祥泰、許濟生、徐水記、廣同興、梁義安、廣美
南、福泰昌、廣發興、楊秀昌、杜貞利、陳文湖、禎義和、李先記、炭順利、廣信興、勝濟堂、古昭輝、永義
隆、濟和堂、廣亨祥、潤滋堂、黄勝興、唐保記、徐曜儀、廣興號、曾炳記、玉壺春、廣永昌、廣發興、潤生
昌、蕭盛昌、保生堂、曾桂棧、蕭源興、郭天生、唐義順、黄爽記、祥發棧、鄭滿記、羅保壽、益和堂、張昌

怡心、楊福合、黃鳳記、張發利、生和堂、廣同昌、運源昌、德盛堂、李萬豐、梁五記、張秀記、新合、義來棧、文隆泰、張福記、張生記、協利號、裕昌和、黃來福、張福利、黃秀記、賴盤福、溫乙貴、館、陳養、義順號、謝阮氏、劉森合、張義曾、謝振壬、戴□□、禎祥棧、蔡有興、利星□、廣德堂、陳昌盛、□、吴合、勝合生、義合號、黃壬記、薛香記、楊竟連、廣怡昌、萬和堂、黃桂記、溫石秀、廣利號、協裕號、記、利、協昌號、黃五記、胡社記、存仁堂、黃恒火，以上題銀五元。

光緒壬寅年端月吉日，義安會館客幫衆商仝立。

〇五二　重修義安會館碑記（三）

【碑刻名稱】重修義安會館碑記（三）
【材　質】石材
【形　制】長方形立碑
【尺　寸】長一百六十八厘米、寬六十二厘米
【書　體】楷書
【碑　額】重修義安會館碑記
【碑　題】重修義安會館碑記
【碑文撰者】黄維齊
【碑文書丹】周振倫
【立 碑 者】義安會館客幫衆商
【立碑時間】一九六九
【存　佚】現存
【地　點】越南胡志明市潮州義安會館
【碑刻録文】

重修義安會館碑記

我堤岸義安會館，依隋代古郡以立名，合潮循道屬而共建，創始何時，文獻無徵，雖未易考，而根據碑記，則初期坐東向西。同治五年，首次重修，仍其舊制。至光緒廿七年，由西堤潮客兩幫先賢重修改建，移易合金，俾正南面。恢宏廟貌，中連三進，後包擴充範圍，旁增兩廡横屋。遠聘名匠，取材祖邦，所有名賢書畫故事，框屏博古器皿及花鳥蟲魚等，或以石刻，或用木雕，或剪瓷片鑲嵌，或煆珠蠔捏塑，莫不巧奪天工，爲中華藝術精華之所萃。加以裝金髹漆，五彩繽紛，典麗堂皇，莊嚴偉大，緬懷前勛，肅然景止。古諺有言，創業難，守成亦不易。本館經前人之創建擴充，後繼者之發揚滋乳，舉凡醫院、學校、公祠、義山等養生安逝之要務，莫不燦然俱備。惟肇基館舍，則盡其覆癃之功者，又已垂七十年歲月，推迹風雨侵剥，若不及時搶修，任其殘破，則不但有辜昔賢之前功，且亦無以策來者而傳諸久遠。故爲發揚先僑偉業，及保存國粹藝術，計大修之舉，實屬刻不容緩。潮幫賢達有見及此，博諮父老，衆意僉同，遂公推董事十五人以督其事。於乙巳年十月十六日，舉行動土典禮；翌年六月，決定大修計劃，開始募捐；丁未正式興工，旋經戊申變亂，□至己酉方行告竣。中經收容難民逾千，供給糧食歷時七月，及工料漲價，器材缺乏種種困難；且當工程進行時，因須保存文物，不易外觀，故遇地臺縮蝕，瓦面隙漏，桷榱朽蛀，墻壁罅裂等，必須掘地填土，打樁實基，鑿壁嵌桁，托梁換柱，其艱辛繁費，有行拆卸重建所能比擬者。而爲求久遠計，更以鋼骨英坭，下鑄地鞋，上範楹柱，井字作架，左右相聯，銜□□壁，渾然一體，前後三進，同一規制，使即遇劇震，無慮傾側。地面則格以銅片，綢以鐵筋，洗磨雲石，彩鏤花鳥，其餘檐前滴水，地下溝渠，墻壁浮雕，門楣彩畫，凡有銹蝕磨損、漫漶拆裂之虞者，悉易以耐用器材，務使自茲以降，百年無患，國粹文物，奕世長存。乃者工程告竣，內則神像重塑，儀仗翻新，堂殿增光，匾聯煥彩；外則廣院蔽日，巍樓排雲，碧瓦單楹，飛甍門角，突出衆宇。遠望若海上神山，高據建瓴；登臨則西堤在目，旺氣全收，輔弼無缺。存前賢之偉迹，奠百世之宏基。從茲廟妥神歡，福庇當不祇借富，地靈人傑，經營卜遠邁陶朱。而諸善信之積善種德，福報以歸，則又理所必至，事有固然者也。齊時客越南忝所目睹，既欽是屈重修成就之輝煌，復有感夫衆志成城之偉大。深知苟能團結一致，則不但守成者易，爲即擴充新創，發揚光大亦非艱事。因樂爲記其經過，用詔來者。時在己酉仲冬，上浣之吉。

重修董事會：

最高顧問：杜興賢、姚戊；正主席：來安堂；副主席：林和成；財政：黃祥豐；文書：東興行；稽核：怡南興、陳洽榮；募捐組：連源盛、李正記、袁根平；建築組：劉益祥、方振豐、翁炳裕、瑞榮裝；董事：陳寬記、南海行、翁信合、集和成、益安行、張治行。李仰伯篆額，黃維齊撰文，周振倫書丹。

一九六九年歲次己酉仲冬吉日敬立。

〇五三　新建番禺會館碑記（上片）

【碑刻名稱】新建番禺會館碑記（上片）

【材　質】石材

【形　制】長方形立碑

【尺　寸】長一百四十一厘米、寛六十六厘米

【書　體】楷書

【碑　額】無

【碑　題】新建番禺會館碑記

【碑文撰者】無

【碑文書丹】無

【立 碑 者】大總理胡南生等立

【立碑時間】清光緒五年（一八七九）

【存　佚】現存

【地　點】新加坡新橋路番禺會館

【碑刻録文】

嘗思鄉田同井，出入相友，守望相助，此百姓親睦之道也。因推此義，以期相友相助，而建會館焉。決計謀成效爲裘而集腋，所謀適合幸肯構而同心。門面既開，襟懷悉暢。人和永篤，州處足徵洽叙之情；財利均沾，鄉旋定慰滿載之志也。謹修數詞，聊作小序。

大總理：胡南生號；副總理：譚合興、李松泰、胡金好、正三福、福隆號、黄紀亭；大值事：福昌號、陳永義、曾社林、曾順意、盧玉亭、李應輝、梁開記、周旺、黎翕、郭洪、陳楨、梁水、頤春堂、李潤秋、劉星垣、曾大□、凌始謙、曾戊寅、蘇威、莫祥、曾駒、梁帶、馬根、鄧暄、茂興號、周華桂、曾卓湘、馮子□、李熾坤、黄曉東、簡培、陳祥、周洪、梁開、區榮、杜保、梁福。

胡南生助金貳百員；黄紀庭助金五拾員；正三福助金四拾員；黄旭明助金四拾員；福隆號助金叁拾員；郭鴻助金叁拾員；梁孙助金叁拾員；胡顴廷助金貳拾五員；鍾珩章助金貳拾五員；何才生助金貳拾五員；黄舍助金貳拾五員；廣三和助金貳拾五員；杜保助金貳拾五員；劉星垣助金貳拾員；李余漢助金貳拾員；凌始謙助金貳拾員；李貽穀助金貳拾員；黄汝成助金拾八員；湯運亨助金拾五員；潘可智助金拾五員；區儒臣助金拾五員；林子賓助金拾五員；周旺助金拾五員；梁帶助金拾五員；梁洪助金拾五員；譚合興助金拾五員；胡金好助金拾五員；黄成就助金拾五員；黄壹助金拾五員；邱南助金拾五員；李熾坤助金拾五員；郭成助金拾五員；胡帝祥助金拾貳員；李熾垣助金拾貳員；周華桂助金拾貳員；彭勝助金拾貳員；林華秋助金拾壹員；區瑩助金拾員正；周洪助金拾員正；黄金帶助金拾員正；陳福祥助金拾員正；廣三棧助金拾員正；簡帝培助金拾員正；徐振江助金拾員正；梁裕

光堂助金拾員正；陳德助金拾員正；陸熾成助金拾員正；李潤秋助金拾員正；梁德助金拾員正；黎俊英助金拾員正；黃忝助金拾員正；區興偕助金拾員正；盧玉亭助金拾員正；曾□□助金拾員正；周阿西助金拾員正；何堅助金拾員正；用勤助金拾員正；梁興助金拾員正；黃石芝助金拾員正；李乾助金拾員正；黃華助金九員正；胡沛和助金八員正；李盛杭助金八員正；張松助金八員正；林顯生助金八員正；麦聰助金八員正；梁祐助金八員正；曾巨泰助金八員正；吳菱甫助金八員正；何桂助金七員正；盧熾會助金七員正；林炳會助金七員正；林餘助金七員正；李洪德助金六員正；蔡滿堂助金六員正；李炳興助金六員正；郭盛□助金六員正；□□貴助金六員正；江達邦助金六員正；梁榮助金六員正；曾大九助金五員正；馬根助金五員正；梁開記助金五員正；李應輝助金五員正；莫祥助金五員正；余月池助金五員正；曾沛駒助金五員正；曾戊寅助金五員正；馮樹根助金五員正；李發助金五員正；曾社林助金五員正；梁福助金五員正；蘇波助金五員正；梁金有助金五員正；馬威助金五員正；梁成帶助金五員正；杜實助金五員正；莫照助金五員正；盧曜華助金五員正；胡佩裕助金五員正；杜毓華助金五員正；胡綿卿助金五員正；林熾明助金五員正；陳茂嵩助金五員正；郭連娣助金五員正；郭九助金五員正；梁貴助金五員正；胡緒容助金五員正；胡伯謙助金五員正；李全添助金五員正；宋細蘇助金五員正；黎泗娣助金五員正；馮根助金五員正；李泰儀助金五員正；林阿保助金五員正；曾伙帝助金五員正；郭金福助金五員正；梁三娣助金五員正；盧帝金助金五員正；黃子安助金五員正；陳細祥助金五員正；郭鳳亭助金五員正；崔輝榮助金五員正；玉亭氏助金五員正；黃桂卿助金五員正；李波、簡帝星、屈鵬賜、區紹、朱阿成、曾華昌、馮子凌、謝義、宋五娣、凌堯彬、譚炳源、梁照、蕭五、曾大賢、曾鑒光、黎諒、鄔漢、蔣玲璋、梁九、蘇華贊、李德楊、梁拽、李成添、鍾平、梁開仔、黎就、羅其均、區倫、李貴、黎但、梁華、梁炳松、黎球、張蔭財、莫吉周、陳地、蔡遠、胡慶然、譚上汪、凌進、關秋、潘文、陳長、林十娣、蘇艷、郭華勝、李蔭初、崔祖、馮發、黃成、李阿娣、潘洪、郭娣、黎金能、黃金仔、梁四娣、李貽邦、梁賜盛、李沛添、陳潛石、黎興娣、尹鋭記、高麟輝、王士、黃南山、陳五、岑載芝、黎寶光、胡奕、林華楨、邱阿盛、楊逸亭、梁永庚、周瑞林、關阿垣、古阿桃、衛廷杰、胡禮泉、梁翹之、謝泰記、麥娣、李錦洪、曾建光、梁正祥、郭勝、陳通有、馬馮、曾森、陸閏和、趙昭、易金、劉福、李錦松、陳耀、曾熾恒、黎蘇女、陳銘山、蘇平山、黃華、李炳蔭、李祖、沈牛屎、黎居禮、楊金玉、李沃、黃渭、曾熾嵩、區楷、曾帝錦、黎滿維、李澤彬、陳潤、沈兒、周連、陳堯階、鍾潮、關炳朝、胡燕、方敬、徐考、鄭海、凌嗣昌、黃光、李洪占、胡朝清、黃三但、陳榮、楊九、崔女、梁秋、宋林、黃華健、劉世松，以上助金五員；黎運新、劉金富、周彪、宋紹、梁聯有、鄭娣、黎浩佳、鄭有、黎九、李昭禮、胡恩泰、陳柱臣、陸熾安、陳成均、曾順章、黃榮基、宋阿郁、黃祖、崔秋、梁福興、胡錫漢、陳成、戴象、黃智嵩、黎奕祥、崔江泰、曾程、陳蘇，以上助金四員；梁灼堂、宋松漢、劉輝、鍾帶、林炳昌、陳深、屈容卿、譚池、梁阿其、郭瑞廷、黃名深、區業隆。

○五四　新建番禺會館碑記（下片）

【碑刻名稱】新建番禺會館碑記（下片）
【材　質】石材
【形　制】長方形立碑
【尺　寸】長一百四十一厘米、寬六十六厘米
【書　體】楷書
【碑　額】無
【碑　題】新建番禺會館碑記
【碑文撰者】無
【碑文書丹】無
【立 碑 者】大總理胡南生等
【立碑時間】清光緒五年（一八七九）
【存　佚】現存
【地　點】新加坡新橋路番禺會館
【碑刻録文】

新建番禺會館碑記

□□□□□□□□□□

□□　□□

□□□□黃士感

□英

□□□□□□□□□□□□□□□□□□□□□

□□□□□□□□□□□□□□□□□□□□□

□□□□□□□□□□□□□□□□□□□□□

□□□□□□□□□□□□□□□□□□□□□

梁□□□□□□□□□□□□□□□□□□□□

梁□□□□□□□□□□□□□□□□□□□□

□□□□□□□□□□□□□□□□□□□□□

□□□□□□□□□□□□□□□□□□□□□

□□□□□□□□□□□□□□□□□□□□□

□□□□□□□□□□□□□□□□□記□□□

□□□□□□□□□□□□□□□□□釗梁□□

□□□ □□□ 張□園 □□□ □□□ □□默 盧□□

□□□ □□□ □□□ □□□ □□□ □□□ □□□

□□□ □□□ □□□ 胡□□ □□□ □□□ □□□

□□□ □□□ □□□ □□□ □□□ □□□ □□□

□□□ □□□ □□□ 邵□女 于洪彬 □□□ □□□

光緒五年。

底芳名碑記

李長盛助銀拾員正、馮松安助銀五員正、程顯助銀五員正、黎佐卿助銀五員正、梁金有助銀叁員正、李金助銀叁員正、彪家齋助銀叁員正、黃誠助銀貳員正、郭金□助銀貳員正、郭德才助銀貳員正、李耀灼助銀貳員正、梁澤林助銀貳員正、黃明助銀貳員正、陳永記助銀貳員正、藩庭根助銀貳員正、高錫□助銀貳員正、曾□焦助銀貳員正、陳達楊助銀貳員正、孔□助銀□員正、梁□才助銀貳員正、何□景助銀貳員正、陳□助銀貳員正、陳光世助銀貳員正、□□□助銀貳員正、□助銀□員正。

〇五五　新建番禺副館碑記（上片）

【碑刻名稱】新建番禺副館碑記（上片）

【材　　質】石材

【形　　制】長方形立碑

【尺　　寸】長一百六十厘米、寬六十厘米

【書　　體】楷書

【碑　　額】無

【碑　　題】新建番禺副館碑記

【碑文撰者】無

【碑文書丹】無

【立　碑　者】大總理胡南生等

【立碑時間】清光緒十五年（一八八九）

【存　　佚】現存

【地　　點】新加坡新橋路番禺會館

【碑刻録文】

新建番禺副館碑記

新架波之有番邑會館也，由來舊矣。誠以旅居得所，客至如歸，其爲篤桑梓之情，重枌榆之誼者，意亦良厚。惟是館舍狹隘，羈客繁多，或養閑而致厭喧囂，或抱恙而綦嫌煩擾。即或離群索處，誰爲奉侍之人？或隨地雜夷，更非同欲之侶。嘆關山兮難越，失路堪虞；偶萍水兮相逢，他鄉即故。此副會館之設，不容己也。嗟乎！諸君子不惜財不惜力，綢繆有盡善之規；同鄉親可以去可以來，庇蔭有無窮之賴。休哉！此美舉也。是用爲序。

大總理：胡南生；副理：胡義生、巧珍店；值事：合興、福隆、茂興、長盛、正三福、兩益、廣盛、德生、順南、貽穀、文行堂、廣福興、泰昌樓、廣合和、醉樂居、馮子凌、廣紹安，仝立。

今將喜助工金芳名列于左：

胡南生助銀壹百五拾員；譚合興助銀五拾大員；廣福興助銀五拾大員；長盛助銀五拾大員；文行堂助銀五拾大員；胡義生助銀五拾大員；福隆助銀五拾大員；巧珍助銀五拾大員；三福助銀叁拾大員；廣勝棧助銀貳拾大員；匯賢助銀貳拾大員；胡厚生助銀貳拾大員；廣勝助銀貳拾大員；何財生助銀貳拾大員；順月助銀貳拾大員；梁貴記助銀貳拾大員；陳泰助銀壹拾五大員；黎運新助銀拾五大員；醉樂居助銀壹拾大員；新安盛助銀壹拾大員；胡泰昌助銀壹拾大員；翠蘭助銀壹拾大員；金意助銀壹拾大員；順南助銀壹拾大員；梁隱臣助銀壹拾大員；新合意助銀壹拾大員；陳蘇記助銀壹拾大員；關秋助銀壹拾大員；凌金助銀壹拾大員；廣德生助銀壹拾大員；美香助銀壹拾大員；順賢助銀壹拾大員；李秀泉助銀壹拾大員；妙發助銀壹拾大員；萬芳助銀壹拾大員；黄旭明助銀壹拾大員；兩益助銀壹拾大員；梁林助銀壹拾大員；兆香助銀壹拾大員；悦香助銀壹拾大員；馮子凌助銀壹拾大員；

順香助銀壹拾大員；歡心助銀捌大員；悅心助銀七大員；黃子安助銀六大員；秀鳳助銀六大員；盧玉亭助銀六大員；陳啓助銀六大員；黃朗生助銀五員六；蓉月助銀五大員；梁瑞恩助銀五大員；郭九助銀五大員；湯廣生助銀五大員；廣隆助銀五大員；梁新助銀五大員；胡伯謙助銀五大員；全發助銀五大員；新順發助銀五大員；茂興助銀五大員；曾瑞禮助銀五大員；德生祥助銀五大員；安隆助銀五大員；隆源助銀五大員；廣合和助銀五大員；胡禮泉助銀五大員；周標助銀五大員；恒利助銀五大員；李冠常助銀五大員；屈杰助銀三元五；周八娣助銀三元五、梁慶臻助銀三元五；崔杰生助銀三元五；馮鏡助銀三大員；楊九助銀三大員；黃華焰助銀三大員；蔡建南助銀三大員；曾新有助銀三大員；順花助銀三大員；李杰助銀三大員；蘇浩助銀三大員；譚錦居助銀三大員；胡燕助銀三大員；盧癸生助銀三大員；黎成燦助銀三大員；清合助銀三大員；廣三來助銀三大員；譚錦威助銀三大員；聯記助銀三大員；同榮助銀三大員；蘇芳助銀三大員；陳連有助銀三大員；郭林助銀三大員；陈潛石助銀三大員；何炳垣助銀三大員；新勝利助銀三大員；陳炗助銀三大員；蔡子江、凌廣、何昌、梁會、劉煥棠、梁松柏、尚汪、盧九、譚懷章、簡翰、謝進、林雙、蘇巨、林松開、泗隆、曾其英、簡子蘭、林寶、鄭文瀚、郭錦材、范輝、李秦、譚閏標、宋賢、李四、簡斗、蔣燦、霍金、曾樹根、衛廷杰、簡帝培、曾社林、馮賢、譚潤巢、譚佐辰、曾珠、梁餘、譚仲胡、譚成堅、宋有、尹鋭、簡九、李祖、黃廣、凌漢維、葉錦棠、簡昌、譚洪、余月池、陳地，已上助銀貳大員；林清山、簡福敬、譚池、梁旺丁、宋敬、彭益、黎蘇、盧金、李良、馮幹卿、李昭禮、何金有、凌開、凌昌、泗隆、莫遠謙、梁月農、凌坤、譚上池、宋浩、彭吉、郭盈泰、陳福如、李耀輝、關富、梁啓、何金勝、梁和、濮時安、周二姐、徐厚科、凌照炘、凌權、凌炗、陳進泉、李蔭初、黎求、李根、金倫、戴滿堂、黃智深、凌洪、越阜、黎廣、林粗、周伯叔、昭焱、梁潤、石金開、宋榮業、譚隱善、林應春、黃兆柏、譚基九、蔡邦、邵敬、曾金洪、凌英、簡金榮、黎娣、簡翼朝、陳花炳、胡慶祺，已上壹元；李應李大生、楊沛、曹雙九、陳福金、林汝光、宋松漢、梁汝祐、黃勝、黃球、陸賜會、金明、鄔漢、黎熾但、亳、明昭、譚成昭、文獻、已上助銀壹大員；何炳、唐堯、梁順華、曾盛、李甜、李娣、何桂山、林田、林旺、燦輝、五毛。樊其祥、何麗浦、林廣昌、蔡維、叙和、李祥、林天疆、曾瑞洪、梁瑞南、伍福禎、李炳蔭、關禎、深、

〇五六　新建番禺副館碑記（下片）

【碑刻名稱】新建番禺副館碑記（下片）
【材　質】石材
【形　制】長方形立碑
【尺　寸】長一百六十厘米、寬六十厘米
【書　體】楷書
【碑　額】無
【碑　題】新建番禺副館碑記
【碑文撰者】無
【碑文書丹】無
【立　碑　者】大總理胡南生等
【立碑時間】清光緒十五年（一八八九）
【存　佚】現存
【地　點】新加坡新橋路番禺會館
【碑刻録文】

今將館底銀芳名列于左：

簡祖澤、梁国棟、張利、劉浩釗、宋維、簡祖蔭、黎葵、韓錦輝、李惠、黎維琪、石帝良、黃言、劉金洪、李光朗、姚廷、石松興、黎德林、梁啓，以上每名捐館底銀貳元；宋流、梁日照、梁英湛、徐厚科、崔杰生、何松、何閏柏、蔡偉、陸日華、蔡杰、李賢、范順、李氏、劉寶、劉美、吴九、秦爾田、黃寬、李祐、林澤、梁永昌、許九、林科、陳宣、宋鄞、梁月樵、譚京藩、譚崧、梁道明、崔咏薫、李深源、黃藉攜、王潭洲、樊其祥、梁掌、勞楊、莫巨、簡閏窩、簡德聞、梁松高、馮榮柏、文江、凌國安、楊喜、蔡來、曾懷興、曾慶波、曾聘勤、梁文、陳輝、宋壽華、韓泰、陳澤、榮沛生、梁金棠、李閏新、簡國恩、曾石洪、關澤良、黃漢、周昭、韓賓、梁添、朱儉、黃閏興、曾珠、韋閏志、鄭忝、黃韵泉、洪文標、馮秀山、曾光鍵、鍾春维、盧林、曾錦、韓寬、梁瑞添、曾連初、凌佳堯、何金穡、馮照炘、屈杰、楊炳森、陳炳揚、陳善、李金恒、劉蘇、林戝、紀珠、黎龍、梁來、梁結球、馮照焱、□沛、蘇接、陳有、李漢成、梁國邦、趙德、何閏杰、劉扇、李堅、潘容、蘇娣、梁旺財、鍾作、林漢、開焱、梁聘、陳瑞華、陳廷、黎甘發、蔡歡、羅錦、徐球、周地、曾傳急、梁安、陳相基、梁郁成、凌啓、梁康、胡慶麒、陳晋葵、李光、曾福林、林池、曾福能、黃相、梁貴、梁錦滔、曾蘇女、梁道威、梁彦、凌錦雲、黃祥、郭盤、梁會、譚汝、周順、李林、許應、李滿、黃釗、簡自成、曾戊光、吴有亳、梁鋭衿、馮順、梁娣、曾興茂、曾成芬、黃澤全、馮廣津、黃致、羅容、梁迪、伍牛、莫三娣、梁玉書、劉泰安、曾熠分、凌耀、郭來、曾順添、曾活芬、黃蔭濂、胡祥、莫娣、劉池、黃行、陳茂、彭松、曾子貫、劉泰

財、曾培裕、霍基、梁成、梁德、劉錦田、梁閏、胡金水、陸浩、黃瑞芬、簡容、盧叨、莫容、梁太九、梁盛
財、梁廣昌、凌堅、關耀、馮浩林、林清山、麥棣杰、梁備能、許杰、李球、陳華、梁炳容、劉逸鄉、姚滿、梁
祥、曾汝洪、馮雲鵠、陳二、朝坤、勞帶、曹敬猷、郭金有、尹禮、蔡文叙、梁榮、楊志、黃衍昌、邵勤、胡橋
初、曾柏安、朱柏、黃吉祥、陳桐、林串、陳貴榮、周松、梁灼、梁慶臻、陳祥、胡堂、何美、林貫、胡湛清、
黎學儀、林逢元、黃標、凌寶焜、陳義添、陳廣應、郭發、尹牛、潘定佳、陳根、潘穡、簡九娣、曾亮分、韓廣
培、曾柏生、李培、李波、馮帝、周八娣、梁康、蔡妹、蘇成坤、劉贊煊、梁妹、梁培、李雄、伍唐世、黎玲、
屈永良、關有德、梁坤、簡英昶、譚閏占、崔聰、關炎、蔡興漢、莫遠謙、崔禍、楊祥、潘成業、黎柏言、劉
進、梁沛東、源敬、李九、韓照泰、會號、葉妹、郭錦財、陳閏勝、羅恩、黃閏生、梁金發、馮享、陳錫、陳容
勝、李福森、杜熾、着河、劉應堯、黃堯衛、陳富、關霞城、梁金勝、林澤、陳斌、梁汝、林祺、吴有謙、陳水
勝、凌旺、黃金、葉連升、黃少松、陳彬、梁文禮、林能、黃佐廷、黎賜生、黃春、伍林、杜娣、馮仲良、盧松
基、鍾柱，以上捐館底銀壹元五毛；

今將喜助工金芳名列左：

崔華勝、宋輝、霍庚兆、譚艷、關有、李馮基、李蔭球、李發、李駒、李球、黎秋、李啓、李沛、廖應、李世、
蔡達、蔡同、陳妹、郎祥、曾蘇、李壁、黎勝、黎牛、徐桂榮、譚獻、黎巢、屈平，以上助工金壹大元；宋流、
蘇權、梁照、梁成德、陳夾、李財、莫檢、李三、梁永昌、許九、宋光、陳德佳、陳宜、炳懷、蔡達、黎浩佳、
黎均垣、崔龍、宋定、梁月樵、譚京藩、譚崧、梁道明、凌娣、李步赢、關霞城、黃盖、陳橋、伍根、簡斌、陳
輝、胡蔭昭、郭來、譚基、黎廣同、李金勝、崔咏薰、衛利閏、鍾慶常、梁文禮、梁南、張德、善仁、劉寬、朱
儉、松根、陳二、鍾帝明、勞帶、陳成、李深源、蔡禮彥、蔡庶、關澤良、徐商、羅容、鍾華道、梁再球、曾柏

森、凌錦雲、黃標、陳桐、周敬、陳端、譚桂藤、簡耀、簡建芬、鍾春維、李蚊、梁全、劉耀樞、郭金福、梁榮佳、林漢、李波、簡祖俊、郭蘇、胡景泰、王澤洲、李四、陳東、梁業成、唐興、梁來、梁海、曾熾恒、曾顯光、朱柏、梁坤、陸九、陳廣、劉木、尹仕科、梁連、羅錦、曾照記、梁華金、李根、梁大考、周森、梁金阜、林汝、李九、梁大九、黃春、譚閏煊、梁掌、就森、簡滿、楊坤、楊葵、楊錦、梁成就、曾⿰礻盡、曾就發、梁順昭、杜熾、黎金令、劉振容、簡奇英、黎成、簡金閏、朱順、盧泰、陳松、梁貴善、邵煜、梁帝成、唐錦、凌旺、黎四娣、譚汝、趙德、曾松盛、梁樹謙、麥祥、杜澤、黃漸、黎肇倉、郭吉祥、陸鋭、馬祖、杜娣、簡帝生、陸昆、蔡勸、梁廣、李煥謙、盧北順、李德、郭正財、李維、韓寬、曾汝洪、李金順、陳澤、何會、江巨和、陳培、曾閏廣、簡禮、盧茂、吕吡、梁容、黃衍昌、曾戊光、曾帝九、曾華昌、韋閏志、着河、李田、曾駒、簡慶、簡儀藻、陳容、羅根、黃佐廷、黃桐、曾亮芬、屈永良、李美、蘇接、黃金、黃平、黎澤、簡柱、簡禮賢、黃佳、盧佪、關昭、何滿、梁道威、張福泰、韓泰、梁聘、陸達賓、黎福娣、林文、李郁、區開、陳沛、馮錦、曾錦、何逢梓、黎盛才、王歲、關炎、簡耀林、崔澤、梁備能、李洪、李光、李球、梁漩、李錦、姚浩泉、黃慶桃、陳文、盧有興、梁康、簡和、梁調、陳德慶、關耀、曾華、梁滿、杜統、羅金、潘容、馮帝饌、胡橋初、曾慶波、梁娣、梁德、姚廷贊，以上各助銀壹中員；莫球、周堆、莫⿰礻盡、何二、林開、陳名山、劉逸卿，以上各助銀壹中員。

光緒十五年歲次庚寅仲冬吉月吉旦仝立石。

〇五七　星洲番禺再建總墳重修會館碑記（上片）

【碑刻名稱】星洲番禺再建總墳重修會館碑記（上片）
【材　質】石材
【形　制】長方形立碑
【尺　寸】長一百厘米、寬五十七厘米
【書　體】楷書
【碑　額】無
【碑　題】星洲番禺再建總墳重修會館碑記
【碑文撰者】無
【碑文書丹】無
【立 碑 者】大總理趙沛棠等
【立碑時間】清宣統二年（一九一〇）
【存　佚】現存
【地　點】新加坡新橋路番禺會館
【碑刻録文】

星洲番禺再建總墳重修會館碑記

大總理：趙沛棠、譚慶雲；協理：志安號、盧耀堂、湯湘林、廣勝店、胡心存、何玉堂、雷均垣、盧捷朋；值理：蘇茂興、梁學、葉季允、郭潤富、韓達生、德生祥、莫和、蘇芬、關耀、宋彬、李渭川、曾賜佳、安盛號、曾瑞禮、昌利隆、李隆昌、梁光、鄔秀溪、馮堯階、曹德銓、黎柏賢、蔡建南、梁江、陳金成、廣榮店、李㦤、羅覺斯、梁祥。

謹將番禺再建總墳重修會館各友捐題芳名列左：

梁震東捐英金三十五鎊，伸港銀四百員；譚慶雲捐銀貳百員；趙沛棠捐銀壹佰伍十員；梁興捐銀壹佰員；胡心存捐銀六十五員；志安捐銀六十五員；李隆昌捐銀六十五員；何玉堂捐銀六拾員；盧捷朋捐銀六十員；盧耀堂捐銀五十五員；石玉軒捐銀五拾員；雷均垣捐銀五拾員；邱迪吉捐銀四拾五員；羅覺斯捐銀四拾員；韓達生捐銀叁拾貳員；葉季允捐銀叁拾員；陳金成捐銀貳拾員；蔡建南捐銀貳拾員；湯廣生捐銀貳拾員；蘇彬廷捐銀拾五員；黃堯衢捐銀拾五員；廣福隆捐銀拾五員；王瑞朝捐銀拾五員；李㦤捐銀拾三員；區生捐銀拾大員；廣榮捐銀拾大員；安盛捐銀拾大員；梁光捐銀拾大員；德生祥捐銀拾大員；何洛廷捐銀拾大員；張植生捐銀拾大員；何熾培捐銀拾大員；梁梓喬捐銀拾大員；陳潤蘇捐銀拾大員；郭潤富捐銀拾大員；林航葦捐銀拾大員；蘇茂興捐銀拾大員；新連發捐銀拾大員；梁江記捐銀拾大員；李潤川捐銀拾大員；鄔秀溪捐銀拾大員；黎錦堂捐銀拾大員；仁安堂捐銀拾大員；廣利源捐銀捌大員；黎柏賢捐銀伍大員；陳灼文捐銀伍大員；昌利隆捐銀伍大員；泗隆店捐銀伍大員；黃梓安捐銀伍大員；謝蘇捐銀伍大員；曹德銓捐銀伍大員；何□浦捐銀伍大員；隆生店捐銀伍大員；何照捐銀伍大員；陳連有捐銀伍大員；李蔭堂捐銀伍大員；黄大和捐銀伍大員；梁慶捐銀伍大員；吳妹記捐銀伍大員；胡梓明捐銀伍大員；湯觀秀捐銀伍大員；隆昌店捐銀伍大員；曾福能捐銀伍大員；曾晃根捐銀伍大員；李致旺捐銀伍大員；簡開捐銀伍大員；凌李氏捐銀伍大員；胡次舟捐銀伍大員；李玩墀捐銀伍大員；蘇達財捐銀伍大員；李細記捐銀伍大員；盧捷卿捐銀伍大員；影桂庭捐銀伍大員；許蔭全捐銀伍大員；馮燦芝捐銀伍大員；何耀垣捐銀伍大員；林樹棠捐銀伍大員；李普明捐銀伍大員；張輝雲捐銀五大員；何廣誠捐銀伍大員；盧介亭捐銀四大員；誠信號捐銀四大員；馮璞完捐銀四大員；何鑒泉捐銀四大員；梁昌遠捐銀四大員；順昌隆捐銀叁大員；何愛三姑捐銀叁大員；梁錦廷捐銀叁大員；凌開捐銀叁大員；曾賜佳捐銀叁大員；潘廣生捐銀叁大員；凌金捐銀叁大員；新廣利捐銀叁大員；梁學捐銀叁大員；邵錦榮捐銀叁大員；曾瑞禮捐銀叁大員；李申捐銀叁大員；張銀仙捐銀叁大員；許其捐銀叁大員；林國泰捐銀貳大員；關耀梁、敬善堂、黄祐琚、盧雲卿、羅焕敬、羅悦朝、盧國梁、李紀常、歡花樓、廣成興、郭友記、梁杰生、凌佳娣、盧美、孫慕韓、梁海籌、凌十、德勝、鄔寶生、韓接、陳祥、張次林、黄賜光、宋容美、宋容沛、宋爲生、黄錫蕃、馮瑶階、廣南利、梁松友、黄漢劍、葉瑞南、宋松漢、宋敬良、譚橋、關浩、李渭泉、馮帝聰、黄溢堂、李木惜、區伯頌、陳成記、譚懷童、譚瑞朝、關澤良、黎廣堯、鍾帝明、陳相基、裕德祥、周朗池、梁棠、梁祥、曾運升、黎興壽、李梓雲、黄澤泉、馮廣潮、李昆昌、李樹榮、何梓舟、張鴻、張成、黎景山、謝權、李善梓、無名氏、曾炳、廣福、孔昭記、德隆、曾連初、李伯顯、廣成興、楊坤、杜□、李鎮温、黎焕廣、凌超凡、何童記、何昆記、劉福、蔡廉、何根、譚開、莫和、區開、葉廷英，以上各捐銀貳大員；宋彬壹兩零捌分；崔燦科、李道院、梁奈、林粗、林國梁、盧煌堂、張顯、盧禮祥、盧溢□、楊悦仁、羅永琛、蔡滿、霍九、馮號、李潛、宋華、范廣聲、永隆號、黎浩、李良、陳地、鳩

合店、高啓元、梁沛煊、黄泰、蘇竹生、林瑞廷、馮應元、葉九、林祐記、何祥記、羅啓霖、淩達記、崔臣記、
林永、黄□、李高、李耀、劉暖、董忠、吴樹、伍牛、梁蘇、曹撟、蘇憲、蘇錫田、李靄生、李燮明、陳直臣、
徐奀、陳數常、何高、簡宣順、趙恒光、姚發、陳□福、劉□□、簡□□、□□□、□□□、□□□。

〇五八　星洲番禺再建總墳重修會館碑記（下片）

【碑刻名稱】星洲番禺再建總墳重修會館碑記（下片）
【材　質】石材
【形　制】長方形立碑
【尺　寸】長一百厘米、寬五十七厘米
【書　體】楷書
【碑　額】無
【碑　題】星洲番禺再建總墳重修會館碑記
【碑文撰者】無
【碑文書丹】無
【立 碑 者】大總理趙沛棠等
【立碑時間】清宣統二年（一九一〇）
【存　佚】現存
【地　點】新加坡新橋路番禺會館
【碑刻録文】

宋盈樞、陳榮秋、譚儉、梁坤、梁井、曾福祥、黄美、何勝、張恩、黎福、江咸、關二弟、陳芬、盧泰、雲池道館、李三、黎榮、黎杞、梁錦鏞、曾庚全、蘇渭橋、何華、譚□、羅芬、潘登、關三弟、何榮光、梁根、李振來、陳炳堯、陳鑒泉、劉牛、郭廣賢、曾卓維、蘇次橋、鍾祥、梁珠、梁求、陳堯煥、關四弟、何金和、梁容、高波、陳炳能、黃春、梁松岩、陳燕彬、霍維勤、宋維、梁廣賢、陸齊、李鐸、關五弟、莊耀、譚蘊、李鉅祥、江煥培、黃呂、何淦鎏、陳錫基、曾紀辰、梁慶海，以上各助銀六毫；黃租、胡丙、戴涯培、陳章、李昌、鄭寸、周占、陳濟川、何淦滿、凌禧、謝溢鴻、胡二妹、郭末勝、林威、凌添、陳富、劉池、林源、楊燦、趙克榮、黃鉅、李光、江金時、梁釗、謝溢携、霍森堂、陳蘊、梁佳、曾楝、李榮、宋韋鑄、李啓生、石清、李妹、陳桐、梁基、凌桃、曾金鉅、曾奢廷、李安、林根、羅全、潘進、莫但、原標、邱金娣、阮秋、李順明、李娣、李甜、凌球、黃南和、何金勝、蔡杰、黎河、張丙、黎樹、譚載、梁妹、潘芹、簡朴興、林倬妹、譚仲湖、韓儉、沈兆富、黃妹、凌金佳、蘇輝、陳會、李進、李文、梁惠、凌京、潘舟、劉池、許鋭妹、福發、何汝根、李朗、黃南義、陸培、曾繼善、沈玉、陳燦、曹準九、宋酣、范添、李帝、蕭秂、趙銘佳、譚鉅森、曾培裕、陳廷錫、曾連、曾紀標、盧會□、曾堯、陳水、李初、伍慶、范水、李榮、陸日、趙意榮、尹秂、張福泰、林仲廷、徐帝、霍維坡、曾閏發、劉寶、曾蘇九、陸九、莫啓興、高牛、張金帶、何水、趙乾彪、尹杰、黎朝、戴炤、伍灼、蘇金順、陳耀、沈耀基、梁耀、黎波、莫厚德、區九、黃樹基、何燦、曾標、尹培、梁日初、梁英、宋炳言、關珠、董悌、曾丁、羅舟、黎兆、譚標、黎杰、盧士、趙洪、梁添、陳均、梁帶、馮榮階、黃丕、梁源、董柏、梁滔、簡滿、陳捷和、宋容、盧廉、郭梓田、陳煥、葉錦榕、陸九、梁廣均、周顯坤、黎福海、梁肇培、董洪、黃六、黎成、盧光、文錫、古合章、蔡秋、趙成、葉錦耀、黎添、姚文標、尹繼超、黎金能、陳基、勞鴻、曾卓、林南、黃道館、鍾芬、胡耀林，以上各助銀壹大員；麥灼均、澄波、譚長、姚昭禧、吴妹記、宋聚容、林鶴、徐光、郭寬、蔡來、胡佳、梁滔、林俊德、胡榮秋、曾炎、衛仕鴻、姚積臣、李巽球、葉善、曹德衡、何禮福、曾蔭、梁湛、蔣樹、梁榮、鄧紹南、黃桐記、周堆、凌錦、凌佩朝、曹德衡、崔連登、伍燦君、孔和、李權、曾榮、梁連、黃癸酉、胡孟杭、曾華、李蔭、凌海籌、陳德佳、黃根、宋慎柏、林全、潘祺、江垣、曾松、梁末、陳應釗、胡天刀、曾容、莫瑞燕、凌錫佳、何枝、黃良、宋炳基、何寬、羅滿、葉根記、曾招、凌炳、李景林、胡窩進、曾棠林、裕安堂、郭順、陳球、廖賜、陳永利、葉竈、黎滿、胡貴、黎德、凌坤、連善金、陳貴、譚球、譚應芬、梁添、江寬、黃耀廷、梁萬勝、馮桂嫂、曾波、江賓、梁桐、馮鏡芬、莫應、龍初，以上各助銀中員；趙沛棠敬送神前玻璃燈壹盞；志安敬送花旗燈壹盞；譚合興敬送茶櫃壹個；馮堯階敬送花旗燈壹盞；蘇茂興敬送花瓶壹個、葵樹三盆；蘇彬廷敬送油畫□幅；譚慶雲、盧捷朋、趙沛棠、盧耀堂、湯湘林、李聲餘、李渭川、陳金成敬送酸枝公座椅全副；羅覺斯、何熾培、葉季允、何玉堂、王瑞朝、胡次舟、黃堯衡、韓達生、安盛、廣榮、何洛廷、何汝佳、張植生敬送桌椅貳張、長臺桌椅壹副。

宣統二年仲春吉旦，同人泐石。

〇五九　星嘉坡番禺會館置業碑記緣起牌

【碑刻名稱】星嘉坡番禺會館置業碑記緣起牌

【材　質】銅材

【形　制】長方形横牌

【尺　寸】長一百二十二厘米、寬五十五厘米

【書　體】楷書

【碑　額】無

【碑　題】星嘉坡番禺會館置業碑記緣起

【碑文撰者】無

【碑文書丹】無

【立　碑　者】番禺會館同人

【立碑時間】一九五二

【存　佚】現存

【地　點】新加坡新橋路番禺會館

【碑刻録文】

嘗思前賢建立會館之初衷，無非蔭庇後人爲意念。蓋自創館七十餘年之久，邑僑子孫繁殖不勝其數。積數十年之生聚，人口鋭增，加以天演之進化，繁榮日盛，故每逢慶典及春秋二祭，鄉親莅館，幾無容足之地。憶及幾十年來，僅守先賢遺業，深感人稠館狹，擠擁非常，是以屢籌撰文，適應潮流。然而擇地匪易，擴展殊艱。適值壬辰年三月，左鄰二百八十二號之屋出讓，取價四萬貳仟元。當年董事部同人鑒於此屋相連，極端適合，爰於二月十七日召集同人特別大會，即席全場一致表决，立即購買，徐圖改建。更得邑僑踴躍捐輸，并湊合從前學校所捐之存款，遂於是年五月成交。由一九五二年六月一日起，歸本館收租營業，今後如何改建，端賴全體邑賢群策群力，一心一德，他日建成一座崇樓杰宇，則我邑校亦可藉此擴充，黌宫得所，一舉兩善，如此不但邑館之聲譽有光，抑亦全體邑僑之體面。兹將購屋捐款芳名列表，以資紀念而彰大德云爾。

計開特别捐芳名列下（恕不稱呼）：

林海天伍佰元、李錦城伍佰元、黄天海伍佰元、李九恒伍佰元、黄克繩伍佰元、修文伍佰元、紀念莫公葉祥伍佰元，以上七名合共捐銀叁仟伍佰元正；陳錦泡叁佰元、黄煜基叁佰元、雷柔安貳佰元、尹星頭貳佰元、陳冰貳佰元、陳善駒貳佰元、新全利貳佰元，以上七名合共捐銀壹仟陸佰元正；南昌利壹佰玖拾元、謝開元壹佰陸拾貳元、莫漢偉壹佰元、莫錦城壹佰元、莫坤城壹佰元、廖建業壹佰元、劉達初壹佰元、鄺本立壹佰元、謝有練壹佰元、莫厚德壹佰元、蘇殿鎏壹佰元、霍應銘壹佰元、霍炳春壹佰元、温明輝壹佰元、蔡柳芬壹佰元、陳錦榮壹佰元、盧有壹佰元、黄千歲壹佰元、陳瑞洪壹佰元、郭雲山壹佰元、丁自强壹佰元、李亞波壹佰元、張亞香壹佰元、李鳳全壹佰元、羅漸佳壹佰元、陳佳壹佰元、伍亞七壹佰元、鍾毓舜壹佰元、黎逸生壹佰元、劉結球壹佰元、譚四壹佰元、李杏桃壹佰元、莫燕嫻壹佰元、伍秋漢壹佰元、紀念陳公慶保壹佰元，以上三十五名合共捐銀叁仟伍佰陆拾貳元；黃蘇池玖拾元、董四玖拾元、李覺生伍拾元、莫傳楷伍拾元、莫傳熙伍拾元、莫傳添伍拾元、梁漢生伍拾元、譚肇莊伍拾元、陳兆寬伍拾元、胡灼坤伍拾元、梁燕玉伍拾元、彭九伍拾元、馮新伍拾元、伍錫泉伍拾元、陳煥棠伍拾元、曾廣耀伍拾元、林文光伍拾元、杜仁伍拾元、姚愛富伍拾元、蔡姐伍拾元、古柳生伍拾元、古開姐伍拾元、梁亞八伍拾元、張棉伍拾元、蔡杏釵伍拾元、龍奕記伍拾元、楊亞棠伍拾元、潘愛娣伍拾元、潘三妹伍拾元、杜女伍拾元、陳榴伍拾元、陳練伍拾元、陳藏伍拾元、盧桃伍拾元、李亞銀伍拾元、李亞六伍拾元、夏日春伍拾元、李静仙伍拾元、曾廣德伍拾元、梁松輝伍拾元、黃棉伍拾元、曾次妹伍拾元、陳玉伍拾元、楊亞蓮伍拾元、蔡銘橋伍拾元、燕杏伍拾元、羅亞慈伍拾元、林妙伍拾元、李熾南伍拾元、劉十伍拾元、梁錦遠伍拾元、林淡伍拾元、彭勝耕伍拾元、何瑞賢伍拾元、何樓根伍拾元、陳亞寬伍拾元、曹達伍拾元、江玉蓮伍拾元，以上五十八名合共捐銀貳仟玖佰捌拾元正；陳水德叁拾元、江益志叁拾元、黃潔女叁拾元、蘇瑞枝叁拾元、馮廣叁拾元、葉和叁拾元、林潔坤叁拾元、周六姑叁拾元、鳳姐叁拾元、陳柱叁拾元、蔡八妹叁拾元、簡英行叁拾元、劉少珊貳拾元、鍾毓華貳拾元、李順意貳拾元、劉日升貳拾元、陳乃忠貳拾元、屈鋭貳拾元、譚景流貳拾元、孔群彦貳拾元、郭鉅龍貳拾元、楊如貳拾元、楊亞堅貳拾元、鄧蘇女貳拾元、馮志强貳拾元、梁基貳拾元、王康貳拾元、曹灼新貳拾元、劉慶鸞貳拾元、陳燕彩貳拾元、陳亞添貳拾元、凌維衡貳拾元、古針姐貳拾元、曾儉貳拾元、梁亞女貳拾元、張彩卿貳拾元、古輝貳拾元、楊玉萍貳拾元、陳玉貳拾元、徐水才貳拾元、黃格聯貳拾元、陳燕湘貳拾元、劉日東貳拾元、伍達才貳拾元、伍建强貳拾元、伍遠明貳拾元、陳杏香貳拾元、麥俏貳拾元、鄧祐成貳拾元、李瓊貳拾元、簡雁貳拾元、蔣咏貳拾元、葉弄端貳拾元、葉弄京貳拾元、廖麗娟貳拾元、李貴文貳拾元、羅梓滔貳拾元、李亞金貳拾元、亞枋貳拾元、陳大窩貳拾元、蔡亞好貳拾元、何翠添貳拾元、陳亞妙貳拾元、蔡麗娟貳拾元、蔡亞田貳拾元、陳允香貳拾元、吴瑞銀貳拾元、蔡亞物貳拾元、蔡亞波貳拾元、劉寶軒貳拾元、古梛經貳拾元、潘鑒水貳拾元、黄維之貳拾元、李熾能貳拾元、陳佳貳拾元、何永珍貳拾元、劉明星貳拾元、蕭海珊貳拾元、何鐵山貳拾元、郭李東妹拾元、龍慶貳拾元、李麗英貳拾元、曾廣明貳拾元、胡永煊貳拾元、曹敏才貳拾元，以上□□□□名合共捐銀壹仟捌佰貳元正；何益甫壹拾元、陳灼南壹拾元、凌履祥壹拾元、林勝壹拾元、徐帶壹拾元、何樹林壹拾元、蘇佩霞壹拾元、黄生壹拾元、雷道華壹拾元、羅月萍壹拾元、莫傳康壹拾元、莫傳彬壹拾元、黎天如壹拾元、蘇松壹拾元、潘柳德壹拾元、李亞容壹拾元、許有治壹拾元、葉會能壹拾元、曾紀英壹拾元、林兆德壹拾元、杜恩壹拾元、馮榮壹拾元、伍錫棠壹拾元、凌賽壹拾元、林桂板壹拾元、郭耀光壹拾元、陳聰壹拾元、姚根壹拾元、姚福志壹拾元、曹庚有壹拾元、曹沛初壹拾元、甘權壹拾元、周汝佳壹拾元、陳蘇壹拾元、葉品壹拾元、謝有壹拾元、何德甫壹拾元、梁姐壹拾元、陳懷堅壹拾元、馬全基壹拾元、陳群壹拾元、葉娣壹拾元、杜焕壹拾元、黄娟壹拾元、黄玉金壹拾元、崔歡女壹拾元、蘇惠珍壹拾元、陳英球壹拾元、葉世壹拾元、葉海壹拾元、李明壹拾元、徐廣潔壹拾元、徐祖泰壹拾元、徐泰康壹拾元、徐祖樞壹拾元、徐浩森壹拾元、徐浩林壹拾元、徐鉅鑒壹拾元、徐熾相壹拾元、徐熾炳壹拾元、徐滿河壹拾元、徐滿金壹拾元、徐馮氏壹拾元、符炳强壹拾元、陳信壹拾元、李大妹壹拾元、夏日成壹拾元、李有壹拾元、陳五妹壹拾元、陳連裕壹拾元、區景良壹拾元、蔡亞葉壹拾元、陳銀彩壹拾元、蔡亞彩壹拾元、唐亞衿壹拾元、梁亞祺壹拾元、譚麗珍壹拾元、黄彰明壹拾元、黄維壹拾元、梁安邦壹拾元、梁邦壹拾元、楊橋壹拾元、譚亞珍壹拾元、譚亞佳壹拾元、袁守仁壹拾元、屈鳳娥壹拾元、周金娣壹拾元、凌艷雯壹拾元、雷升泰壹拾元、曾潮興壹拾元、陸信初壹拾元、陳永華壹拾元、曹亞開壹拾元、譚堅壹拾元、陳三妹壹拾元、葉海生壹拾元、羅四妹壹拾元、郭梁恭珍拾元、郭樂鈞壹拾元，以上九十九名合共捐銀壹零零伍元正；黃甯容捌元、莫裕銘捌元、莫亨利捌元、劉富捌元、潘瑞意柒元、李妙玲陸元、沈麗生陸元、宋火汶伍元、劉運伍元、林良伍元、林球伍元、黃棠伍元、徐容伍元、林月華伍元、江容伍元、黃潮伍元、蘇麗娉伍元、黃女姐伍元、林華伍元、鍾天容伍元、伍結齊伍元、伍卿伍元、伍麗容伍元、楊沃基伍元、韓濂伍元、林昌伍元、葉根深伍元、周大平伍元、林玉連伍元、梁福鑒伍元、高賢卿伍元、蘇偉伍元、范英伍元、梁綿德伍元、梁逸華伍元、潘桂劍伍元、潘信宏伍元、丁念伍元、陸標伍元、黎蘇伍元、杜滔伍元、宋禮禧伍元、李鑒伍元、鍾榮伍元、李就伍元、李順伍元、彭如寶伍元、梁北海伍元、梁敬樂伍元、劉家興伍元、李松光伍元、蘇漢洪伍元、朱福松伍元、朱群姐伍元、伍燕玲伍元、伍順伍元、陳貴祥伍元、潘黎伍元、潘有伍元、鍾雁伍元、陳才伍元、黃添伍元、宋亞耀伍元、陳明伍元、宋學華伍元、黃振曙伍元、曹容秀伍元、葉金桃伍元、梁錦標伍元、林浩彬伍元、許南伍元、楊容伍元、黃堯澤伍元、范保伍元、譚明伍元、凌福生伍元、江志平伍元、謝沃桐伍元、梁逸伍元、梁燕池伍元、葉沛伍元、葉滿伍元、陳卓全伍元、朱蔭業伍元、梁兆山伍元、崔耀禧伍元、何廣基伍元、何廣成伍元、陳應芬伍元、謝炳賢伍元、馮昌明伍元、蘇練伍元、李金佩伍元、曾順寬伍元、陳彩群五元、陳桂伍元、蔡銀波伍元、蔡亞妹伍元、伍麗華伍元、蔡順佳伍元、梁五姐伍元、廖玉女伍元、李燕容伍元、伍泰煊伍元、黃成伍元、盧玉廉伍元、林光伍元、郝瑞慶伍元、陳廣華伍元、黃要伍元、宋有甜伍元、黃浩華伍元、郭樂平伍元、郭樂賢伍元、郭樂善伍元、劉添伍元、蕭惠民四元、林福洪叁元、陳機叁元、李福全叁元、黃鉅叁元、徐新叁元、梁水叁元、曹燦常叁元、李錦叁元、潘流叁元、何滿慶叁元、沈福耀叁元、孔亞柳叁元、林潤蘇叁元、林潤冰叁元、盧頭貳元、宋桐彬貳元、梁平貳元、曹會榮貳元、郝流貳元、凌程光貳元、周廣貳元、龍汝銘貳元、雷道民貳元、何國强貳元、陳耀光貳元、霍朗泉壹元、梁作益壹元、梁肇華壹元、陳牛壹元、李高壹元、黃維民壹元、謝能壹元、黃亞常壹元，以上一百八十一名合共捐銀陸佰玖拾柒元正。

以上統計四百四十二名，合共捐銀壹萬伍仟壹佰四拾四元正；另霍善余壹佰元□□□。

一九五二年吉月吉日立。

〇六〇　萬隆建造聖帝廟樂助芳名碑

【碑刻名稱】萬隆建造聖帝廟樂助芳名碑
【材　質】石材
【形　制】長方形立碑
【尺　寸】長一百四十八厘米、寬七十六厘米
【書　體】楷書
【碑　額】無
【碑　題】萬隆建造聖帝廟樂助芳名碑
【碑文撰者】無
【碑文書丹】無
【立　碑　者】萬隆聖帝廟董事人
【立碑時間】清光緒十一年（一八八五）
【存　佚】現存
【地　點】印度尼西亞萬隆聖帝廟（協天宮）
【碑刻録文】

萬隆建造聖帝廟樂助芳名碑

陳海舍題銀壹仟盾；和順棧題銀陸百盾；陳碧湖題銀貳百盾；顏武都題銀壹百盾；義發棧題銀壹百盾；楊長池題銀壹百盾；德隆號題銀壹百盾；王辛癸題銀六十五盾；源榮號、楊春良、長發號、榮源號、張宇丹、方添福、茂成號、黃水、益昌號、葉元，各題銀陸拾盾；黃懋璋伍拾盾；和成號伍拾盾；甘石懈叁拾盾；林高山叁拾盾；井里汶鄭益源題銀叁拾盾；郭源榮題銀叁拾盾；雙寶領鍾煊郎貳拾伍盾；黃錦順題銀貳拾盾；鄭茂生題銀貳拾盾；吧城羅松德貳拾伍盾；陳熹元拾伍盾半；謝漢滄題銀拾伍盾；謝振成題銀拾伍盾；滿容椰夜黃應春拾伍盾；李榮德題銀拾貳盾；林尊賢題銀拾貳盾；利德傳貳拾盾；黃文輝、黃文龍、盧艷紅、楊元興、王美號、林忠春、振茂號，各題銀貳拾伍盾；王活水、林獅、吴孝儉、嵩順號，各貳拾伍盾；剪玉陳文增貳拾伍盾；葉源隆拾伍盾；魯清泉拾伍盾；謝寶生拾貳盾半；徐德良、温阿文、陳碧水、甘大頭，各銀拾盾；周裕興拾盾；黃開捷、陳景泰、邱如松、邱應萬、方章注、張盈科、黃尼古、康長返、鄭傳發、林金沙、邱源禎，各題銀拾盾；鄭美號拾盾；陳景連、黃成杰、鍾秀聲、黃振魁、李錦成、鄒宗韶、陳欽讀、謝運生，各捐銀拾盾；許肖生、尖尾陳知章、邱添生、楊義發、黃先老，各銀拾盾；黃井、何友清，各拾盾；單蓉不辣茄撈横林廣晚拾盾；林宗拾盾。

光緒十一年乙酉歲月吉旦。

〇六一　萬鄰重建協天宮芳名立碑

【碑刻名稱】萬鄰重建協天宮芳名立碑
【材　質】石材
【形　制】長方形横碑
【尺　寸】長一百六十厘米、寬八十二厘米
【書　體】楷書
【碑　額】無
【碑　題】萬鄰重建協天宮芳名立碑
【碑文撰者】無
【碑文書丹】無
【立 碑 者】萬鄰總經理等
【立碑時間】清光緒三十三年（一九〇七）
【存　佚】現存
【地　點】印度尼西亞萬隆聖帝廟（協天宮）
【碑刻録文】

陳雲龍甲捐銀貳佰五十盾；吧徐雙全捐銀貳仟盾；吧李允成捐銀壹仟盾；方添福捐銀壹仟二百五十盾；陳桂華捐銀玖佰盾；甘石蟹捐銀伍佰五十盾；高地官捐銀伍佰盾；黄榮良捐銀伍佰盾；楊傳金捐銀肆佰二十五盾；王定官捐銀肆佰一十盾；楊明簡捐銀肆佰盾；招源棧捐銀叁佰二十五盾；成茂號捐銀叁佰一十盾；藍珠盤捐銀叁佰一十盾；林銅鏡捐銀貳佰七十五盾；邱逢泰捐銀貳佰五十盾；裕美和捐銀貳佰五十盾；協順棧捐銀貳佰五十盾；林金和捐銀貳佰二十五盾；成美棧捐銀貳佰盾；吧福成昌捐銀貳佰盾；黄成源捐銀壹佰七十五盾；蔣樟楣捐銀壹佰五十盾；王皆得捐銀壹佰五十盾；陳慶安捐銀壹佰二十五盾；蘇富禮捐銀壹佰一十盾；葉潤官捐銀壹佰一十盾；陳瑞發、吴孝儉、吧捷隆號、張文邦、吧祥興號、陳建祥、吧興泉益、吧陳萬樹、吧德利號、鄭耀春、陳陽黎、德茂號、黄益美、吧陳鴻業、黄萍官、方良材，以上十六名各捐銀壹百盾；黄春和捐銀玖拾盾；王江濱捐銀柒拾伍盾；林伴提捐銀柒拾伍盾；張宇丹捐銀陸拾盾；楊紹能捐銀陸拾盾；陳菜頭捐銀陸拾盾；陳佑漳捐銀伍拾伍盾；梁文渠捐銀伍拾伍盾；楊長官、柯明建、楊頭官、藍紹箕、楊榮輝、魯清泉、楊源興、高文酒、楊連枝、江朝陽、楊紅翻、德興棧、吧協吉號、李長丕、吧豐源順、陳允泉、李功都、吧陳高定、林水圖、藍三江、陳滿水、吧蔡捷音、鄭戊寅、藍岸官、陳清泉、吧童修竹，以上貳十六名各捐銀伍拾盾；平安堂捐銀五拾盾；林赤官捐銀肆拾盾；吴興統捐銀肆拾盾；顔維儀捐銀叁拾伍盾；嚴蓮池捐銀叁拾伍盾；楊是官捐銀叁拾盾；吧義合號捐銀叁拾盾；蔡滄潔、郭連生、峇冬盛昌公司、陳水郡、吧義利棧、吴鴻官、吧翁文福、陳希吉、吧葉清溪、蘇建奇、吧均茂號、楊武威、吧黄静乾、茄張潛香、吧德豐號、茄李蒲官，以上十六名各捐銀貳拾伍盾；李養培捐銀貳拾伍盾；張南官捐銀貳拾盾；吧王信寬捐銀貳拾盾；吧張炳彪捐銀貳拾盾；陳土虱捐銀貳拾盾；林俗祈捐銀貳拾盾；王新焕捐銀貳拾盾；林如松捐銀貳拾盾；楊蜻官捐銀貳拾盾；陳丙爐捐銀貳拾盾；楊文鈞捐銀貳拾盾；吴正順、黎世蕃、雙隆號、廖天水、吧高梓隆、新同和、吧陳和貴、盧長文、丁如營、盧瑞冉，以上拾名各捐銀拾伍盾；吴江水捐銀壹拾盾；張樟和、蔡定當、藍紅荳、鄭龍官、陳本寬、林再友、蕭仁三、林永全、戴文宗、楊養官、吧李孫粽、藍扁官、吴登輝、張梓受、詹敬仁、捷和號、洪和連、松生堂、曾生寶、廖生昌、陳乃水、盧長裕、許福平、莊順友、林拱照、温增連、林茂官、藍登榮、蘇明鑽、黄成泰、陳水銀、洪松美、鄭鍾母、廣勝隆、劉捷記、温瑞初、林金水、娘仔紫淡、郭榮基、高景裁、劉清源、藍金貴、楊牛母、吴通烈、鄭長角、吴金禎、郭雅官、羅亞新、林蚶官、林珠叠、鄭香火、施榮祥，以上五十二名各捐銀壹拾盾正；陳亞旺捐銀柒盾伍方；廣茂隆捐銀柒盾伍方；楊珠官捐銀陸盾正；梁和長、楊慶梅、梁名國、傅允泉、梁世寶、傅若麵、同順號、洪文儀、潘亞養、高景安、高照月、李穀芳、傅龍官、李清蓮、顔中元、魯天助、陳水獺、楊老官、陳白官、楊虎蘆、陳壬才、楊荳粒、陳牛官、楊正樅、陳成龍、楊傅官、吴春波、楊和生、吴敬然、柯仁才、胡江邊、鄭寶官、林長溪、黄益隆、林榮全、楊三藍，以上三十六名各捐銀伍盾；梁應昭捐銀貳盾伍方；温原勝、陳見賢、藍奇昌、廖亞增、黄春風、楊五贊、林金安、裕香號、黄照發、葉純金、楊文溪、洪五常、鄭景祥、鄭元富、楊豐官、江烏池、楊業建、趙興官、鄭榮山、利繼祖，以上貳十名各捐銀貳盾伍方；藍奇盛捐銀貳盾正；陳坡官、藍天送、楊熊生、陳其新、林奈官、陳金錢、藍明山、陳鴻培、楊龍帶，以上九名各捐銀壹盾、滿吉。

計二百四十四名共捐銀一萬六千八百五十九盾五。

一對收捐緣二百四十四共來銀壹萬陸仟八百五十九盾五，又對承已亥年接手存來銀壹仟貳百盾，又對花會得實來銀肆仟叁百盾，計三條結共來銀貳萬貳仟三百五十九盾五。

一對返林五福築廟去銀壹萬捌仟八百二十六盾四〇五，又對返拆廟及漆工諸費、買鐵門建後墻圍共去銀叁仟三百五十三盾三一五，又對返打石牌共去銀壹佰六十九盾七八，計三條結去銀貳萬貳仟三百五十一盾九五。

上下和合。

萬嘞總經理同啓，光緒三十三年歲次丁未孟冬月吉旦立。

〇六二　關帝廟建造棉蘭題緣芳名碑

【碑刻名稱】關帝廟建造棉蘭題緣芳名碑
【材　　質】石材
【形　　制】長方形立碑
【尺　　寸】長一百二十八厘米、寬六十厘米，共三片
【書　　體】楷書
【碑　　額】無
【碑　　題】關帝廟建造棉蘭題緣芳名碑
【碑文撰者】梅城張煜南榕軒
【碑文書丹】無
【立 碑 者】關帝廟董事人等
【立碑時間】清光緒十一年（一八八五）
【存　　佚】現存
【地　　點】印度尼西亞棉蘭關帝廟
【碑刻録文】

關帝廟建造棉蘭題緣芳名碑

募建日裡砂灣埠，關帝廟題緣簿叙。

常思物華天寶，山川匯鍾毓之奇，人杰地靈，庶彙著阜康之盛。夫砂灣居日理之中，不通海□，上至馬山，右出哩吟，左往籠葛，龍盤虎衛，水繞山環，正四時産物之圻，乃商賈輻輳之衢也。夫我華人經營斯地，士農工商，屢嘆太有，無非藉聖德之覃敷，歲歲降祥於市井，賴帝恩以默祝，時時錫福於人間。若不降其祀典，何以奉答神庥？兹通商公議，即以砂灣下地購基，創建廟宇，奉祀關聖帝君、財帛星君、福德正神，新塑靈像，恭進香燈，則豐□□□，斯足增赫曜，而愈顯威靈，亦薦享式憑，既上妥□明神，即永叨福庇。第思工非一木，術愧點□，獨力難持，衆擎易舉；爰集同人，設立章程，募簿勸捐。伏願仁人君子，當思百粵情聯，□冀□信男善女，各抒誠意，踴躍題捐。慷慨之士，錢拾杖頭，殷富之商，金流布指，將見裘成囊腋，瓦□□鱗；由是早觀厥成，神人賴斯。赫赫英靈，表恩光於萬古；虔虔禮樂，薦俎豆於千秋。從此爲官者簪纓奕世，爲商者紫標朱提，喜看海國咸寧允矣。澤普衆信□□慶□□，福有攸歸，是爲序。

光緒十一年乙酉歲孟冬月，梅城張煜南榕軒氏敬撰。

（捐者芳名略）

〇六三　棉蘭關帝廟碑

【碑刻名稱】棉蘭關帝廟碑
【材　質】石材
【形　制】長方形立碑
【尺　寸】長一百一十六厘米、寬五十八厘米，共兩片
【書　體】楷書
【碑　額】無
【碑　題】關帝廟
【碑文撰者】棉蘭關帝廟主持釋成雄
【碑文書丹】無
【立 碑 者】關帝廟董事人等
【立碑時間】一九七九
【存　佚】現存
【地　點】印度尼西亞棉蘭關帝廟
【碑刻録文】

恭録關聖帝君之史迹并叙本廟之由來。

漢代關公，諱羽，字雲長，蒲州解縣人也。當漢靈帝中平之年，歲次甲子（公元一八四年），張寶兄弟組織黄巾黨，擾亂國家，荼毒人民，致老弱填於溝壑，壯者散而之四方。是時，公仁心憤激，挺身離鄉，投軍殺賊。邂逅劉、張二將軍於途，一見如故，互訴心聲，志同道合，乃在張家□同盟，乃桃園三結義也。從此盟兄弟三人，就盧植中郎將軍前，爲國效勞，卒平黄巾之亂，旋即解甲歸田。後至漢獻帝時，奸相董卓造逆，天下十八鎮諸侯群起聲討，經不敵吕布之勇，進不入虎牢關，於是公孫贊乃薦公兄弟前鋒破敵，一戰成功。自此漢事日墜，曹操弄權，公佐劉備將軍營經基業，出鎮徐州，爲曹所忌，出十萬殘暴之兵，去襲劉將軍數千仁義之師，因此公兄弟三人在徐州分散。公保劉使君家屬甘、糜二夫人在下邳，而曹素知公之才勇，當其窮促一隅，再調勇將重兵，邀擊於公。那時公抱破釜沉舟，與城俱碎，至是曹深愛公之才華，乃遣公之好友張文遠説公，暫時歸漢，保二夫人安全。公籌思身死輕如鴻毛，但保二嫂責任重於泰山，乃决意如勾踐能屈能伸之機警，與曹立約三事：一、關羽是暫時歸漢，不是投曹；二、義兄若在，不遠千里相尋；三、二夫人須以皇叔俸禄供應。至是公奉二嫂束身許都，曹操殊禮待公，請公見駕，帝封公「漢壽亭侯」。是時，袁紹虎據冀州，出兵討曹，欺君有如董卓，至圍白馬津，邊關不敵，告急許都，操兵馳援，屢爲紹將顔良、文醜所挫，再以精鋭良將赴敵，亦爲所敗。曹之謀士議請公出馬，操嫌劉使君在紹處，公若上陣，恐識事情，必弃我尋兄，屆時袁無异猛虎生翼。衆謀士以若劉備實在紹處，必用公出馬破敵，紹知之必殺劉，而關義重手足，定竭力報仇，永爲我用。操然之，於是請公并馬出師。操見顏、文馳驍沙場，如入無人之境，操憂之。公曰：「鼠輩不過插標賣首耳。」那時赤兔展足，紹將飛頭，白馬之圍立解，班師回都，更加器重於公。而是公已得兄□，欲拜辭；曹操但知公意，避不見面。然公思兄心切，毅然封金挂印，奉二嫂車仗，再上征途，前往河北。路破五關，力斬六將，隨於古城，兄弟聚會。而後經營荊州，公獨當一面，將略謀勇，吳魏寒心。因此嫉妒，竟生惡念，猶是東吳爲荊州之故，詭計百出，乃□魯肅東邀公赴陸□飲宴。公知陰謀，決以英氣雄風，儒巾錦袍，雍容整暇，輕騎簡從，應約而去。吳人憐公威儀，不敢試武，竟以禮讓相待。厥後公進兵樊城，斬將搴旗，威震華夏，至漢建安廿四年（公元二一九年）正則爲神矣。自昔及今，歷十七世紀，累代各有神恩普照，衛國而作干城，佑民如保赤子，所以自天子以至於庶民，咸皆崇拜。且有先哲士大夫，聯贊公忠義智勇豐功偉績：「生蒲州，事豫州，戰徐州，守荊州，萬古成州有赫；兄玄德，弟翼德，擒龐德，釋孟德，春秋至德無雙。」「斬顏良，威震河北；會魯肅，勢蓋江東」「春秋義倒尚廉，紫陽綱目終歸漢；珍珠財寶弗顏，阿瞞何計可留公。」

西棉蘭關帝公，是於遜清光緒十一年（公元一八八五年），乃由華僑先賢張榕軒先生提倡建廟，并塑神像奉祀，降福旅外國人。當時廟宇不廣，又乏主持，後來乃有慧宗禪師、會心禪師二位主持本廟，先後亦有修葺。迨至（公元一九六五年），本釋卓錫來斯觀，群衆誠心，善信臨廟求神日增，而且廟宇湫隘，建築事又是湮剥。乃由（公元一九七〇年）拓廟兩翼，并建經樓，土木工程之費，悉傾歷來香積之莊，仍有不敷，向本門袍澤暫貸，不敢驚動各界善信。奈何喘息未定，本廟後座又遭擴路範圍，割去本廟盡地之基三分之一也，不再重建，有失廟宇觀瞻。故本釋不惜心力交瘁，勉爲其難，向本市社會名流、殷實商耆、四境佛門信徒、萬方善信求他山之助。幸蒙各界咸承關帝公造福黎庶，及鑒本釋苦心解義囊，共助義舉。今日落成，功德完滿，本釋不能報答各界善信之布施，只有每日晨鍾暮鼓之際，敬求神聖庇祐各界善信，多福多壽多男子。勒銘立碑，善舉垂於百世。

棉蘭關帝廟主持釋成雄謹識。

公元一九七九年太歲己未年臘月落成。

〇六四　山打根重修三聖宮廟碑記

【碑刻名稱】山打根重修三聖宮廟碑記

【材　質】石材

【形　制】長方形立碑

【尺　寸】長一百九十八厘米、寬八十二厘米，共兩片

【書　體】楷書

【碑　額】無

【碑　題】重修三聖宮廟碑記

【碑文撰者】寧陽潭溪陳大楫

【碑文書丹】無

【立 碑 者】三聖宮總理陳大楫等

【立碑時間】清光緒二十年（一八九四）

【存　佚】現存

【地　點】馬來西亞山打根三聖宮

【碑刻録文】

重修三聖宮廟碑記

嘗聞春報秋祈，禮重明禋之典；耒松甫柏，詩賡新廟之章。況戴洪恩於异國，久托帡幪；則謀潤色乎明宮，宜崇棟宇。蓋搬鳥之建有三聖宮，而崇祝列座聖神也，由來舊矣。棟隆葉吉，鼎列廷禧。日星炳焕，四時徵玉燭之調；山海駢羅，五□卜金船之至。不圖榱題忽遭剥蝕，廟模幾就傾頹；以故土木共議重興，堂宇尤增式廓。鳩工肇自元辰，鳳闕成乎端午。經營未久，恍同周賦靈臺；改作無煩，不等魯爲長府。藉明虔而報祀，欣踵事以增華，皆賴諸君子同伸頂祝，共解腰纏，指紫標黄榜之儲，爲青琑丹墀之助。所以衆擎易舉，立看大厦之成；昭鑒同臨，長作异邦之庇。觀門前之巨海，浮島嶼之縈迴；睹廟後之層巒，偕樓臺而聳峙。從此神靈告妥，謀致富梯山航海，共財共藉，□□恩抚，且見廟貌重新，恣游觀者就日瞻雲騁懷，亦堪色舞。竭誠善賈泉刀福不求，而自在流芳，共登珉石，名歷久以長垂，是爲序。

寧陽潭溪陳大楫敬撰。

光緒十一年乙酉倡建三聖宮簽捐芳名開列，不滿貳元者一概不録。

督憲吡咧喳本埠皇家捐銀壹百大員；越興公司捐銀壹百大員；新廣隆捐銀壹百大員；張星垣捐銀柒拾五員；廣興公司捐銀陸拾大員；榮順號捐銀陸拾大員；李合姐氏捐銀陸拾大員；黄潄泉捐銀伍拾大員；梁禮堂捐銀伍拾大員；廣潮興捐銀伍拾大員；廣志南捐銀伍拾大員；集懋號捐銀伍拾大員，另神樓三座約銀百餘員；廣豐當捐銀肆拾大員；萬和隆捐銀叁拾大員；順成號捐銀叁拾大員；永和興捐銀叁拾大員；明記公司捐銀貳拾大員，另白灰卅担約銀□餘員；李運氏捐銀貳拾大員；陳銀氏捐銀貳拾大員；廣興隆、合和號、森興隆、馮明珊、梁瀛士、譚妹氏、梁福氏、楊有氏，以上捐銀壹拾五員；潮盛號、會豐瑞記、陳成、嬌媽氏、阿七氏，以上捐銀拾貳大員；陳倫泰銀十一元三毛八仙；林豐、羅元、余環和、文進昌、甄樹樞、莫業東、英桂氏、黃銀氏，以上捐銀拾大員；郭興記九員七；義合八大員；嬌帶氏八大員；盧三氏八大員；炳城號、新成豐、陳成業、徐林戴，以上捐銀七大員；何秋氏六員半；義發六大員；林祥六大員；鄭炳理六大員；曾深五員半；阿金氏十一年捐銀五員；金姑氏十三年捐銀五員；公成、永三隆、回春堂、廣利隆、新遂隆、南勝號、其豐號、陳小璞、陳瓚記、陳燮堂、陵如星、李樹屏、李福廷、黃弘榮、倫興號、義順號、順昌號、廣和興、紀昌隆、江財、周貴華、黃廷祥、羅亨、羅達臣、梁麗波、張竹友、林啓業、劉美金氏，以上捐銀五大員；阮器四員半；兩發號、廣恒祥、余盛來、黃維亨、李永利、梁寬、譚樂基、大喜氏、阿銀氏、林英福、黃東山、馮容川、葉播卿、許保成、龐柱安、蔡富、梁十、張壽、林耀堂、陳陶合、劉閏酬、阿四氏、有金氏、陳穡氏，以上捐銀四大員；馬占琬、李春生、梁柏壽、悦華居、鍾善德、趙好、林叙、盧開、唐三氏、羅蟬氏、愛金氏、有金氏、阿新氏、阿平氏、寶琴氏、梁銀氏、梁玉氏、東姐氏、金鳳氏、陳東氏、阿蓮氏、黃世璞、黎家榮、林香琴、陳雅堂、陳文景、黎兆祺、鄭就、勞柏、盧清、黃發、黃汝松、陳寶三、陳新好氏、黃水保、黃紀就、梁錦壽、張勝、富南樓、品珠樓、某玉氏、帶銀氏、何大妹氏、旺好氏、運轉氏，以上捐銀三大員；李金泉、陳江其、黃顯能、葉德福、黃恒、鄧其珍、李稔、歐陽焕亭、林業文、朱壽、李文郁、李仁富、譚頭林、陳其安、謝杰、黃般流、陳均、陳定爵、陳長有、隆記、程大元、陳秀華、盛昌號、黃從安、陳宜挹、黃世渠、何透廷、韓勝、何汝階、黃喜、張炳、衛恩、區茂林、曾開、吕啓、黃世溢、林保、李社富、李錦泉、周社祖、葉茂枝、蔡林、陳龍興、葉德福、邢定貴，以上捐銀貳員半；任記、郭世、潘石雲、陳亨、衛群英、陳明敏、關信良、關升平、周生堂、馮桂星、范世昌、楊興信、周克珍、黎學良、梁定昭、林天經、陳維、陳潤典、陳順、朱貴、宋九興、陳禮、曾貴、洪嬌、曾勝、盧華瑞、黃靈、周能、李九、何福、沈元麟、賴玉、陳國長、鄭澤興、汪標、陳廷和、吴家政、陳德聲、梁波、郭吉號、黃東彩、徐藍田、黃祚千、黎榮均、黃丑、馮任長、何勝、羅通、羅濟、吴樂安、林鶴齡、盧榮盛、黎如豐、楊文錦、符德豐、林樹秀、錦盛號、順合號、陳英號、符獻桂、林文九、蔡福、萬發、譚全記、黎金、莫閏貴、彭華新、鮑容、安利號、悦昌號、新廣興、謝子貞、冼楊、羅福三、蘇安、無名氏、天涯游客、廖養、廖金、鍾義、陳文超、黃自乾、梁章、梁愛氏、銀嬌氏、初六氏、黃七、梅九、葉兆興、陳朝樓、鍾善二奶、阿扁氏、阿蘇氏、梁美氏、阿有氏、彩英氏、林球氏、阿嫤氏、陳良氏、鳳姐氏、阿娥氏、添財氏、帶勝氏、潘於芬、吴清華、曾福、江四、阿靈氏、勝金氏、新好氏、陳翠眉氏、新有氏，以上捐銀二大元。

總理：馮明珊、黃漱泉、曾道濱、榮順號；值理：廣豐當、越興號、集懋號、潮盛號、新廣隆、文進昌、蔡福、曾福、廣志南、萬和隆、順成號、廣興號、陳秀山、陳志庭、李春生、梁麗波、羅癸元、謝國斌、邢定貴、羅達臣、周克珍。

光緒二十年歲次甲午季春吉日勒石。

光緒十七年辛卯建會館義祠簽捐芳名開列，未滿二元者一律不録刻石。

義和公司捐銀五拾大員；泰興祥公司捐銀二拾五員；廣昌榮捐銀二十五元；永興祥捐銀貳拾五員；泰宜號捐銀貳拾五元；生源廠捐銀貳拾大員；燕南居捐銀貳拾大員；德興公司捐銀貳拾大員；廣福生捐銀貳拾大員；何贊卿捐銀貳拾大員；萬事勝意捐銀貳拾大員；梨園行弟子捐銀貳拾員；何國昌捐銀壹拾五員；楊有氏捐銀壹拾五員；合姐氏捐銀壹拾五員；大姨媽捐銀貳拾大員；盧三氏捐銀貳拾大員；南利源捐銀壹拾五員；集和號捐銀壹拾五員；桂興號捐銀壹拾五員；炳豐號捐銀壹拾五員；廣成昌捐銀壹拾五員；裕昌號捐銀壹拾五員；人壽堂捐銀壹拾五員；萬順成捐銀壹拾五員；永成豐捐銀壹拾五員；標合號捐銀壹拾五員；廣隆號捐銀壹拾貳員；銀姐氏捐銀壹拾

貳員；廣鴻昌、鄭益之、陳星微、萬合公司、群安閣、劉鴻、向亞月、關心泉、天和堂、光泰號、普濟堂、源昌、崔佩之、林南合、宴雲樓、宴香樓、廣懋興、吴三氏，以上捐銀拾大員；梁金氏八元；阿晃氏、鳳好氏、阿有氏、金水氏、彭貴香六元；品游樓、廣福源、林壽田、凌梅軒、廣昌隆、益壽堂、瑞榮號、潤蓮氏、黃楊氏、臻鳳氏、阿有氏、桂清氏、彩鳳氏、藺金氏、容帶氏、阿轉氏、阿英氏、阿有氏、美好氏、帶銀氏、勝意姑、區好氏、阿雪氏、阿好氏、蘇梅氏、阿臻氏、細好氏、連好氏、阿金氏、貂蟬氏、阿玉氏、金鳳氏，以上捐銀五大員；阿金氏、就好氏、容根氏、桂嬌氏、金喜氏、帶勝氏、阿蘇氏、連金氏、李二姑、周成熙四元；歡意樓四元；勝金氏四元；悦成號、李作、湯連合、李樹慶、徐維齡、林英珍、廣成、鄭渭岩、郭嘉合、廣泰安、廣珍號、廣南隆、符福球、連有氏、阿妹氏、阿有氏、阿臻氏、翠玉氏、阿金氏、阿六氏、阿四氏、連玉氏、帶彩氏、阿銀氏、阿成氏、新貴嬌氏、新金仔氏、阿發氏、勝意氏、銀玉氏、桂鳳氏，以上捐銀三大員；韓緒彝、韓統彝共三元；廣萬來、李宛棟、傅揖蘭、陳治鳳、陳學萃、陳保貴、林天志、林德文、林錦英、林樹華、林熙蘭、林熙鉦、黃裕琳、謝元華、謝元通、何經參、吴正昌、莊家瓚、許書運、余道英、葉大珍、曾鴻森、松好氏、帶喜氏、黃顯道、黃樹獻、周道爵、周成德、周克剛、周永山、詹所璋、詹尊崇、王運發、王國明、黎學榮、王家昌、符世文、黃漱泉、曾道濱、榮順號、泰宜號、萬和隆，以上捐銀二大員。

總理：馮明珊、張勝記、黃弘榮、裕昌號、廣懋興；值事：永興祥、順成號、廣利隆、德興號、林耀堂、陳變堂、廣泰安、南利源、永成豐。

光緒十九年歲次癸巳，重修三聖宫捐簽芳名列左，未滿二元者一概不録刻石。

黃鑒廷緣部蘇葛畑園共捐銀壹百壹拾大員，内林福進五十元，衆寺共六十元；泰宜號捐銀陸拾大員；榮順號捐銀五拾大員；廣潮興捐銀五拾大員；炳豐號捐銀四拾大員；標合號連加共銀叁拾貳員；萬和隆捐銀叁拾大員；潮興號捐銀叁拾大員；協利號捐銀叁拾大員；馮明珊捐銀貳拾五員；黃漱泉捐銀貳拾大員；新遂隆捐銀貳拾大員；順成號捐銀貳拾大員；廣利隆捐銀貳拾大員；德興公司捐銀貳拾大員；儀安公司捐銀貳拾大員；兩順號捐銀貳拾大員；昆昌號捐銀貳拾大員；廣南源公司捐銀貳拾大員；長順美捐銀貳拾大員；陳瓚記捐銀貳拾大員；陳燮堂捐銀貳拾大員；郭興記捐銀貳拾大員；何贊卿捐銀貳拾大員；鄭步墀捐銀貳拾大員；黃鑾廷捐銀壹拾五員；陳倫泰捐銀壹拾五員；光泰號捐銀壹拾五員；廣合興捐銀壹拾五員；艷香樓捐銀壹拾零八毛；廣南隆、成安公司、郭泰順、黎兆祺、鄭茗泉、劉崇森、戴恩石、蘇林，以上捐銀拾大員；三姑寮七元七毛半；吳三氏七元；楊有寮六元六毛半；盧三氏六元；吳氏六元；彩月樓六元；燕南居五元七毛半；廣隆號、泰隆號、廣成昌、茂生號、南勝號、合泰號、新榮順、林耀堂、龐柱安、龐海籌、張勝記、張湛、郭錫鑼、郭昭榮、劉魯記，以上捐銀五大員；華盛隆、東新館、吳雨農、黃維記、曾紀岳、賈鴻美、曾鴻森、鄭勛記、劉陳氏、劉岑氏、陳世澤、陳明敏、陳景華、林德文、林鳳英、曾劉氏，以上捐銀四大員；雲來號三元八毛；肥東寮三元四毛；成源號、美華號、人壽堂、長春堂、兩發號、陳協全、趙安燃、文華業、杜醴泉、杜順、郭錦裕、郭錦春、奇珍樓、廣華盛、永成興、永成發、泰源號、李春生、林芳梅、羅百吉、楊文錦、謝國斌、石簡文、符獻桂、謝維潮、黃錦盛、歡意樓、朱姚氏，以上捐銀三大員；嘉合號貳元五毛；振豐號貳元五毛；合成號、興隆祥、新瑞興、和合堂、南利號、安德利、陳隆記、陳梓生、張孝江、曾道松、蔡德來、裕貴、湯合記、林英華、林英珍、符樹聘、符氣華、符鴻昌、符福球、符福瑞、文華錦、郭漢順、梁生貴、梁家松、吳家愈、吳開國、黎學盖、黎成卿、李敬廷、潘受恩、傅揖蘭、王瑞賢、彭華新、韓隆翼、標合發、譚煜生，以上捐銀二大員。

總理：馮明珊、黃漱泉、曾道濱、榮順號；管銀兩數目：順成號、新遂隆；督理二：陳燮堂、陳瓚記；值事：廣南隆、萬和隆、炳豐號、廣合興、何贊卿、林耀堂、李春生、龐柱安、謝國斌、張勝記、李敬廷；勒石：總理陳大楫。

光緒二十年歲次甲午季春吉旦同勒石。

〇六五　日尿鎮靈宮闔埠諸善信喜題緣木牌

【碑刻名稱】日尿鎮靈宮闔埠諸善信喜題緣木牌
【材　質】木材
【形　制】長方形立牌
【尺　寸】長一百五十六厘米、寬六十八厘米
【書　體】楷書
【碑　額】無
【碑　題】無
【碑文撰者】鎮靈宮大總董甲必丹葉纘芳
【碑文書丹】無
【立 碑 者】鎮靈宮大總董副總董暨董事等
【立碑時間】清光緒三十一年（一九〇五）
【存　佚】現存
【地　點】印度尼西亞中爪哇日尿鎮靈宮
【碑刻録文】

新建鎮靈宫重葺福靈廟小引

蓋此鎮靈宫之建築與夫福靈廟之重新，揆厥來由，幸賴建源棧、光盛棧、錦茂棧、協順棧四合公司之倡首，集掖公款，樂成義舉。又伏諸君同志共發善心，不吝己財，樂助捐輸，成此美事。纘忝官斯土，承先嚴之遺命，祇自兢兢凛凛，竊恐建廟斯舉有始鮮終，反貽爲山九仞、功虧一簣之譏。於是蠶夜弗遑，勤勉同志，共濟和衷。幸闔埠人等有尚義之風，衆心如一，始終不懈，令此兩所廟貌，已慶壯觀，告厥成功。則諸君好善之誠，可以質神明而無憾也，纘之私心亦於此而欣慰焉。然諸君樂善之芳名，應宜勒石標列廟中，以垂不朽。因慶成屆期，石碑尚未造就，兹故先用此木牌暫將各捐名次謄録，以表風世，姑待來日石碑創便，即再勒刊，以昭久遠，聊志不忘云爾。謹此預布。

大總董甲必丹葉纘芳序。

副總董：雷珍蘭許發源；董事：錦茂棧、建源棧、光盛棧、協順棧，同公啓。

謹將闔埠諸善信喜題緣款芳名列于左：

甲必丹葉紹芳喜捐銀伍佰盾正，又土油捐銀壹萬零一百四十九盾五；甲必丹葉纘芳喜捐銀貳佰伍拾盾；建源棧喜捐銀伍佰盾正，又土油捐銀壹萬柒仟二百零九盾八五；光盛棧喜捐銀伍佰盾正，又土油捐銀壹萬捌仟五百二十六盾四；錦茂棧喜捐銀伍佰盾正，又土油捐銀壹萬一百四十九盾五；協順棧喜捐銀伍佰盾正，又土油捐銀壹萬貳仟一十六盾三；陳燕山喜捐銀伍佰盾正；盧禮龍喜捐銀叁佰盾正；吴生意喜捐銀叁佰盾正；曾媳婦喜捐銀叁佰盾正；盧逢綿喜捐銀貳佰盾正；源興號喜捐銀貳佰盾正；楊兆盾喜捐銀貳佰盾正；陳開場喜捐銀貳佰盾正；石如竹喜捐銀貳佰盾正；曾信喜捐銀貳佰盾正；王豐求喜捐銀壹佰伍拾盾正；陳宜幀喜捐銀壹佰貳拾伍盾；林元受喜捐銀壹佰壹拾盾；李修拋喜捐銀壹佰盾正；施金春喜捐銀壹佰盾正；曾連州喜捐銀壹佰盾正；陳東有義喜捐銀壹佰盾正；林輦喜捐銀壹佰盾正；甘搜茂喜捐銀壹佰盾正；蔣芳賢喜捐銀壹佰盾正；李天咩喜捐銀壹佰盾正；黃嫣超喜捐銀壹佰盾正；陳振麟喜捐銀壹佰盾正；許知尼喜捐銀伍拾盾正；黃戊寅喜捐銀伍拾盾正；李首唱喜捐銀伍拾盾正；葉甫喜捐銀伍拾盾正；林志品喜捐銀伍拾盾正；李俊陽喜捐銀伍拾盾正；李偶遇喜捐銀伍拾盾正；南昌號喜捐銀伍拾盾正；廣合利號喜捐銀伍拾盾正；黃尚珍喜捐銀伍拾盾正；吳瑞隆喜捐銀伍拾盾正；鄭存心喜捐銀伍拾盾正；曾尚賢喜捐銀伍拾盾正；陳德祥喜捐銀伍拾盾正；郭珍蘭喜捐銀伍拾盾正；薛書勉喜捐銀伍拾盾正；王高升喜捐銀伍拾盾正；曾智賢喜捐銀伍拾盾正；娘仔黃清水喜捐銀伍拾盾正；陳添泉喜捐銀伍拾盾正；余廣珍喜捐銀伍拾盾正；吳金諷喜捐銀伍拾盾正；林國切喜捐銀伍拾盾正；許茂安喜捐銀伍拾盾正；水和隆號喜捐銀伍拾盾正；陳文帶喜捐銀伍拾盾正；陳聞珍喜捐銀伍拾盾正；楊祖蔭、李正元土油捐銀肆拾叁盾貳角；李前招喜捐銀叁拾盾正；蔡妙全喜捐銀貳拾伍盾正；蔡有銀喜捐銀貳拾伍盾正；施長仁喜捐銀貳拾伍盾正；陳永盛喜捐銀貳拾伍盾正；柯學合喜捐銀貳拾伍盾正；李祝老喜捐銀貳拾伍盾正；吳金水喜捐銀貳拾伍盾正；林文英喜捐銀貳拾伍盾正；石怡源喜捐銀貳拾伍盾正；曾清俊喜捐銀貳拾伍盾正；李紅蟳喜捐銀貳拾伍盾正；李亞敬喜捐銀貳拾伍盾正；顏草朝喜捐銀貳拾伍盾正；林興良喜捐銀貳拾伍盾正；葉長久喜捐銀貳拾伍盾正；許田發喜捐銀貳拾盾正；薛瑞安喜捐銀貳拾盾正；王家農喜捐銀貳拾盾正；江水雁喜捐銀貳拾盾正；鄭教治喜捐銀貳拾盾正；曾雨水喜捐銀壹拾柒盾五角；洪世達喜捐銀壹拾柒盾五角；王瑞玉喜捐銀壹拾伍盾正；施有惠喜捐銀壹拾伍盾正；余順利喜捐銀壹拾貳盾五角；馮文遠喜捐銀壹拾盾正；李長叟喜捐銀壹拾盾正；吳振園喜捐銀壹拾盾正；李清玉喜捐銀壹拾盾正；楊春開喜捐銀壹拾盾正；王苟聞喜捐銀壹拾盾正；王明利喜捐銀壹拾盾正；柯沙喜捐銀壹拾盾正；陳良復喜捐銀壹拾盾正；王幅招喜捐銀壹拾盾正；楊信祖喜捐銀壹拾盾正；林潤松喜捐銀壹拾盾正；潘樂明喜捐銀壹拾盾正；高耳喜捐銀壹拾盾正；王聰前喜捐銀壹拾盾正；李漢和喜捐銀壹拾盾正；陳石山喜捐銀壹拾盾正；王志福喜捐銀壹拾盾正；曾香桃喜捐銀壹拾盾正；林篤初喜捐銀壹拾盾正；胡荀泰喜捐銀壹拾盾正；許永年喜捐銀壹拾盾正；劉文成喜捐銀壹拾盾正；曾瑞鳳喜捐銀壹拾盾正；林金樽喜捐銀壹拾盾正；胡求桔喜捐銀壹拾盾正；紀綿登喜捐銀壹拾盾正；邱恒瑞喜捐銀壹拾盾正；林振恩喜捐銀壹拾盾正；邱久緣喜捐銀壹拾盾正；郭絨慶喜捐銀壹拾盾正；黃艷汝喜捐銀壹拾盾正；吴富忍喜捐銀伍盾正；李怡合捐銀伍盾正；顏祖榮捐銀伍盾正；林進財捐銀伍盾正；高慶安捐銀伍盾正；吴子全捐銀伍盾正；周德清捐銀伍盾正；林金海捐銀伍盾正；邱汪山捐銀伍盾正；陳嗄捐銀伍盾正；施慶福捐銀伍盾正；陳信吉捐銀伍盾正；蔡炳亮捐銀伍盾正；李荳根喜捐銀伍盾正；沈媽德喜捐銀伍盾正；陳美陽喜捐銀伍盾正；郭萬錦喜捐銀伍盾正；吴源招喜捐銀伍盾正；楊西川喜捐銀伍盾正；娘仔陳禿喜捐銀伍盾正；李全景喜捐銀伍盾正；曾溪泉喜捐銀伍盾正；何金生喜捐銀貳盾伍角。計一百四十三名共銀柒萬柒仟二百六十盾六。

大清光緒叁拾壹年歲次乙巳臘月穀旦。

〇六六　重修日尿鎮靈宫碑記

【碑刻名稱】重修日尿鎮靈宫碑記
【材　質】石材
【形　制】長方形横碑
【尺　寸】長七十二厘米、寬五十八厘米
【書　體】楷書
【碑　額】無
【碑　題】重修鎮靈宫碑記
【碑文撰者】沐恩弟子王基財
【碑文書丹】無
【立 碑 者】沐恩弟子王基財
【立碑時間】一九六三
【存　佚】現存
【地　點】印度尼西亞中爪哇日尿鎮靈宫
【碑刻録文】

重修鎮靈宮碑記

粵稽鎮靈宮，肇建於遜清光緒壬寅年，迨及乙巳年始告竣工。發起籌募建造者，乃職官斯土葉纘緒君，秉承其先人之遺志，荷負重任，鼎力勸募，獲得當時之热心信士踴躍輸捐，完成厥功。其廟貌之莊嚴巍峨，殿宇之瑰麗堂皇，規模寬敞，爲印尼所起蓋之廟宇冠。而且磚瓦基石、雕刻漆金，皆是選購於中國，遠運以來，誠爲不可多覯之寶物也。大殿供奉關聖帝君，後殿崇祀觀音佛祖，辰下增加供祀玉皇大帝、文殊菩薩、普賢菩薩、地藏王菩薩、天后聖母、廣澤尊王列列聖神。如果誠心之善男信女莅臨，焚香禮拜，凡有所求，莫不如意而獲也。奈因年湮月久，受風雨之飄飖，虫蟻之侵蝕，其椽桁磚瓦損壞甚多，有失雅觀。然而於甲午年，信士王長水君捐貲修葺屋瓦焉。財因自幼隨父學商，於本埠感沐神恩之覆庇，屢求屢應。旋以遷舍泗水市經營，爰乃瞻仰莊嚴之寶殿，椽桁之損壞，特以獨自發願，重新修理，荷蒙林福金、王朗千、王長水、楊能金諸君熱心襄助，監督工程，用綴數語，以志不朽云爾。

佛曆二千五百二十年歲次癸卯九月吉旦，沐恩弟子王基財敬立。

〇六七　果敢大廟門匾

【碑刻名稱】果敢大廟門匾
【材　質】磚材
【形　制】長方形橫匾
【尺　寸】長一百九十八厘米、寬四十二厘米
【書　體】楷書
【碑　額】無
【碑　題】無
【碑文撰者】無
【碑文書丹】無
【立 碑 者】果敢大廟主持
【立碑時間】不詳
【存　佚】現存
【地　點】緬甸果敢大廟
【碑刻録文】

果敢大廟

〇六八　果敢大廟「威鎮乾坤」匾

【碑刻名稱】果敢大廟「威鎮乾坤」匾

【材　　質】木材

【形　　制】長方形横匾

【尺　　寸】長一百八十厘米、寬四十五厘米

【書　　體】楷書

【碑　　額】無

【碑　　題】無

【碑文撰者】無

【碑文書丹】無

【立　碑　者】楊春沛

【立碑時間】民國四年（一九一五）

【存　　佚】現存

【地　　點】緬甸果敢大廟

【碑刻録文】

威鎮乾坤

民國四年仲春月吉旦。

弟子楊春沛敬立。

〇六九　果敢大廟關公神像楹聯

【碑刻名稱】果敢大廟關公神像楹聯
【材　質】石材
【形　制】長方形立聯
【尺　寸】長一百二十厘米、寬一十八厘米
【書　體】楷書
【碑　額】無
【碑　題】無
【碑文撰者】無
【碑文書丹】無
【立 碑 者】果敢大廟主持
【立碑時間】不詳
【存　佚】現存
【地　點】緬甸果敢大廟

【碑刻録文】

伐魏抗吴皇皇忠義參天地，
興蜀立漢耿耿赤膽貫山河。

〇七〇　南靖公會立牌記

【碑刻名稱】南靖公會立牌記
【材　　質】石材
【形　　制】長方形横碑
【尺　　寸】長一百二十厘米、寬七十六厘米
【書　　體】楷書
【碑　　額】無
【碑　　題】南靖公會立牌記
【碑文撰者】無
【碑文書丹】無
【立 碑 者】南靖廟總理莊西言
【立碑時間】民國二十五年（一九三六）
【存　　佚】現存
【地　　點】印度尼西亞雅加達南靖廟
【碑刻録文】

南靖公會立牌記

本會始創於一千八百二十四年，考諸本廟歷史與夫基業之由來，乃前甲必丹戴亮輝先生屋宇捐給南靖帝君爲公業，以垂吾靖邑在邑永久紀念。蓋此基業，無論何人不能改移也。然本廟業經一百一十餘年歷史，所有屋宇破壞不堪。本總理鑒於先人創業不易，不忍視其崩塌，於是倡議重新修整，以保遺迹。乃於民國二十三年仲秋之間，次第修理重新建築。現在工程告竣，爰將本廟略歷、年例祭祀、建築開費、厝業地租，一切字據立石記之，以崇紀念而知保存。本廟正廳供奉關聖帝君，每年陰曆五月十三日爲聖誕日，照例奉祭宴會，并於是日開會，公佈收支及結算簿記。後廳供奉戴家神旨，香火逐年照例祭祀焉。計清明祭掃墳墓一席、中元節二席、除夕一席。

建築并修理開費列左：

一　修理本廟全座及左右四間，門牌五至八號，支銀三千七百五十盾正。
一　新建築本廟後面四間，門牌一至四號，支銀五千盾正。
一　新建築本廟後面四間，門牌九至十二號，支銀三千六百五十盾正。
一　修理大公司街厝，門牌第二七號，支銀六百盾正。
一　修理公館巷厝，門牌第五號，支銀五百一十五盾正。
一　修理戴家公墓五墳，支銀四百三十五盾正。
一　修理南靖巷馬路，對市政廳工程局，支銀二百九十一盾三先。

共支銀一萬四千二百四十一盾零三先。

厝業税契字據列下：

一　存本公會準字第二八六號，荷一八九八年十月廿日公佈。

一　存本廟大厝一座，前後左右共十二間門牌一至十二號，税契第五九零六號。

一　存大公司街厝一間，門牌第二十七號税契第三五九六號。

一　存大公司街厝一間，門牌第七十五號税契第六五五五號。

一　存大公司街厝一間，門牌第一零三號税契第七七八八號。

一　存公館巷厝一間，門牌第五號税契第二一六七號。

一　存惹牙蘭厝一間，門牌第三七一號税契二一九七號。

一　存本惹寧安空地一塊，PENDJARINGAN 税契第三一五三號。

一　存亮輝公風水共五十墳在沙殺 TANDJONG SASAK。

西曆一千九百三十六年四月十五日，總理莊西言立石。

〇七一　三山會館關聖帝君萬壽寶誕啓事牌

【碑刻名稱】三山會館關聖帝君萬壽寶誕啓事牌
【材　質】纸質
【形　制】長方形横牌
【尺　寸】長四十五厘米、寬三十六厘米
【書　體】楷書
【碑　額】無
【碑　題】無
【碑文撰者】無
【碑文書丹】無
【立 碑 者】三山關聖帝君萬壽會
【立碑時間】不詳
【存　佚】現存
【地　點】越南胡志明市三山會館
【碑刻録文】

越南胡志明市三山會館關聖帝君萬壽寶誕啓事牌

敬啓者：

本會循例于每年農曆六月廿四日舉行祭祀及組辦恭賀「關聖帝君萬壽寶誕」，屆時禮請法師頌經，祈求風調雨順，國泰民安，是日備設聯歡宴席與多項禮品抽獎助興。歡迎各界善信踴躍登記參加，同沾福澤是荷。

三山關聖帝君萬壽會謹啓。

〇七二　樂府關帝廟碑記

【碑刻名稱】樂府關帝廟碑記

【材　質】石材

【形　制】長方形横碑

【尺　寸】長一百六十厘米、寬七十二厘米

【書　體】楷書

【碑　額】無

【碑　題】樂府關帝廟碑記

【碑文撰者】粤棉馬燦虹

【碑文書丹】洪陽莊明定

【立 碑 者】關帝廟主任杜大德等

【立碑時間】一九七一

【存　佚】現存

【地　點】泰國樂丕關帝廟

【碑刻録文】

樂府關帝廟碑記

伏以關聖帝君，山岳降祥，正大光明。後文宣而聖，義勇剛烈；先武穆而神，天覆地載。凡血氣之倫，靡不端盡祠崇，馨香勿替。本廟爲奉祀聖帝而興建，落成于佛曆二四二四年夏間。先有泰國五世皇朝重臣頌緑脂披耶詩素里益翁氏，崇拜英風，發抒宏願，自動捐款建廟，廣襄土地一片，作爲首倡。旋經樂府埠衆熱烈響應，踴躍贊襄，醵集鉅資，實現構築，兀立海嶠，香火氤氳，蔚爲今日樂府氣象最崔巍、歷史最悠久之廟宇。迴念曩昔建廟艱辛，現當軸者深願有以表彰，藉勵末俗。惜乎亘百載光陰，史料湮放，稽考未由。惟據故老傳言，當時參與大計者，中有黄芳合、張森源兩位先哲，卓識宏猷，其功蓋不可没。及後接掌廟主者，爲僑賢陳俊明、杜大德兩氏，以服務有年，所有裨於本廟者殊大。二五零五年冬，杜氏鑒於廟宇歷時久遠，漸呈頹朽之象，爰倡議從新蓋建，埠上人士，衆意僉同。即推選資望崇隆、熱心公益僑賢杜大德、魏平流、陳雪江先生等三十一人，成立重建關帝廟委員會，展開工作。二五零七年元月十三日，由樂丕府尹乃棟頌汶軍躬臨奠基。二五一零年十一月十七日，工程齋事，恭請駐泰特命全權大使彭孟緝上將，與樂丕府尹乃育倫博里，分別主持揭幕，啓鑰儀式，并廣邀京呑及内地各府中泰長官社團領袖各界賢達，貴臨觀禮，冠蓋雲集，盛况空前。重建委員會請先生宵旰勤勞，厥功至偉，嗣爲奉祀本廟有功先哲主位，所擴建於廟宇後座之思敬堂，亦次第竣工。擇吉於二五一三年元月十九日，奉主升龕儀式隆重□行。見綿綿瓜瓞，春祀秋嘗，隨聖帝赫赫成靈，枏檀俎豆，同垂億萬斯年。是爲記。

辛亥五月粤棉馬燦虹恭撰，洪陽莊明定敬書。

兹將重建樂府關帝廟委員會全體委員芳名職别鎸諸貞珉，以垂永遠。

主任：杜大德；副主任：魏平流；秘書：謝英華；財政：陳德聲；常務委員：陳木道、朱輝；委員：林瑞勤、陳映昆、林拔欣、陳坤記、陳全發、鄭成豐、張松峰、陳偉松、林雙嚴、陳成家、陳秋杰、洪乙金、陳林運、蘇乾貞、賴永源、蘇本良、陳廣昌、陳雪江、周欽華、黃芝孟、林綿章、陳勝添、顏桂利、黃四寬、林映淡。

佛曆二五一四年五月廿八日吉立。

〇七三　柬埔寨金邊潮州會館協天大帝廟社衆節慶表牌

【碑刻名稱】柬埔寨金邊潮州會館協天大帝廟社衆節慶表牌

【材　質】紙質

【形　制】長方形横牌

【尺　寸】長五十厘米、寬三十六厘米

【書　體】楷書

【碑　額】無

【碑　題】柬埔寨潮州會館協天大帝廟社衆節慶一覧表

【碑文撰者】無

【碑文書丹】無

【立　碑　者】柬埔寨金邊潮州會館董事會

【立碑時間】不詳

【存　佚】現存

【地　點】柬埔寨金邊潮州會館協天大帝廟

【碑刻録文】

柬埔寨潮州會館協天大帝廟社衆節慶一覽表

歲抄廿九或卅日，除夕。
正月初一日，春節。
正月初九日，天公生。
正月十五日，元宵佳節。
三月十五日，保生大帝聖誕。
三月廿三日，天后聖母聖誕。
三月廿九日，福德正神本頭公生。
五月十三日，關平太子寶誕。
六月廿四日，協天大帝聖誕。
十月廿三日，周倉將軍聖誕。
十二月廿一日，廟開光升殿紀念聖日。
以上節慶經首届協天大帝廟值事會第一次會議決定爲重要神社活動日，宜組織集體慶祝。
風調雨順，國泰民安。

〇七四　柬埔寨金邊潮州會館協天大帝廟重建碑

【碑刻名稱】柬埔寨金邊潮州會館協天大帝廟重建碑
【材　質】石材
【形　制】長方形横碑
【尺　寸】長一百二十厘米、寬四十八厘米
【書　體】楷書
【碑　額】無
【碑　題】潮州會館協天大帝廟
【碑文撰者】無
【碑文書丹】無
【立 碑 者】柬埔寨金邊潮州會館董事會
【立碑時間】一九九三
【存　佚】現存
【地　點】柬埔寨金邊潮州會館協天大帝廟
【碑刻録文】

潮州會館協天大帝廟重建發起人芳名列明：

楊啓秋、王漢明、王錫榮、邱怡源、賴來存、林潮豐、李安弟、陳章和、李松齡、蔡璧光、張文松、吴財有、羅允通、楊益豐、徐安忠、鄭棉發、王快樂、袁順風、林應祥、林賢明；澳洲：楊志偉、楊萬源、十三太、李錦梅、張盛江；印尼：洪炎才、林成發、李澤拱、黄魯、吴岳德；美國：鄭榮吉、朱堅利、楊啓先、林潮明、陳德明；香港：成豐公司、潘漢城、楊文波、江朝國、傅和盛；新加坡：李松和、周武賢、良山公司、許合和、曾友忠、黄卓鉞、張自强、黄宋清。

癸酉年，公元一九九三年十二月三十日吉立。

〇七五　菲律賓泉州通淮關聖夫子忠義殿銅碑志

【碑刻名稱】菲律賓泉州通淮關聖夫子忠義殿銅碑志
【材　質】銅材
【形　制】長方形立牌
【尺　寸】長九十八厘米、寬四十九厘米
【書　體】楷書
【碑　額】無
【碑　題】菲律賓泉州通淮關聖夫子忠義殿銅碑志
【碑文撰者】無
【碑文書丹】無
【立 碑 者】菲律賓泉州通淮忠義殿董事會
【立碑時間】二〇〇八
【存　佚】現存
【地　點】菲律賓馬尼拉泉州通淮忠義殿
【碑刻録文】

菲律賓泉州通淮關聖夫子忠義殿銅碑志

泉州市通淮街有一座建造已近千年歷史的神廟——關岳廟。關聖帝君是三國時蜀漢大將，姓關名羽字雲長，是位忠義雙全，有功於國、有益於民，人民對他有濃厚尊敬與愛戴。爲民消灾，有求必應。千年來人民有困難不能解決事，前往頂禮、問疑，特别是泉州數次灾疫，均受關聖帝君之庇護，而得平安。

關聖帝君非常靈應，爲民消灾，英靈顯赫，萬民崇拜，香火鼎盛。

菲華泉州公會在林理事長育慶暨各位領導商議，恭請泉州市通淮關岳廟之領導允許，其供奉關聖帝廟分爐於岷里拉市華人區之菲華泉州公會新厦五樓，供菲華善信頂拜，庇佑。

關聖帝君廟宇堂皇，承菲華泉州公會諸同仁暨菲華各界善信熱心公益人士捐獻，特將捐資芳名鎸銅碑以志。

菲律賓泉州通淮忠義殿董事會立。

二〇〇八年三月十七日。

〇七六　菲律賓泉州通淮關聖夫子忠義殿善信樂捐芳名録牌

【碑刻名稱】菲律賓泉州通淮關聖夫子忠義殿善信樂捐芳名録牌

【材　　質】銅材

【形　　制】長方形立牌

【尺　　寸】長九十八厘米、寬四十九厘米

【書　　體】楷書

【碑　　額】無

【碑　　題】菲律賓泉州通淮關聖夫子忠義殿善信樂捐芳名録

【碑文撰者】無

【碑文書丹】無

【立 碑 者】菲律賓泉州通淮忠義殿董事會

【立碑時間】二〇〇八

【存　　佚】現存

【地　　點】菲律賓馬尼拉泉州通淮忠義殿

【碑刻録文】

菲律賓泉州通淮關聖夫子忠義殿善信樂捐芳名録

莊永泉貳佰萬元、楊永康柒拾萬元、林育慶壹拾萬元、林育緯壹拾萬元、林文雄壹拾萬元、郭金頂壹拾萬元、莊麗華壹拾萬元、戴亞明壹拾萬元、周淑純壹拾萬元、吳文南壹拾萬元、吳家亨壹拾萬元、吳家慶壹拾萬元、王助平壹拾萬元、許麗梅壹拾萬元、施梓雲壹拾萬元、吳啓發壹拾萬元、陳基星壹拾萬元、吳尊仁壹拾萬元、吳今煥壹拾萬元、陳凱復壹拾萬元、陳祖昌壹拾萬元、戴國治壹拾萬元、戴國安壹拾萬元、戴國興壹拾萬元、許學禹壹拾萬元、駱啓發壹拾萬元、莊麗英壹拾萬元、戴東鋒壹拾萬元、戴謙榮壹拾萬元、林玉燕壹拾萬元、朱少華壹拾萬元、陳奕鴻壹拾萬元、田川壹拾萬元、蔣介印壹拾萬元、蔣錦源壹拾萬元、劉小瑋壹拾萬元、陳星壹拾萬元、曾文佑壹拾萬元、蔡榮進壹拾萬元、戴仰祖壹拾萬元、戴雙白壹拾萬元、陳樺榕壹拾萬元、王仁群壹拾萬元、黃麗珍壹拾萬元、戴顯祖壹拾萬元、戴新民壹拾萬元、戴育仁壹拾萬元、楊振輝壹拾萬元、翁淑蓮壹拾萬元、趙展聰壹拾萬元、蔡金山壹拾萬元、許維新柒萬伍仟元、施珊璞柒萬伍仟元、林偉瑶柒萬伍仟元、蔡盈盈柒萬伍仟元、蔡錫鑨柒萬伍仟元、施秀絹柒萬伍仟元、李康希柒萬伍仟元、黃淑綿柒萬伍仟元、蔡文謀柒萬伍仟元、林素華柒萬伍仟元、林徑輝柒萬伍仟元、王静儀柒萬伍仟元、吳永年伍萬元、王碧娥伍萬元、陳榮謀伍萬元、胡炳南伍萬元、葉秀潤伍萬元、黃奕民伍萬元、楊淑寶伍萬元、盧武敏伍萬元、陳本顯伍萬元、莊金耀伍萬元、施文界伍萬元、張昭和伍萬元、黃金盾伍萬元、施偉廉伍萬元、施永昌伍萬元、曾鐵鋒伍萬元、鄭淵源伍萬元、吳長溪伍萬元、王良培伍萬元、王孝等伍萬元、王宗洞伍萬元、林西魯伍萬元、許碧端伍萬元、許碧麗伍萬元、陳愛民伍萬元、林文星伍萬元、陳章成伍萬元、吳修流伍萬元、李光鋭伍萬元、楊大千伍萬元、許建興伍萬元、莊垂楷伍萬元、葉勝利伍萬元、蔡楊賦伍萬元、王欽元伍萬元、楊良田伍萬元、蔡金杯伍萬元、丁中興伍萬元、許能公伍萬元、高維澤伍萬元、姚嘉樂伍萬元、李正清伍萬元、吴小龍伍萬元、曾國翔伍萬元、陳昌炮伍萬元、陳松山伍萬元、陳德芳伍萬元、陳永年伍萬元、陳秉權伍萬元、李金釵伍萬元、盧祖蔭伍萬元、黄攀桂伍萬元、戴亞留伍萬元、魏志明伍萬元、吴俊民伍萬元、李紫靖伍萬元、郭從願伍萬元、詹超鴻伍萬元、王松齡伍萬元、陳漢章伍萬元、莊幼純叁萬元、莊慈虹叁萬元，菲幣壹仟壹佰伍拾陸萬元。

二〇〇八年三月十七日。

〇七七　柬埔寨潮州會館協天大帝廟鳴謝啓事牌

【碑刻名稱】柬埔寨潮州會館協天大帝廟鳴謝啓事牌

【材　質】紙質

【形　制】長方形横牌

【尺　寸】長六十厘米、寬四十五厘米

【書　體】黑體

【碑　額】無

【碑　題】柬埔寨潮州會館協天大帝廟鳴謝啓事

【碑文撰者】無

【碑文書丹】無

【立　碑　者】柬埔寨金邊潮州會館董事會

【立碑時間】二〇一五

【存　佚】現存

【地　點】柬埔寨金邊潮州會館協天大帝廟

【碑刻録文】

柬埔寨潮州會館協天大帝廟鳴謝啓事

千里月圓傳佳兆，萬家燈火慶元宵。本會循照傳統習俗，于上元時際在協天大帝廟舉辦慶祝活動。醒獅起舞，鑼鼓喧天，預兆着乙未年間四季興旺，五穀豐登，國泰民安，歌舞升平的歡樂景象。福利組依例設置諸神殿前吉桃，供各界奉請安第，祈求神恩賜佑，聖德廣澤，吉祥如意，幸福安康！承蒙善信鄉親，虔誠奉請，本會謹致謝意之余，申借報端，特此鳴謝！茲將芳名列下（恕乏稱呼）：

奉請神品芳名榜：

冠霖國際集團棉美新貿易有限公司楊啓秋勛爵閣下暨夫人蔡巧娥勛爵奉請協天大帝殿前吉桃＄468、衆神香爐殿前吉桃＄468、天地父母殿前吉桃＄388、天后聖母殿前吉桃＄388、保生大帝殿前吉桃＄388，集茂集團柬埔寨啤酒廠總裁陳玉葉勛爵奉請協天大帝長明燈＄1688、保生大帝殿前吉桃＄388、福德正神殿前吉桃＄388，許貞木勛爵暨夫人林素禎女士領賜元宵吉桃報效＄1，000，徐坤城勛爵暨夫人温君女士奉請協天大帝殿前吉桃＄468，林雄裕企業有限公司林少雄先生奉請協天大帝殿前吉桃＄468、天后聖母殿前吉桃＄388，楊紹偉勛爵奉請天地父母殿前吉桃＄388、保生大帝殿前吉桃＄388，楊國璋勛爵領賜元宵吉桃報效＄500，鄭棉發先生奉請衆神香爐殿前吉桃＄468，楊氏宗親總會奉請保生大帝殿前吉桃＄388，吴興利勛爵暨陳碧珊夫人奉請保生大帝殿前吉桃＄388，永隆建築貿易有限公司李照青先生奉請五祖神位殿前吉桃＄388，偉中企業有限公司李瑞中勛爵奉請天地父母殿前吉桃＄388，百富國際金融集團奉請保生大帝殿前吉桃＄388，旺旺集團奉請五祖神位殿前吉桃＄388，旺發典當行奉請五祖神位展前吉桃＄388，時珍中藥行李捷貴先生奉請保生大帝殿前吉桃＄388，（玉）國際報關運輸貿易有限公司黃玉芳女士奉請保生大帝殿前吉桃＄388，李家蓉女士奉請天地父母殿前吉桃＄388，張健安先生奉請元宵貳桃盤報效＄128。

錯漏之處，敬祈指正。

東埔寨潮州會館福利組謹啓。公元二〇一五年三月十六日。

八　華光大帝

○七八　華光大帝神龕

【碑刻名稱】華光大帝神龕
【材　質】木材
【形　制】長方形立牌
【尺　寸】長三百一十四厘米、寬二百二十厘米
【書　體】楷書
【碑　額】無
【碑　題】無
【碑文撰者】無
【碑文書丹】無

【立　碑　者】南洋八和會館
【立碑時間】清光緒三十二年（一九〇六）
【存　　佚】現存
【地　　點】新加坡八和會館
【碑刻録文】

華光大帝神龕

光緒丙午年。
玉封太子，敕封五顯，玉封太子。
蕭靈侯華光大帝，
馬靈侯華光大帝，
陳靈官華光大帝，
朱靈侯華光大帝，
鄭靈侯華光大帝。

都天至富財帛星君，
護國庇民天后元君，

悦城水□龍母娘娘。

田竇二師神位，
九龍峰譚公先聖，
張老先師神位。

光緒丙午歲，寧邑余細造。
乙丑五月吉旦，南洋八和會館，改組開幕紀念，葉金絲猫重修。

九　三官大帝

○七九　慶德會創始人禄位碑

【碑刻名稱】慶德會創始人禄位碑

【材　質】石材

【形　制】長方形立碑

【尺　寸】長一百一十厘米、寬八十厘米

【書　體】創始人名諱爲楷書，餘爲隸書

【碑　額】石雕雙狮圖

【碑　題】無

【碑文撰者】無

【碑文書丹】無

【立 碑 者】楊金水、薛文仲等三十五位
【立碑時間】清代後期，具體年代不詳
【存　佚】現存
【地　點】新加坡直落亞逸街慶德會，現爲新加坡玉皇宫
【碑刻録文】
皇清顯考諱
金水楊公、欽元徐公、有郎陳公、延齡蔡公、寶榮謝公、文仲薛公、國朝陳公、珍元李公、瓚元梁公、如水翁公、榮華鄭公、青山邱公、棟梁何公、彩鳳王公、合意陳公、青山楊公、天全陳公、明宗陳公、榮山薛公、元珍顔公、賢元鍾公、應策陳公、武略陳公、梅生曾公、俊成洪公、明薦陳公、永和葉公、明珍曾公、長懷徐公、貴節許公、源泉蘇公、廣生許公、建安李公、添益梁公、欽三徐公，諸府君禄位立石。

〇八〇　三元宮三官太帝正式會員表

【碑刻名稱】三元宮三官太帝正式會員表
【材　質】石材
【形　制】長方形横碑
【尺　寸】長一百一十六厘米、寬五十八厘米
【書　體】楷書
【碑　額】無
【碑　題】三元宮三官太帝正式會員表
【碑文撰者】爐主梁順和等
【碑文書丹】無
【立 碑 者】公衆議員
【立碑時間】民國二十一年（一九三二）
【存　佚】現存
【地　點】印度尼西亞雅加達三元宮
【碑刻録文】

三元宮三官太帝正式會員表

總理梁德水和政府立准三元宮入立「勑巡按」字頭，壹仟捌佰捌拾六年十二月廿一日領回執照，内批三元宮原有屋宇柒間，不能典當按押及干「刀叻」字。周年出息，爲本宮祭祀用款，不能移于別方之用，不能藉口贈送各學校名目，別生枝節。今依本宮舊例，補集新舊正式會員，宗旨爲保留三元宮公共産業爲職責。各會員遵重本宮法律，違法者無會員資格，依例革除名字，不得加入選奉。倘宮内有异外發生案件，則臨時召集會議。三元宮固有屋宇共捌間。地址：號頭在掌更岸，號頭爲壹仟柒佰伍拾六號、壹仟肆佰玖拾伍號；石橋頭一連陸間，號頭爲壹仟玖佰叁拾捌號、伍仟肆佰伍拾叁號、叁佰號、伍佰伍拾貳號、肆拾柒號、伍拾貳號。

吧城大南門石橋頭，係前人組織創立。三官太帝本神道主義，無論何人虔誠進宮捐緣，皆可得入爲本宮會員。

爐主：梁順和。

副理：楊福梅、楊福貴。

新舊會員芳名列後：

陳富老、劉富英、鄧仁賢、蕭㯽秀、童睦記、唐金義、李炬章、徐輝二、丘水清、梁炳昌、信隆泰、陳永康、蘇少彬、温汝楓、章炳興、陳文森、董茂永、劉柏興、鄧鼎興、吴錫春、丘福和、吴榮利、梁貴六、林海源、陳懷興、張亞四、王美留、丘春華、梁公錫、丘國權、麥鴻宣、許清福、楊應春、楊義記、丘保和、饒楚南、陳奎元、丘安和、劉榮江、新興隆、大順號、□興號、利興號、合興號、新裕隆、温亞接、黄斯能、黄李彬、劉子斐、沈周清、□□□、重宏興、鍾仁超、温復興、李豪水、劉□□、□□□、黎□□、吴亞福、□□杰、王亞五、房亞炎、李木文、古雨香、張榮禄，劉宜鳳。

民國二十一年壬申歲孟秋之月吉旦，公衆議員立碑。

十　保生大帝

〇八一　保安宮小吊橋中元普度再捐緣序文木牌

【碑刻名稱】保安宮小吊橋中元普度再捐緣序文木牌
【材　質】木材
【形　制】長方形橫牌
【尺　寸】長一百二十厘米、寬六十八厘米
【書　體】楷書
【碑　額】無
【碑　題】小吊橋中元普度再捐緣序文
【碑文撰者】無
【碑文書丹】無

【立 碑 者】保安宮董事等
【立碑時間】清道光二十一年（一八四一）
【存　　佚】現存
【地　　點】馬來西亞馬六甲保安宮
【碑刻録文】

小吊橋中元普度再捐緣序文

竊聞古者孤魂無依，常爲厲祟，幽靈知報，每應虔求。故大士現身東土，開普度之端，地官赦罪，信人啓蘭盆之會。是以衆信乘此良因，發精實心，或念滯魂比隨點點，或思客魂東逐悠悠。於是備珍饈而設席，陳品饌以建筵，上可於飢羸，下可資於幽顯，使雜類含生，喜得飽滿之樂哉！

兹小吊橋，我唐人寄寓以久年矣。歷歲以來，承先代之創制，而後生依法而行之。前者公議，念逐年遇普度之期，捐緣浩繁，後得諸耆老倡首舉議，添緣共八佰員，逐年行利需用。每逢中元之際，則將利息銀交與值年爐主頭家，應辦牲醴饌饈果品，延僧普施。咸得青烟鵲吵，黄葉鴉飛，羈旅田壤，横死傷亡，長忍飢虚，共享法食之誠，庶免衆信之浩繁，而使幽魂得普奉之悦者也。因邇來世事整齊，而用物高價，饌資不共，適丙寅年逢普度之期，同諸耆老議舉再募捐緣，前後共壹仟員。行利費用，俾得年年無缺需之欣誠，而孤魂有長享之有在，則無量矣。是爲之序。

亭主陳巨川捐金貳拾陸員；會館主徐炎泉捐金壹拾員；信士：徐長懷捐金貳拾員、陳振生捐金拾捌員、洪俊成捐金拾捌員、鄭榮華捐金拾捌員、林生財捐金拾捌員、蔡爲政捐金拾貳員、周懷進捐金壹拾員、曾和捐金壹拾員、蔣壬生捐金壹拾員、劉觀庇捐金陸員、蕭七政捐金陸員、宋和鳴捐金陸員、薛坤元捐金伍員、陳神静捐金伍員、林真觀捐金肆員、黄連觀捐金肆員、徐裕生捐金肆員、梁添益捐金肆員、蔡順和捐金肆員、蔡早傳捐金肆員、柯美湯捐金肆員、馬景全捐金叁員、林明德捐金叁員、徐欽安捐金貳員、蔡延珍捐金貳員、曾振和捐金貳員、楊源水捐金貳員、余振記捐金貳員、陳顯祖捐金貳員、李孝順捐金貳員、楊詮觀捐金貳員、黄育輝捐金貳員、余山觀捐金貳員、鄭再生捐金貳員、葉文瑞捐金貳員、楊天生捐金貳員、林德茂捐金貳員、陳快老捐金貳員、黄元水捐金貳員、許應心捐金貳員、朱交登捐金貳員、新同裕捐金貳員、陳寶觀捐金貳員、陳文獻捐金壹員、陳國朝捐金壹員、林利蓋捐金壹員、曾音生捐金壹員、陳順音捐金壹員、曾日生捐金壹員、高自得捐金壹員、楊佳和捐金壹員、楊源泉捐金壹員、徐和生捐金壹員、周喜老捐金壹員、陳三元捐金壹員、王炳觀捐金壹員、劉厥觀捐金壹員、謝建水捐金壹員、施振春捐金壹員、謝無順捐金壹員、蕭芳生捐金壹員、吴傳杰捐金壹員、劉雙觀捐金壹員、蔡添觀捐金壹員、王陽輝捐金壹員、蘇德水捐金壹員、陳尚觀捐金壹員、侯光仕捐金壹員、游連寶捐金壹中員、楊金聲捐金壹中員、許清喜捐金壹中員、徐長情捐金壹中員、王永寧捐金壹中員、吴文滔捐金壹中員、陳順興捐金壹中員、王扁生捐金壹中員、侯光平捐金壹中員、陳光澤捐金壹中員、倪三良捐金壹中員、孫連觀捐金壹中員、陳輝觀捐金壹中員、張甲秀捐金壹中員。

大清道光廿壹年歲次辛丑中秋月十五日吉旦。

〇八二　保安宮追記賬目銷毀捐緣木牌

【碑刻名稱】保安宮追記賬目銷毀捐緣木牌
【材　質】木材
【形　制】長方形横牌
【尺　寸】長一百二十六厘米、寬七十二厘米
【書　體】楷書
【碑　額】無
【碑　題】無
【碑文撰者】無
【碑文書丹】無
【立 碑 者】保安宮董事等
【立碑時間】清咸豐六年（一八五六）
【存　佚】現存
【地　點】馬來西亞馬六甲保安宮
【碑刻録文】

竊謂謹慎精詳，爲人生之切要，而因循廢弛，實敗事之端倪。從古哲人，其所以功建名立者，無非從謹小慎微中

來也。喜老於庚辛兩年任理祖師公數項，舉凡姓氏捐題，經已按名而謹記。需資開費，亦各照數而詳登。詎料於乙卯年腊月，物之成毀無常，賬目全銷融於白蟻。情之確實可據，損壞已灼見於吾儕。然事雖出於無心，罪應深於自責。清夜以思，非特不敢言功於公事，而未免有愧於同人。第恐世遠年湮，已如者付之無可如何，罔覺者偏欲深於責備。膺斯任者，若不聲明，則將來背有後言，寧無致傷和氣。除費用外，尚剩大銀捌員零。玆將情形布告，咸使列位周知，則庶免靡不有初鮮克有終之嫌矣。特記。

合德會主蕭七政官捐金貳佰陸拾員、大董事徐炎泉官捐金壹佰貳拾大員、慶蘭會主許永占官捐金捌拾大員、林光竹官捐金柒拾大員、梁茂秀官捐金伍拾大員、顏綿彩官捐金伍拾大員、戴文通官捐金伍拾大員、義和會公司充入公銀伍拾大員、陳振生官捐金肆拾大員、林三光官捐金肆拾大員、梁添發官捐金叁拾大員、許行雲官捐金貳拾肆大員、劉秋水官捐金貳拾大員、許清元官捐金拾陸大員、余西山官捐金拾陸大員、蔣海水官捐金拾伍大員、許長生官捐金拾伍大員、余唐水官捐金拾肆大員、邱紹芳官捐金拾肆大員、徐仁壽官捐金拾肆大員、梁順風官捐金拾貳大員、蔡慶雲官捐金拾貳大員、王亞九官捐金拾貳大員、陳傳生官捐金拾大員、莫任生官捐金拾大員、林景水官捐金拾大員、林生久官捐金拾大員、王九河官捐金拾大員、戴河水官捐金拾大員、黃亞仕官捐金捌大員、許清倫官捐金捌大員、邱玉明官捐金捌大員、陳武慶官捐金捌大員、蔡爲政官捐金捌大員、徐民祥官捐金捌大員、何元盛官捐金柒大員、余國治官捐金柒大員、劉沛禎官捐金陸大員、陳愛讀官捐金陸大員、李清江官捐金陸大員、楊明宗官捐金陸大員、余開發官捐金陸大員、邱元生官捐金陸大員、王深泉官捐金陸大員、李榮發官捐金陸大員、鄭再生官捐金陸大員、宋功茂官捐金陸大員、邱天爵官捐金陸大員、蕭芳生官捐金伍大員、陳江水官捐金伍大員、林茄郎官捐金伍大員、馬景全官捐金肆員五角、許嚴郎官捐金肆員、沈福生官捐金肆員、曾安然官捐金肆員、吳溪墻官捐金肆員、楊源泉官捐金肆員、林永福官捐金貳員、胡魁元官捐金貳員、吳海水官捐金貳員、王清水官捐金貳員、何陽福官捐金貳員、侯光仕官捐金貳員。

咸豐陸年歲次丙辰蒲月穀旦。

〇八三　保安宮協題公項捐緣木牌

【碑刻名稱】保安宮協題公項捐緣木牌

【材　質】木材

【形　制】長方形横牌

【尺　寸】長一百二十二厘米、寬六十八厘米

【書　體】楷書

【碑　額】無

【碑　題】無

【碑文撰者】無

【碑文書丹】無

【立 碑 者】保安宮董事等

【立碑時間】清同治元年（一八六二）

【存　佚】現存

【地　點】馬來西亞馬六甲保安宮

【碑刻録文】

保安宮協題公項捐緣序文

伏以有靈在上，感必能通；無漏隨身，施還自受。近因本會歷年諸費捐用不足，難爲長久之計。自丙辰年協題公項，陸續行利以濟其費，除出無交緣之外，計收共大銀伍佰捌拾壹元半矣。第恐時日久遠，而緣名未彰，難免背後之言。爰將芳名謹付于梓，以爲永遠仰瞻云耳。所有捐緣名次，開列于左：

大董事徐瑞興號捐金壹佰員；會主余唐水觀捐金伍拾員；謀事：陳傳生觀捐金貳拾員、蔡發雲觀捐金貳拾員、徐仁壽觀捐金貳拾員、李永發觀捐金捌員；參議：施振春觀捐金壹拾員、周喜老觀捐金捌員、林景水觀捐金陸員、林保蔭觀捐金肆員；財副：林福明觀捐金肆員；總理：馬景全觀捐金貳拾員、劉秋水觀捐金肆員；總管：林永寧觀捐金捌員、楊江河觀捐金捌員；總巡：梁戊秀觀捐金陸拾員、許行雲觀捐金陸拾員、梁澤林觀捐金叁拾員、余心球觀捐金叁拾員、周烏老觀捐金壹拾員、鄭再生觀捐金壹拾員、林生允觀捐金壹拾員、曾宗和觀捐金壹拾員、陳元德觀捐金壹拾員、薛滿德觀捐金玖員、陳伏生觀捐金玖員、陳德猶觀捐金玖員、曾西炳觀捐金玖員、曾永福觀捐金玖員、楊源泉觀捐金捌員、黄德宗觀捐金陸員、陳第一觀捐金陸員、梁順風觀捐金陸員、李清江觀捐金陸員、沈福星觀捐金肆員、何俊極觀捐金肆員、王天德觀捐金肆員、陳彩鳳觀捐金貳員、余面山觀捐金貳員、楊吉興觀捐金貳員、黄阿仕觀捐金貳員、宋長溪觀捐金貳員、邱金恩觀捐金壹員半、邱坤安觀捐金壹員。

大清同治九年庚午再添新立會芳名開列于左：

林觀祥觀捐題伍員、林曲生觀捐題肆員、李瑞福觀捐題肆員、王亞九觀捐題貳員、譚大深觀捐題貳員、曾德芳觀捐題貳員、陳坤林觀捐題貳員、陳合生觀捐題貳員、胡尚道觀捐題貳員、余清吉觀捐題貳員、蔣裕生觀捐題貳員、胡金明觀捐題貳員、劉明發觀捐題壹員、朱崇學觀捐題壹員、林亞勝觀捐題壹員、陳位觀捐題壹員、陳能讓觀捐題壹員、黃添生觀捐題壹員、林長發觀捐題壹員、廖陽生觀捐題壹員、林玉水觀捐題壹員、蔡藹洋觀捐題壹員、黃文鑒觀捐題壹員、侯玉山觀捐題壹員、張江水觀捐題壹員。

大清同治歲次壬戌年仲冬月謹志。

〇八四　保安宫中元捐緣木牌

【碑刻名稱】保安宫中元捐緣木牌
【材　質】木材
【形　制】長方形横牌
【尺　寸】長一百一十八厘米、寬六十二厘米
【書　體】楷書
【碑　額】無
【碑　題】小吊橋中元普度再捐緣序文
【碑文撰者】無
【碑文書丹】無
【立 碑 者】保安宫董事等
【立碑時間】清同治五年（一八六六）
【存　佚】現存
【地　點】馬來西亞馬六甲保安宫
【碑刻録文】

小吊橋中元普度再捐緣序文

竊聞古者孤魂無依，常爲厲祟，幽靈知報，每應虔求。故大士現身東土，開普度之端，地官赦罪，信人啓蘭盆之會。是以衆信乘此良因，發精實心，或念滯魂比隨點點，或思客魂東逐悠悠。於是備珍饈而設席，陳品饌以建筵，上可於飢羸，下可資於幽顯，使雜類含生，喜得飽滿之樂哉！

兹小吊橋，我唐人寄寓以久年矣。歷歲以來，承先代之創制，而後生依法而行之。前者公議，念逐年遇普度之期，捐緣浩繁，後得諸耆老倡首舉議，添緣共捌佰員，逐年行利需用。每逢中元之際，則將利息銀交與值年爐主頭家，應辦牲醴饌饈果品，延僧普施。咸得青烟鵲吵，黄葉鴉飛，羈旅田壤，横死傷亡，長忍飢虚，共享法食之誠，庶免衆信之浩繁，而使幽魂得普奉之悦者也。因邇來世事整齊，而用物高價，饌資不共，適丙寅年逢普度之期，同諸耆老議舉再募捐緣，前後共壹仟員。行利費用，俾得年年無缺需之欣誠，而孤魂有長享之在，則無量矣。是爲之序。

亭主陳憲章捐金陸拾員；蔡延慶捐金壹拾員；陳振生捐金壹拾員；薛茂元捐金壹拾員；信士：許永占捐金叁拾員、徐仁壽捐金壹拾員、曾德璋捐金陸員、徐欽三捐金四員、黄招觀捐金四員、伍梓盈捐金四員、賓豐號捐金叁員、李榮發捐金貳員、楊江河捐金貳員、陳亞信捐金貳員、林斗觀捐金貳員、伍買合捐金貳員、雷亞常捐金貳員、劉詩春捐金貳員、葉廷瑞捐金貳員、蔡全玉捐金貳員、戴添福捐金壹員半、余鴻表捐金壹員半、陳武慶捐金壹員、陳木生捐金貳員、施振春捐金壹員、尤雲片捐金壹員、吴平瑞捐金壹員、張鍾會捐金壹員、恒昌號捐金壹員、林碎觀捐金壹員、余宜興捐金壹員、梁光祐捐金壹員、盧旺合捐金壹員、協興號捐金壹員、柯再生捐金壹

員、顏臺受捐金壹員、温昌評捐金壹員、林斷觀捐金壹員、盧沃觀捐金壹員、瑞成號捐金壹員、林嘉譽捐金壹
員、林慶松捐金壹員、連玉松捐金壹員、林伯達捐金壹員、張返觀捐金壹員、黄松茂捐金壹員、王汶觀捐金壹
員、黄仕合捐金壹員、馬長興捐金壹員、梁亞武捐金壹員、楊合然捐金壹員、林悦星捐金壹員、陳尊榮捐金壹
員、順和號捐金壹員、謝金木捐金壹員、王景春捐金壹員、蘇光六捐金壹員、蕭元觀捐金壹員、伍學炳捐金壹
員、王景興捐金半員、林邦觀捐金半員、陳添泉捐金半員、鄭光彩捐金半員、游朱生捐金半員。
同治伍年歲在丙寅孟秋之月立。

〇八五　保安宮修廟及金身捐緣木牌

【碑刻名稱】保安宮修廟及金身捐緣木牌

【材　質】木材

【形　制】長方形横牌

【尺　寸】長一百二十二厘米、寬五十八厘米

【書　體】楷書

【碑　額】無

【碑　題】無

【碑文撰者】無

【碑文書丹】無

【立 碑 者】保安宮董事等

【立碑時間】清光緒二十八年（一九〇二）

【存　佚】現存

【地　點】馬來西亞馬六甲保安宮

【碑刻録文】

壬寅年捌月初一日，修理廟及金身開列：

小吊橋合德義和會主事曾西聘喜緣銀陸拾元、會主蕭長發喜緣銀肆拾五元、謀事吴春祥喜緣銀壹拾五元、王金輝喜緣銀壹拾五元、姚元樟喜緣銀壹拾五元、曾新傳喜緣銀壹拾元、蕭永慶喜緣銀壹拾元、陳温源喜緣銀伍元、陳若淮喜緣銀伍元、徐芳清喜緣銀伍元、楊壽喜緣銀伍元、姚永清喜緣銀伍元、鄭武秀喜緣銀伍元、蔡朝榮喜緣銀伍元、蕭長興喜緣銀伍元、蕭長禄喜緣銀伍元、薛連升喜緣銀伍元、林順千喜緣銀伍元、鄭宜觀喜緣銀伍元、萬昌號喜緣銀伍元、建興號喜緣銀伍元、成春號喜緣銀伍元、成福源喜緣銀伍元、蔡清輝喜緣銀叁元、楊承周喜緣銀叁元、長茂號喜緣銀叁元、榮裕號喜緣銀叁元、蕭長成喜緣銀貳元、張正道喜緣銀貳元、總管陳雲爵喜緣銀貳元、薛枰福喜緣銀貳元、何勝業喜緣銀貳元、王克安喜緣銀貳元、曾約觀喜緣銀貳元、金合春喜緣銀貳元、金成春喜緣銀貳元、成利號喜緣銀貳元、福安號喜緣銀貳元、吴自福喜緣銀貳元、峰發號喜緣銀貳元、林振德喜緣銀貳元、合成號喜緣銀貳元、張新端喜緣銀貳元、陳連蒲喜緣銀貳元、德成號喜緣銀壹元、協泰號喜緣銀壹元、源茂號喜緣銀壹元、新興號喜緣銀壹元、振源號喜緣銀壹元、振興號喜緣銀壹元、均發號喜緣銀壹元、隆裕號喜緣銀壹元、金源興喜緣銀壹元、源成興喜緣銀壹元、廣合號喜緣銀壹元、協興號喜緣銀壹元、廣成號喜緣銀壹元、福茂號喜緣銀壹元、萬順號喜緣銀壹元、振德號喜緣銀壹元、金發號喜緣銀壹元、益美號喜緣銀壹元、瑞福號喜緣銀壹元、萬興號喜緣銀壹元、仰發成喜緣銀壹元、龍成號喜緣銀壹元、萬濟堂喜緣銀壹元、周清實喜緣銀壹元、王天送喜緣銀壹元、盧萬興喜緣銀壹元、張長財喜緣銀壹元、深竹居喜緣銀壹元、集香樓喜緣銀壹元、曾源發喜緣銀壹元、新再順喜緣銀壹元、樂仙樓喜緣銀壹元、順香樓喜緣銀壹元、新彩勝喜緣銀壹元、新勝花喜緣銀壹元、新月蓮喜緣銀壹元、順勝樓喜緣銀壹元、合勝樓喜緣銀壹元、新順發喜緣銀壹元、新悦勝喜緣銀壹元、粤興隆喜緣銀壹元、合和號喜緣銀壹元、林再興喜緣銀壹元、廣祥利喜緣銀壹元、留春閣喜緣銀壹元、兩合成喜緣銀壹元、升興號喜緣銀壹元、金成春喜緣銀壹元、正金源喜緣銀壹元、永興號喜緣銀壹元、王克炤喜緣銀壹元、林恭愛喜緣銀壹元、林鴻然喜緣銀壹元、林永觀喜緣銀壹元、同善堂喜緣銀壹元、羅金郎喜緣銀壹元、歡月樓喜緣銀壹元、天香樓喜緣銀壹元、尤廉觀喜緣銀壹元、周阿榜喜緣銀壹元、福美號喜緣銀壹元、黄氏葉娘喜緣銀壹元。

光緒廿八年歲次壬寅拾貳月廿四日吉置。

〇八六　湖海殿創設客廳碑

【碑刻名稱】湖海殿創設客廳碑

【材　　質】石材

【形　　制】長方形橫碑

【尺　　寸】長七十二厘米、寬六十八厘米

【書　　體】楷書

【碑　　額】無

【碑　　題】無

【碑文撰者】無

【碑文書丹】無

【立 碑 者】湖海殿經理人葉蘭芳

【立碑時間】清光緒十六年（一八九〇）

【存　　佚】現存

【地　　點】馬來西亞馬六甲湖海殿

【碑刻録文】

蓋思人之樂善者多，而實好施少。今吉隆甲必丹葉君三人，不惟樂善，而且好施，故此創設客廳一所，以供諸君祀神方便。兹將芳名勒石，以垂不朽，得以樂善好施者觀感焉。是爲引。

葉致英喜捐金貳佰貳拾伍元正、蕭邦榮喜捐金貳佰貳拾伍元正、葉必寬喜捐金伍拾大元正。

光緒庚寅年孟春，經理人葉蘭芳。

〇八七　湖海殿碑記

【碑刻名稱】湖海殿碑記
【材　質】石材
【形　制】長方形立碑
【尺　寸】長一百八十厘米、寬一百零六厘米
【書　體】隸書
【碑　額】無
【碑　題】湖海殿碑記
【碑文撰者】無
【碑文書丹】無
【立　碑　者】湖海殿大董事大總理等
【立碑時間】清光緒二十六年（一九〇〇）
【存　佚】現存
【地　點】馬來西亞馬六甲湖海殿
【碑刻録文】

湖海殿碑記

吴真人諱曰夲，號曰雲衷，聖父聖母，其生時世，室有异香。及其長也，官居御史，甘葉而茹蔬，學醫普救于天下。迨乎後世，經能過脉，真斷乳虎。此明永樂君褒封「保生大帝」所由來也。緬想起死回生，延年益壽，德澤之滂沛，何异湖海之灝瀚。忽焉己丑年，自同邑白礁而來蘭城，巨庇衆善男信女人等，合甲皆稱有靈焉。越于丁酉年，降乩欲建殿宇。己亥年爰集衆信人等，協建廟宇，號曰「湖海」，崇祀寶像。陳君若淮翁、若林翁同獻殿後曠地壹所矣，是以凡有敬奉無不鼎力者。此世自今以始，士兮女兮，朝焉夕焉，香烟裊裊，其勿替乎。

大董事：陳温昌、陳若淮；大總理：曾元助、陳温興；副總理：張正道、李文由、曾龍圖、王金合、徐芳清、陳清池、龍山號列位衆信。

陳温昌捐金六百四十元；陳若淮捐金四百大元；曾西聘捐金三百大元；劉源水捐金二百大元；王錦田捐金二百大元；徐芳清捐金壹百五十元；陳冬發捐金壹百二十元；羅振經捐金壹百二十元；曾萬興捐金壹百大元；曾龍發捐金壹百大元；羅光佑捐金壹百大元；王慶雲捐金五十大元；陳若林捐金五十大元；余瑞興捐金五十大元；陳若炎捐金五十大元；黄企官捐金五十大元；蔡立地捐金三十六元；鄭麟川捐金三十大元；李慶烈捐金二十五元；姚成興栈捐金二十五元；王泉源、李國華、余觀蓮、梁鴻熙、陳杰官、黄繼興、陳振成、張正道、恒順號、郭紹珍、伍寬海，以上各二十元；曾宴恭、徐榕清、陳齊賢，以上各十五元；陳緑地、張春烈、瑞發興、徐桂夢、瑞源號、曾新傳、甘慶麟、徐江清、曾振成、曾皆的、曾文沯、張順琛、曾龍池、興成栈、姚利裕、瑞吉號、王仁清、陳德畔、陳德智、余光源、陳若賓、陳若鵬、徐雲夢、傅冷官、李深邱、薛慶錫、郭文彬、徐香清、陳德潤、榮裕號，以上各十元；廣成六元；怡美號、和順成、林瑞吉、吳捷興、建興號、振安號、源發號、萬源號、曾文點、陳永富、王吾雲、成利號、李文昆、王舌娘、慶成祥、蕭丕謨、黃厘官、張順忠、張正秦、黃店官、福成號、源成號、林凱官、薛添恩、曾和寧、生和號、馮瑞雲、葉信女、蕭永祥、楊壽安、萬春堂、新泉興、鍾懷義、麥華珍、侯圖山、侯理官、侯圖贊、陳跳喜、益興號、成發號、黃唐官、李仕基、鍾協興、金泰成、曾亞婆、源和堂、林新興、萬和堂、薛錦鳳，以上各五元；林調四元；林清官、廣和生、新泰興，以上各三元；同利號、捷成號、張和發、蕭源太、翁君喻、金德美、瑞福號、葉暗官、開發號、鄭益三、侯成美、顏生寶、方泉盛、張珍發、張點官、王源成、孫士言、新順美、協興號、傅冷官、永萬豐，以上各貳元；濟安堂、張萬發、陳承恩、加興號、義合號、炳榮森、德興號、協昌號、源順號、福源號、萬裕號、同發號、蔡連官、林鰲官、林合興、王廣官、侯銓官、洪巽官、陳阿圈、顏拌官、協順美、毛同官、吳炎官、林瑞興、林晚官、陳春官、林圖純、鄭士胡、鄭士志、新葉發、林文瓊、鍾止官、方振盛、林其銃、永和順、鄭春興、復興號、陳恒美、曾坤秀、劉陳官、泉成記、長興號、甘進府、黃題官、侯圖杉、侯見官、李成圖、陳直官、曾茶娘、萬昌號、萬成號、林珍官、林乞官、陳平官、侯振裕、方士再、林晋興、鄭士鏡、彭四能、侯士棟、合珍號、雷泉裕、葉發號、陳士玉、夏士體、陳士平、劉丁酉、陳文語、侯賴官、泉壽號、德興號、侯守居、方房官、侯排官、傅亂官、陳起謙、萬昌棧、建成號、顏潘官，以上各壹元。

計貳百壹拾七名共收緣銀叁仟柒百肆拾柒元。

一　對慶成建醮捐緣除開費尚結存銀乙佰陸拾元，再共貳條大銀叁仟玖佰零柒元；

一　對買厝地土水木匠工并使漆安金進火總共去大銀叁仟柒佰叁拾貳元正。

對除外尚結存大銀壹佰柒拾伍元。

大清光緒貳十六年歲次庚子梅月　日吉立。

〇八八　新建清寶殿清龍宮碑記

【碑刻名稱】新建清寶殿清龍宮碑記
【材　質】石材
【形　制】長方形立碑
【尺　寸】長一百三十六厘米、寬五十八厘米
【書　體】楷書
【碑　額】無
【碑　題】新建清寶殿清龍宮碑記
【碑文撰者】龍溪庠生廖廷璋
【碑文書丹】無
【立 碑 者】清龍宮董事人等
【立碑時間】清光緒十七年（一八九一）
【存　佚】現存
【地　點】馬來西亞檳城日落洞清龍宮
【碑刻録文】

新建清寶殿清龍宮碑記

龍溪庠生廖廷璋拜撰

古者凡祭五祀，皆設主於奧，即有功德於民者，亦僅設位致祭而已。後世遂因其典，增修廟宇，所以便馨香之祝也。本坡日落洞崇祀保生大帝、神農聖帝、清水祖師，歷有年所。而聲靈赫濯，鎮海疆以清妖孽；呵禁不祥，保生民共登壽宇。凡坡之士女，咸邀眷顧，共沐神庥。由是而禱祀日盛，酬願接踵。逮於丙戌年，林君百蚱敬獻平地一址。而衆人以爲林君既倡於前，吾儕宜成於後，歡欣鼓舞，共起誠信之心，集腋成裘，措兹盛舉。卜吉鳩工，不數月而廟貌焕然一新。中立一殿，崇祀保生大帝、神農聖帝、清水祖師暨列位尊神，因顔曰「清寶殿」。工既竣，屬余作文以志之。

余謂是廟之成，雖由人力，實神有默相其成焉。則自兹以往，靈爽長存，可保民和年豐，降福孔偕，又卜人安物阜。詩曰：如鳥斯革，如翬斯飛。後之登斯廟者，其亦知所經始乎！

謹録緣起并捐金芳名勒石于左：

邱天德捐銀壹仟元；城隍廟捐銀陸佰柒拾陸元；邱忠波捐銀叁佰陸拾元；謝德順捐銀叁佰壹拾元；邱丁果捐銀貳佰陸拾元；翁媽標捐銀貳佰肆拾叁元；林德水捐銀貳佰肆拾元；崇茂號捐銀貳佰壹拾貳元；邱天保捐銀壹佰陸拾元；王文慶捐銀壹佰貳拾捌元；楊清德捐銀壹佰貳拾叁元；王元清捐銀壹佰貳拾貳元；邱啓德捐銀壹佰貳拾元；陳蓮枝捐銀壹佰貳拾元；陳成春捐銀壹佰貳拾元；莊光粒捐銀壹佰貳拾元；李丕淵捐銀壹佰元；信女陳村娘捐銀壹佰元；顔永裕捐銀捌拾捌元；邱得之捐銀陸拾捌元；永萬豐捐銀陸拾肆元；徐千里、林安頓、謝燴煜、瑞振號、李振傳、裕裕號、怡泰號、王振德、邱四方，以上玖名各捐銀陸拾元；邱增妙捐銀肆拾陸元；得昌號捐銀肆拾玖元；林恒茂捐銀肆拾壹元；邱事成、邱華繞、張德新、鄭芳七，以上肆名各捐銀肆拾元；楊源昌捐銀叁拾玖元；承珍南捐銀叁拾玖元；再興號、葉合吉、楊章柳，以上叁名各捐銀叁拾捌元；裕德號、邱如礎、邱天龍、振順號、林文賴，以上伍名各捐銀叁拾陸元；謝應榮、邱天根、邱天來、陳謙恭、謝福泰、楊忠萬，以上陸名各捐銀叁拾陸元；邱有用捐銀三十四元；林金生捐銀三十元；邱振武捐銀三十元；許高源捐銀二十八元；新集安捐銀二十八元；瑞福號捐銀二十七元；李光琊捐銀二十七元；胡豐成捐銀二十六元；連鑽春捐銀二十六元；順昌號捐銀二十五元；甘明贊、吴有才、龔德豫、邱衡赤、謝久協、邱大砵、鄭應亮、侯清俊、杜有令、謝永得、邱華新、楊本磚、邱臺我、許新興、邱金滿、邱鑾、邱謝、鴻興號、楊□、邱月松，以上貳拾名各捐銀貳拾肆元。

光緒十七年歲次辛卯孟夏董事人等立。

〇八九　清龍宮獻地石碑

【碑刻名稱】清龍宮獻地石碑

【材　　質】石材

【形　　制】長方形立碑

【尺　　寸】長六十二厘米、寬五十八厘米

【書　　體】楷書

【碑　　額】無

【碑　　題】獻地石碑

【碑文撰者】無

【碑文書丹】無

【立　碑　者】清龍宮董事人林花鐕等

【立碑時間】清光緒三十三年（一九〇七）

【存　　佚】現存

【地　　點】馬來西亞檳城日落洞清龍宮

【碑刻録文】

獻地石碑

蓋自光緒辛卯年，頂日落洞建清龍宮壹座，戲臺壹座，來往路徑，係是林君百蚱獻地，至今亦經有十七年。其呀嘓母無割明白，將呀嘓轉賣別人。今其園地爲郭君文章建置，董事人勸獻。而郭君文章甚然慷慨，願將該地之呀嘓母重新再作呀嘓，歸割明白，永遠清龍宮之業，以爲勿替。

董事人：林花鐕、邱漢陽、陳瑞吉、謝五湖、劉光厘、楊章才、許新惠、徐時忠、林文業、郭文章。

光緒卅三年歲次丁未陽月吉旦仝立。

〇九〇　重修清龍宮碑

【碑刻名稱】重修清龍宮碑
【材　　質】石材
【形　　制】長方形立碑
【尺　　寸】長六十八厘米、寬五十厘米
【書　　體】楷書
【碑　　額】無
【碑　　題】重修清龍宮碑
【碑文撰者】無
【碑文書丹】無
【立　碑　者】清龍宮董事謝五湖等
【立碑時間】民國十一年（一九二二）
【存　　佚】現存
【地　　點】馬來西亞檳城日落洞清龍宮
【碑刻録文】

重修清龍宮碑

一　對本宮戊午年寄廣福宮找來母利銀壹千壹百叁拾捌元柒角，又對李允色君題緣來銀叁百元，共收銀壹千肆百叁拾捌元柒角。

一　對修理碑神廟栽臺工料油漆包工去銀壹千叁百貳拾元，又買碩石碑一塊去銀壹拾元肆角肆分，又對石碑俩資并刻工去銀拾肆元肆角，又存交福建公司去銀肆拾捌元玖角，共出銀壹千肆百叁拾捌元柒角。

董事謝五湖、楊章安、謝自友、李允色、邱衡本、陳光道、林文虎、葉致權立。

民國十一年六月□□日。

〇九一　峇眼色海聖古廟合聚捐題碑

【碑刻名稱】峇眼色海聖古廟合聚捐題碑
【材　質】石材
【形　制】長方形立碑
【尺　寸】長八十六厘米、寬五十二厘米
【書　體】楷書
【碑　額】無
【碑　題】無
【碑文撰者】無
【碑文書丹】無
【立 碑 者】聖古廟董事林乾合等
【立碑時間】清光緒十九年（一八九三）
【存　佚】現存
【地　點】馬來西亞霹靂州峇眼色海聖古廟
【碑刻録文】

大清國聚治子等在西洋檳榔嶼古樓港麻冬息海居住貿易，今合聚大帝廟，信士捐題芳名開列于左：

韓江社喜捐銀陸拾元；新順成喜捐銀伍拾元；鳳和社喜捐銀四拾伍元；計六名捐銀叁拾元：廣發公司、豐裕公司、萬福興公司、廣盛公司、仁興公司、新勝發公司；郭本興喜捐銀壹拾五元；陳香合喜捐銀壹拾五元；萬成豐喜捐銀壹拾貳元；新協發喜捐銀壹拾貳元；計十名捐銀壹拾元：郭木旺、黃泰成、高發、怡德、萬合利、洪享通、蔡興行、鄭正合、曾啓合、成茂公司；計十名捐銀捌元：新復利、泉美號、新廣豐、再和源、新廣興、王筆合、林花合、陳賊合、朱媽意、林喜合；鄭動合喜捐銀柒元；鄭幼目喜捐銀柒元；計十一名捐銀六元：新和元、福泰號、順興號、裕發號、協成號、協泰號、成興號、洪價合、許正發、陳祖魚、吳棚合；計四十三名捐銀伍元：□將號、林豐隆、羅朱合、洩影號、郭才氣、羅元順、羅宗業、黃嬌合、林目合、林大奴、鄭柿合、趙來息、顏□合、莊羅助、新順利、新來五、林鵉合、陳來順、吳貯合、張愛合、陳賜池、蔡盛合、黃寧合、陳宗合、三合興、王順合、陳金睦、楊榮合、李宗記、蔡朝合、陳息合、陳細合、張和芝、曹故合、陳贊合、張來德、姚豹合、陳春盛、林文羅、馬米合、邱智合、陳瞟合、林乾合。

光緒十九年歲次癸桂月吉置立。

董事林乾合、方媽順、方上海、張歌周、黃亞□仝立。

○九二　峇眼色海聖古廟重修捐緣碑

【碑刻名稱】峇眼色海聖古廟重修捐緣碑
【材　質】石材
【形　制】長方形立碑
【尺　寸】長一百三十二厘米、寬五十厘米
【書　體】楷書
【碑　額】無
【碑　題】無
【碑文撰者】無
【碑文書丹】無
【立 碑 者】聖古廟董事等
【立碑時間】清光緒三十三年（一九〇七）
【存　佚】現存
【地　點】馬來西亞霹靂州峇眼色海聖古廟
【碑刻録文】

大清國峇冬息海聖古廟重修新造□雙□畔厝子衆，各商信士喜題金芳名開列于左：

茂綸號捐乙百元；萬益源捐五十元；廣益源捐五十元；廣泉生、長泰興、振裕興、合源、興發、協春、其美，計七條每名捐四十元；萬德隆、振發興、新源利、協瑞發、裕興，計五名每捐廿元；合裕、南盛、泉勝、啓茂，計四名每捐十五元；兩發號捐十二元；廣植成公司、仁盛、永裕、廣利、順利、瑞華號、福茂、協合、成利、萬發興、再合盛、新□□、新鴻發，以上計壹拾叁名每捐十元；以下計叁拾伍名每捐伍元：關烈臣、辛雲溪、連木利、連如坤、庚桂耀、鄭瑞興、裕和發、新合隆、新德利、新源發、新瑞隆、新成美、杏□號、豐裕、協成、捷順、成興、德昌、宏興、和益、合順、合興、隆美、上利號、源利、榮裕、和豐、清香、益興、瑞祥、仁和、仁利、陳亞色、陳亞甜、黃寶利。

光緒卅三年歲次丁未貳月吉立，本境董事。

〇九三　菲律賓馬尼拉寶泉庵緣捐榜

【碑刻名稱】菲律賓馬尼拉寶泉庵緣捐榜
【材　質】銅材
【形　制】長方形横牌
【尺　寸】長九十八厘米、寬八十八厘米
【書　體】楷書
【碑　額】無
【碑　題】馬尼拉寶泉庵（元辰殿太歲星君）緣捐榜
【碑文撰者】無
【碑文書丹】無
【立 碑 者】菲律賓馬尼拉寶泉庵住持
【立碑時間】一九五四
【存　佚】現存
【地　點】菲律賓馬尼拉寶泉庵
【碑刻録文】

馬尼拉寶泉庵（元辰殿太歲星君）緣捐榜

陳培維，伍尊，壹拾萬；楊志忠，伍尊，壹拾萬；陳明忠，伍尊，壹拾萬；吴宣瑚，伍尊，壹拾萬；吴仁杰，肆尊，捌萬；陳錫偉，肆尊，捌萬；陳偉煌（港阜），叁尊，陸萬；陳芳城，叁尊，陸萬；李德，貳尊，肆萬；陳克民，貳尊，肆萬；陳著義，貳尊，肆萬；許長欣，貳尊，肆萬；吴杰士，貳尊，肆萬；施永泉，貳尊，肆萬；施良泉，貳尊，肆萬；蔡尚堤，貳尊，肆萬；侯賢典，壹尊，貳萬；陳著忠，壹尊，貳萬；吴榮增，壹尊，貳萬；尤少榕，壹尊，貳萬；陳著仁，壹尊，貳萬；李振和，壹尊，貳萬；尤清澄，壹尊，貳萬；蔡澤農，壹尊，貳萬；穆青龍，壹尊，貳萬；陳明達，壹尊，貳萬；許東曉，壹尊，貳萬；王旭升，壹尊，貳萬；李錦雄，壹尊，貳萬；陳榮旋，壹尊，貳萬；陳嘉善，壹尊，貳萬；蘇有哲，壹尊，貳萬；張仁杰，壹尊，貳萬；王金坦，壹尊，貳萬；詹天補，壹尊，貳萬；吴式建，壹尊，貳萬；陳炳輝，壹尊，貳萬。

歲次甲午年十二月初七日立。

〇九四　菲律賓馬尼拉寶泉庵文物室牌

【碑刻名稱】菲律賓馬尼拉寶泉庵文物室牌
【材　質】紙質
【形　制】長方形立牌
【尺　寸】長一百一十厘米、寬三十二厘米
【書　體】隸書
【碑　額】無
【碑　題】無
【碑文撰者】無
【碑文書丹】無
【立 碑 者】菲律賓馬尼拉寶泉庵住持
【立碑時間】一九八五
【存　佚】現存
【地　點】菲律賓馬尼拉寶泉庵
【碑刻録文】

本室陳列寶泉庵舊宮神龕、鍾鼓、匾額、楹聯等器物。正中龕保生大帝聖駕，係保存至今一甲子。真人南渡，神像彌足珍貴。寶蘊齋收藏印製靈簽、藥簽原始印版，及緣聚寶泉之法具文物室，寶蘊齋由工料費捐贈者王明越大德設計造作。

己丑年季春。

十一　感天大帝

〇九五　古晋崇德堂感天大帝筶詩牌記

【碑刻名稱】古晋崇德堂感天大帝筶詩牌記
【材　質】木材
【形　制】長方形横牌
【尺　寸】長一百二十厘米、寬五十八厘米
【書　體】楷書
【碑　額】無
【碑　題】感天大帝筶詩
【碑文撰者】無
【碑文書丹】無

【立碑者】崇德堂董事人

【立碑時間】清光緒二十九年（一九〇三）

【存　佚】現存

【地　點】馬來西亞古晉崇德堂

【碑刻録文】

感天大帝筶詩

聖聖聖：鳳鳴高崗，玉種藍田；祥昭聖世，保重廟廊。

聖空陽：魚遭點頭，化龍有期；風雲一會，身不污泥。

聖聖陰：□備甲兵，外丙□□；乘機應武，水報陵清。

聖聖陽：蘇子西游，紫帶輕裘；立談卿相，名顯千秋。

聖陰陰：人生幾何，日月如梭；做事未遂，各自蹉跎。

聖陽聖：中陽兩聖，所求未定；勸君且守，野語興歸。

聖陰聖：明月當空，太陽在中；故人相見，把酒臨風。

聖陽陰：啖梅止渴，畫餅充飢；遇意如此，舉事飛□。

聖陰陽：一枝鮮花，摘來在手；無根之物，□□□。

陽陽陽：常見太陽，所求必祥；一索即得，切勿□□。

陽陽聖：鑿石逢玉，淘沙見金；初雖勞力，身亦快□。

陽陽陰：城非不高，池非不深；委而去之，思成□□。
陽□□：□蘆萬支，何不接天；一朝雲起，天與地肄。
陽陰陰：聽琴□□，□□全知；人笑亦笑，空自勞心。
陽聖陰：牛郎織女，相會有期；七夕夜後，各自分離。
陽聖陰：桀犬吠堯，惟聲叨叨；雲開□現，雪乃未消。
陽聖陰：酒醉則止，酒醒則□；如石不起，□□何矣。
陽陰聖：□□□□，事可舉思；眼□□□，□□□喜。
陰□陰：□□□時，陰鬼賊相；勸君□□，莫早□□。
陰陰聖：平心過海，水波不起；試看□□，□□□□。
陰陰陽：陰勝陽衰，作事□□；□□□□，□□□□。
□□□：□□太平，通商便期；各安生理，思□□□。
□□陽：萬民之業，惟農最勞；相□□□，□□□□。
□□□：聖譬持循，神氣不□；一逢試期，筆掃千軍。
陰聖陽：千執屠刀，口念呢陀；金剛怒目，如何如何。
陰聖陰：枯木逢春，衆鳥成群；暢茂高舉，名振乾□。
陰陽陰：片帆小舟，放口中流；風狂浪凶，把時無□。
光緒癸卯年三月九日。

〇九六　通興港亞佛律甘公神會樂捐建廟緣金芳名録碑（上片）

【碑刻名稱】通興港亞佛律甘公神會樂捐建廟緣金芳名録碑（上片）
【材　質】石材
【形　制】長方形立碑
【尺　寸】長一百九十六厘米、寬一百零二厘米
【書　體】楷書
【碑　額】無
【碑　題】樂捐建廟緣金芳名録
【碑文撰者】無
【碑文書丹】無
【立 碑 者】通興港亞佛律甘公神會建廟委員會
【立碑時間】一九七四
【存　佚】現存
【地　點】新加坡通興港亞佛律甘公神會（後遷入五合廟）
【碑刻録文】

福壽股叁仟四百五十六元；陳中明貳仟元；許其炎壹仟二百三十四元；余明興壹仟二百元；陳春田壹仟元；陳吉安伍佰五十元；林清良伍佰五十元；蔡奴弟伍佰元；蔡居源伍佰元；陸老祝伍佰元；林德立伍佰元；吴得花伍佰元；合興灰窑叁佰元；吴碧泉叁佰元；啓源號叁佰元；余克明叁佰元；陳寶財叁佰元；莊松生貳佰五十元；劉木城、劉捷春、馮亞成、陳主光、陳通發、陳松、欧炳成、張松梁、欧五欽、張亞泉、邱添榜、蔡鏡湖、江亞溪、順利號、林玉泉、莊漢城、黄紹文、商業號、春成發，以上各貳佰元；方御彬壹佰五十五元；陳林傳壹佰五十元；周健漢壹佰五十元；大巴窑麺包店壹佰五十元；陳鎮泉壹佰二十元；陳松林壹佰二十元；榮源合記、寬済堂、曾源泉、馮桂成、李和成、李杰周、莊松錦、莊佳泉、莊秀枝、林賽蓉、林高義、林欽潮、謝瑞鎮、黄亞九、黄梨順、陳永城、陳長悦、蔡別人、鄭復水、鄭雨生、王育麟、紀美坤、洪德祥、鍾炳炎、鍾廣利、鍾德溪、鍾南成、吴秋林、顔俊藩、盧光書、蘇鎮洲、新合記，以上各壹佰元；陳永吉捌拾元；永集祥捌拾元；蔡進盛柒拾元；陳傳勝陸拾元；欧娘泮陸拾元；黄紹謹伍拾伍元；蔡慶千、蔡潮生、蔡亞珠、蔡秋坤、蔡順和、曾弟九、廣源發、成嚀哆、陳源弟、陳合興、陳金發、蔡紹坤、陳炎德、陳亞富、陳金榮、陳木輝、李和興、李淑琴、李錫秋、李振聲、和興號、萬瑞添、謝瑞鈿、謝錦順、唐木鑫、黄書禮、黄正岳、許紹昌、許崇宏、欧雌雄、鄭應杰、邱金裕、林海成、林秀珍、羅木通、合興綜合工程、劉亞呇、劉鎮賞、鍾志强、蕭亞龍、藝豐號、蘇門琴英，以上各伍拾元；孫長準、廖先識、陳春城、陳端本、陳氏、楊鴻杰、蔡凛成、黄速興，以上各肆拾元；林永家、林金榮、劉貴堂、楊鏡海、捷順枋廊、謝瑞桐、潘友成、蔡紹輝、吴亞鳳、郭木意、曾木德、孫耀松、羅蘇花、陳任和，以上各叁拾元；張亞枝貳拾伍元；許兩喜、許友專、蔡鴻喜、蔡秋傳、賴瑞金、賴瑞星、劉意南、謝瑞安、謝鸞音、沈焕明、沈國增、郭鳳鳴、周鴻興、周松弟、張子良、張大坤、張永喜、楊啓淳、楊應欽、陳金和、陳興越、陳田廷、陳亞基、陳通能、陳亞英、陳德業、陳漢祝、方泰鋭、羅鏈泉、羅鏈高、吴戊春、吴漢通、吴桂利、林俊庭、林海山、林吉祥、林松豊、何文聽、余春慶、余德貴、李三友、李亞豐、麗都花园。

〇九七　通興港亞佛律甘公神會樂捐建廟緣金芳名録碑（中片）

【碑刻名稱】通興港亞佛律甘公神會樂捐建廟緣金芳名録碑（中片）

【材　　質】石材

【形　　制】長方形立碑

【尺　　寸】長一百九十六厘米、寬一百零二厘米

【書　　體】楷書

【碑　　額】無

【碑　　題】無

【碑文撰者】無

【碑文書丹】無

【立 碑 者】通興港亞佛律甘公神會建廟委員會

【立碑時間】一九七四

【存　　佚】現存

【地　　點】新加坡通興港亞佛律甘公神會（後遷入五合廟）

【碑刻録文】

詹益奎、王岳松、許錦清、許俊龍、黄木隆、黄立長、潘智坤、蕭懷川、吴青年、陳應份、李亞待、馮桂香、馮

增金、王木發、王紹財、黃高志、黃得全、潘松炎、洪吉寧、吳木元、陳國鎮、潘亞蓮、洪廣興、柯應開、王俊豪、王昌德、黃錫賢、蔡木興、鄞錦順、洪亞順、吳乾城、陳炳章、謝金福、翁金鍾、邵順成、陳德新、陳雄明、蔡子豐、蔡來順、詹惠深、洪添福、吳依水、陳炳瑞、謝美蘭、潘亞沓、陸國英、陳碧清、陳庭青、蔡順來、蔡亞味、郭乙昌、辜两欽、吳榮肃、陳淑美、林亞忠、藍明、藍昌潮、陳成發、陳樹正、蔡汝楠、蔡鎮泉、郭敬宾、辜璧萬、吳秀亮、陳錦清、林良發、鍾潮順、辜璧周、陳海林、陳烏石、蔡松坤、蔡武興、曾順豐、章應杰、吳英强、陳連鴻、林火土、朱裕坤、馬煜、陳亞成、陳培青、蔡秋舉、周文和、曾亞尼、孫亞乳、吳沭恩、陳亞嗳、林桐鎮、佘奇興、滿江紅、陳公友、陳亞璧、周龍標、吳光賢、曾慶泉、龐亞貴、吳平賜、陳錫欽、林大弟，以上各貳拾元；陳春發、陳國慶、吳坤潮、吳茂銓、曾錦河、楊亞榮、吳喜炎、陳文發、林海松、陳合爲、謝維炎、陳耀和、陳千古、吳福成、吳福通、鄭賢榮、唐明强、楊秀楷、陳亞德、林清海、賴瑞賓、許茂興、陳金國、陳亞妹、吳佩玲、吳應拔、鄭國懷、趙應龍、楊友盛、陳玉雄、林再德、葉炳錫、劉順發、陳耀成、陳林欽、吳炳林、吳九仔、石娘清、何國安、楊啓藩、陳炳宗、林双龍、新茂利、吳昭鴻、陳賽鳳、陳丙成、沈進國、沈炎豐、李伍添、盧如珍、楊亞孫、陳仁宋、林吉祥，以上各拾伍元；陳亞九、陳天助、廖偉欽、洗錦忠、李遴平、卓秋慶、楊南强、陳惜隆、王仰全、林東升、林禮源、陳裕炎、陳戊良、袁大雄、莊才泉、李輝滨、鄒門、楊天賜、陳國平、王亞妹、林南河、林洲星、陳瑞珍、陳耒喜、莊錦泉、巫作明、李遴强、姚猪弟、楊蘭利、陳吉寧、伍立、林美發、林亞舌、陳亞曆、陳鍾岳、巫朝記、巫源財、李德意、朱良興、楊亞理、陳金清、黃明芳、林錦溪、林錦坤、羅江平、羅木清、蘇錫振、蘇東興、蕭錦鈿、欧松欽、楊立財、陳福龍、黃周豐、林猷鑾、林玩蓮、謝萬坤、謝錦聲、傅後緒、傅亞九，以上各拾元；陳德星、陳亞目、黃毛弟、張源春、張亞忠、謝錦嫦、謝美記、傅益興、賴其準、莊文韜，捌元；陳紹炎、李奇悟、黃有清、張子德、張廷鎮、謝茂興、黃進龍、賴幹修、劉錫標、林鎮华，陸元；陳二弟、李來成、黃厚强、張廷信、張億和、黃樂音、黃厝興、劉欽泉、江林光、林乙奂，陸元；陳秋輝、李亞妹、黃萬隆、張廣强、張順利、黃亞芳、黃錫光、邱進榜、梁鎮居、蕭門，陸元；陳耀文、李錫藩、黃森福。

〇九八　通興港亞佛律甘公神會樂捐建廟緣金芳名録碑（下片）

【碑刻名稱】通興港亞佛律甘公神會樂捐建廟緣金芳名録碑（下片）

【材　質】石材

【形　制】長方形立碑

【尺　寸】長一百九十六厘米、寬一百零二厘米

【書　體】楷書

【碑　額】無

【碑　題】無

【碑文撰者】無

【碑文書丹】無

【立 碑 者】通興港亞佛律甘公神會建廟委員會

【立碑時間】一九七四

【存　佚】現存

【地　點】新加坡通興港亞佛律甘公神會（後遷入五合廟）

【碑刻録文】

陳明通、洪瑞昌、黄運華、洪和義、江木水、洪榮貴、麥玉山、洪金福、蔡豪貞、盧錫泳、蔡亞青、郭瑞源、莊

張亞舜木、郭慶源、莊振昌、郭木松、曾德林、蕭子來、劉亞泗、孫永海、劉亞七、龔愛發、劉振卓、邢石乙、鍾孫、東坤興、張學真、羅五弟、張森弟、羅贊忠、張來聲、周瑞爲、何祥、周廣裕、蘇扁、辜秀菌、蘇亞新、鄭亞順、松炎、施燦、明順、黎紹基、振泉興、顏亞枝、梁亞好、余維波、鄭耀亮、徐巧珠、鄭亞妹、許樹松、以詹亞明、余克林、詹瑞瑞、賴秀雲、詹培鴻、姚森財、朱楚興、連高加、朱春寶、藍德明、薛細玲、沈樂羽，陳海上各伍元；司徒長、邱素琴、陳庚申、陳亞斗、洪來發、朱昌興、黃松岳、馬乙成，以上各肆元；陳兩四、城、陳瑞杏、方玉娇，以上各貳元；幸朝松伍拾元；江炳坤伍拾元。

通興港亞佛律甘公神會建廟委員會：

主席：陳中明；總務：許其炎；財政：陳春田；委員：余明興、吴碧泉、蔡居源、馮亞成、林錫輝、陸老祝、沈國增、邱添榜、吴得花、劉捷春、蔡奴弟、余利順。

通興港亞佛律甘公神會，一九七四甲寅年吉立。

十二　洪仙大帝

〇九九　新加坡順興古廟「洪仙大帝」匾

【碑刻名稱】新加坡順興古廟「洪仙大帝」匾

【材　質】木材

【形　制】長方形横匾

【尺　寸】長一百四十厘米、寬四十五厘米

【書　體】楷書

【碑　額】無

【碑　題】無

【碑文撰者】無

【碑文書丹】無

【立 碑 者】饒平縣仙洲鄉弟子陳恒豐
【立碑時間】清咸豐元年（一八五一）
【存　　佚】現存
【地　　點】新加坡順興古廟（後遷入淡濱尼聯合宫）
【碑刻録文】

洪仙大帝

咸豐元年歲次辛亥冬月吉立。

饒平縣仙洲鄉弟子陳恒豐敬。

十三　后土

一〇〇　日落洞山功德碑記

【碑刻名稱】日落洞山功德碑記
【材　　質】石材
【形　　制】長方形立碑
【尺　　寸】長二百三十厘米、寬九十八厘米
【書　　體】楷書
【碑　　額】雙龍朝日
【碑　　題】日落洞山功德碑記
【碑文撰者】無
【碑文書丹】無

【立　碑　者】靈山亭大董事王令輝等
【立碑時間】清宣統三年（一九一一）
【存　　佚】現存
【地　　點】馬來西亞馬六甲靈山亭
【碑刻録文】

日落洞山功德碑記

蓋聞孔子修墓，念重防山；文王施仁，心傷白骨。故新亭築壘，江淹之遺風猶著；豫州葬骨，祖逖之軼事堪傳。自來掩腐殯朽，必獲仁人君子之稱。溯自我華人羈旅此邦，數百餘歲，前全埠祇有三寶山爲征人瘞骨之地。迨歷年久遠，荒冢叢叠，卜穴者幾於無地覓葬。時有先亭主陳巨川公樂善好施，將日落洞山充於青雲亭，作爲公冢，其功德之大已贊美於前，無庸多爲贅頌也。緣星霜變易，延山林木繁茂，遍處荆榛，已成羊腸之徑，滿眼蓬蒿，一丘難辨。爰有本亭主陳敏政、陳温源二君，會集同人妥議，出爲募捐傭工，將山草木斬伐净盡，道路修築坦平。然恐春風一至，荆棘又生，非有善後之策，則前功易弃。故擬傭役數名，長住該山，斬伐林木，修築道路，庶將來之祭葬者，永免跋涉之苦。惟是後來方長，非有萬金之款生息，難作永遠之需。前有捐項，僅得伍仟餘金，將此生息，猶慮不敷。幸得陳君温源欣然一諾，願成衆美舉，自解囊補足萬數，將項存放生息，以充久遠之經費。噫！公之慷慨樂施建此功業，詢堪與斯山并傳不朽矣。爰紀其事，以示將來能踵公之志者樂步後塵耳。并將同善諸君芳名，勒之于石，以垂千古云爾。

大董事：王令輝；副董事：黃心田。

亭主陳敏政捐金陸百元；副主陳温源捐金四百元；曾新傳捐金五百元；王金輝捐金四百元；曾西聘捐金三百元；龍家讓捐金三百元；薛祈安捐金二百元；鄭巨川捐金一百五十元；陳温昌捐金一百元；陳若錦捐金一百元；陳温興捐金一百元；陳若林捐金一百元；陳吝賢捐金一百元；陳福壽捐金一百元；許山林捐金一百元；余振谷捐金一百元；昌盛棧捐金一百元；龍道通捐金一百元；盧根議捐金一百元；范門梁奶娘捐金一百元；鄭門陳氏捐金一百元；金裕棧、楊成、余德祥、姚永清、何萬育、余光漢、陳記、生和號、廣恒盛、廣和生、順和裕、永奠安、振發棧、温河清、廣利源、胡培官、鍾牛官、何有耀、馮恒昌、黃繼美、李亞合、莊收邁、黃立慶、天泰號、李家榮、裕盛隆、許書雅、龍寧精、陳昌記、盧經國、張世垣、萬益堂、張蔚清，以上各六十元；楊鎮海捐金五十元；李慶鑛捐金五十元；曾江水捐金五十元；余光源捐金五十元；陳若鵬捐金五十元；成興桂捐金五十元；同興號捐金五十元；錦和號捐金五十元；梁鴻熙捐金四十元；益裕隆四拾元；瓊南昌四十元；曾清秀三十元；振泰號三十元；劉嘉盛二十五元；張長財二十五元；王聚秀二十四元；陳瑞金二十元；伍寬温二十元；徐霖夢二十元；蔡寶瑞二十元；徐心清二十元；蔡立地二十元；陳思德二十元；鄭茂秀二十元；和成發二十元；盧鴻光二十元；和珍號二十元；陳守業二十元；廣益盛二十元；瓊裕豐二十元；陳世坤二十元；新源昌二十元；陳正福二十元；廣合號二十元；巨昌隆二十元；馮廷春十五元；謝必萌十五元；陳亞信十五元；梁錦培十五元；林善益十三元。

計收捐共銀五仟五百捌拾柒元。陳温源添補四仟四百二十三元，合共銀壹萬大員。

再收緣芳名列後：

陳美吉柒十元；鄭永嚴三十元；陳德芳二十元；泗萬永十元；合發號、建興號、萬壽堂、和成興、豐成號、怡成號、永隆號、合成興、新泉益、振源號、沈和豐、廣萬源、黃石□、胡瑞圖、郭嬌娘、熊桂臣、胡全官、伍福申、潘昌、王利、莊亞萬、吳鳳□、何立伯、裕昌號、源興當、韓裕□、振□□、黎□□、吳元文、同泰來、積昌號、錦昌號、李若熙、張長安，以上各五元；均安和、泰成號、陳源興、吳亞利、謝世朝、陳廣泰，以上各四元；陳恭儉、梁本蔭、許樂居、林晨官、陳秀生、陳亞壽、□堂、朱亞文、莊亞□、謝萬順、楊子材、萬豐當、王昌寶、陳昌煥、陳國安、謝興高、唐所德、熙盛號，以上各三元；怡美號、新長春、開成棧、林公蔭、陳永富、侯順吉、錦興號、新裕泰、王啓迪、黃源昌、李文昆、葉清倫、曾萬昌、義成號、薛連堅、許長泰、蕭萬成、曾錫寶、薛長松、陳長安、振安號、王光明、德隆號、和春號、振福茂、王欽吉、劉叶興、馮漳淼、顏長發、成利號、陳仁安、陳德潤、郭心發、余振崇、趙源春、鄭福源、曾穩寧、謝丁三、□順合、廣安祥、廣茂生、許源成、榮裕號、成順興、長振興、豐源號、源安號、薛葉裕、陳仁杰、黃清官、郭雙合、李深、卜金忠、王水源、孟功全、李文田、陳恭安、胡文、王棟梁、林若霖、曾豐貴、陳添福、郭有憑、王淵海、林位杰、金源興、萬順號、開豐美、陳崇力、戚貴龍、胡金祥、葉振秀、周錦安、曾龍圖、陳再怡、吳讓國、秦金興、薛晚旺、王烏石、吳金珠、邱香官、簡松官、鄧德官、王□□、金順興、新興號、□合成、逢春號、楊源合、芳興號、達源號、捷裕源、新慶盛、吳復興、李德夢、李金傳、陳金發、義盛號、黃卿生、金安宮、許順諧、郭福春、李天壽、李存旺、江保壽、發香號、老天一堂、貞一堂、簡官、簡芬官、簡麟官、周兄官、新同利、順成號、朝昌號、宏源棧、來茂源、陸良蘇、陳多記、袁修明、何福程、黃福星、□材官、何垣官、新福隆、朱瑞□、王亞□、謝德盛、楊亞三、蕭亞發、冼亞溫、蔡亞湯、葉利號、永和興、廖福興、延壽堂、余建華、陳禮祈、葉雲初、蘇乾榮、陳恒芳、朱儒書、王國成、莊運就、高有慶、雷乃發、瓊萬昌、三才號、瓊發號、益和豐、葉益隆、蔡文新、符長發、元興成、林巨川、悦興隆，以上各二元；瑞成號、李紫英、萬成春、高清福、源發號、薛錦美、張子四、□校椰、陳添壽、瑞發興、□葉興、廣成號、徐泰清、楊允壽、永合茂、錦珍號、建隆新永泉成號、金葉利、葉發號、益豐號、茂興號、東益興、榮隆號、萬振興、成源號、萬利福記、振元棧、號、新源和、東源號、榮豐號、阮富讓、興合號、陳恭秦、東和號、鄭百會、允發號、陳月興、得勝號、張順益、新源興、和成號、成裕泰、胡記兄、李金娘、賴永吉、源成興、王清池、永發號、捷發號、均發號、再榮春、福成號、余貴財、源春號、成源發、龍豐號、劉葉、同成發、劉亞海、福發成、新葉茂、德記號、來順號、葉泰號、泉興號、振興號、張榮發、順興號、振美號、邱有吉、茂發號、伍瑞光、廖佳來、邱集源、利珍號、薛清發、葉振號、王勇官、成開順、伍相泰、恒美號、陳長發、永興號、龍成號、金發號、洪官、成遠號、林金然、老成隆、趙松壽、榮福隆、上和發、順和隆、源發號、盧金荐、王溪水、成和美、張薄官、鄭泉金、福美號、復發號、和盛興、瑞福號、致成號、金順成、泉發號、萬復興、李瑞霖、孟功成、陳蓮池、和發號、王清洗、會德山、許金傳、黃金、江寧官、劉需官、陳秀官、葉利號、簡儒官、黃宗官、鄧禧官、譚葶官、志南、鄧啓、李官、黃念、廣記、鴻源號、李煥官、林德金、觀有、亞姝、黎盤官、南興號、茂昌號、何木官、謝福全、謝田官、郭榮官、何枝康、陳華憲、譚容卿、梁根官、李氏、陳有逢、謝賜育、來梓、陳自安、許亞德、尤永成、鄭大利、曾事安、伍全精、瑞和號、陳平生、謝寬求、再和發、周秋儘、泉興號、林穎官、陳德官、林保淵、葉新合、甘鑽官、林官、朱子清、龍成官、黃成、陸深官、張日初、鴻發號、新源、廣長發、梁樹官、相光、李伯東、南利號、謝官、謝姝官、羅力官、梁錦輝、何燦官、羅勞官、秦安官、劉文官、羅耀官、姚帶有、細嬌、林橋宣、陳亞德、吳亞能、陳亞富、梁有盛、蔡亞卿、謝亞宣、林祥造、吳亞饋、莫禮義、謝賜慈、謝賜爵、黃旺官、李桂騰、張葉興、濟安堂、德昌號、新合興、陳昌隆、怡和號、悦盛號、金興芳、濟和堂、松和號、友記號、同和號、嘉祥號、福興號、寶興號、德源號、同泰興、益昌號、生合號、福成號、萬安堂、錦和昌、吳福興、茂盛號、聯盛號、永義和、廣源號、萬發號、進昌號、喜盛號、葉和號、萬和號、元興號、劉天龍、嘉興號、福茂號、鼎裕號、宋龍昌、嘉隆號、盧傩號、陳其光、捷興號、裕隆號、公和號、何世、均利號、永隆號、萬和源、雲興號、公興號、裕興隆、生裕當、傅撰和、廣和隆、廣同昌、同順興、同善堂、萬泰號、存仁堂、廣源隆、陳茂興、張生益、楊隆昌、隆發號、楊德興、聯和堂、陳同發、新裕興、天和堂、黃智官、陳昌官、黃王堂、周日南、揭四官、廖十九、吴桂廷、龐三合、邱康桂、麥三合、甘三合、陳興、陳家，以上各一元。

宣統辛亥年仲秋月穀旦吉立。

一〇一　靈山亭陳敏政功德碑

【碑刻名稱】靈山亭陳敏政功德碑
【材　質】石材
【形　制】長方形立碑
【尺　寸】長一百六十九厘米、寬九十二厘米
【書　體】楷書
【碑　額】無
【碑　題】亭主陳公敏政功德碑
【碑文撰者】無
【碑文書丹】無
【立 碑 者】闔呷諸紳耆
【立碑時間】清宣統三年（一九一一）
【存　佚】現存
【地　點】馬來西亞馬六甲靈山亭
【碑刻録文】

亭主陳公敏政功德碑

粵考溱洧濟輿，鄭僑膺惠人之譽，甘棠遺蔭，召伯來蔽芾之歌。凡有德澤於人，靡不馨香載道。矧有莅政蠻夷，而施恩桑梓，膏澤所溉，存没均沾，能不企斗山之望，垂金石之銘者哉！甲坡日落洞，乃先亭主巨川陳公所施之地。公自身任亭政，素以仁民愛物爲懷。因睹我甲三寶山荒冢如壘，將來旅人覓葬，必有下穴無地之憂，遂以己山充作公衆營墳之區。山之陽復建小亭一所，内祀載福尊神，爲往來所憩息。公之惻隱慷慨，雖古之祖豫，亦不是過矣。奈年代久遠，風雨漂摇，其亭將欲傾頹，登臨者無不目擊心傷。爰有陳君敏政字若淮，乃巨川公嫡裔也。繼握亭篆，思祖父均有秉釣之職，累建懋猷。念切繼述情殷，因見斯亭將壞，每風雨晦明，祭葬者不免蒸霖之苦。遂以一己之力，補前人之功，獨出重資，鳩集土木。復度舊址狹小，乃另擇曠處，大加興築。今者停工告竣，輪奂一新。外而規模較前尤鉅，内而節目比舊加詳。中仍供奉后土之神，亭之額表曰「靈山」。蓋取意於山脉鍾靈，勢若卧牛横野。凡人穴於此者，必獲厥昌。善哉！公其能繼先代之志，造百世之功，使祭葬者有所憩息，旅魂得所憑依，誠謂創一舉存没均沾，其功德洵足與前人齊驅而并駕焉。獨是有功而不食報，其功不表；有德而不闡揚，其德不彰。公捨大力，施巨貲，建此義舉，目前雖嘖嘖人口，恐百世下湮没不傳。我同人乃紀其顛末，命匠鎸之於石，庶美名炫耀，後塵有所攀躋云爾。

宣統辛亥年仲秋月吉旦，闔呷諸紳耆仝立。